新时期嘉定作家群
文学丛书

此间花树

王威尔——著

文匯出版社

新时期嘉定作家群文学丛书序

孙甘露

此次由文汇出版社出版的这套丛书,是在2010年由上海文化出版社出版的《新时期嘉定作家群——资料卷、作品卷》的基础上,为进一步全面深入地回顾新时期以来嘉定作家的文学创作成就,以作家个人作品或作品集的形式,梳理展示嘉定作家在文学创作上的探索和贡献。同时,也令我们深思嘉定这一具有深厚的历史文化底蕴的古城如何在今日延续文脉,养育了风格如此多样的作家,他们的作品透露出对时代和生活的细致观察,叙事沉着从容,不为喧嚣的潮流所动,而角度和笔触又是迥异多姿。

此次收录文丛的殷慧芬、张旻、楼耀福、龚静、须兰、许佳、戴达、魏滨海、戴臻、陆棣、赖云青、赵春华、陶继明、葛秋栋、王威尔十五位作家的作品,涉及了小说、散文、儿童文学等诸多领域,作家的年龄和创作经历也伴随着新中国的发展而来,他们的作品既表现了当代中国日常生活的巨大变化,也反映出时代变迁下不同阶层、不同领域的人群的内心生活的细微演化;同时,在不同时期和各自领域文学创作的流变中保持了敏锐的观察和高度的警惕,不为时俗所迷惑,又新意迭出,触动人心。深厚的生活积累和对文学历史的深入研究使这些作品周正、持重、谦逊而意蕴绵长。

  对这些作家、作品的研读和品鉴，应该更多地着眼于上海文学乃至中国当代文学的视野中，更应该仔细地探寻滋养他们的嘉定的历史、文化、地理的特质和氛围。在某种意义上，特殊的地理位置，也使他们获得了有效的距离和冷静的观察，这种文学上的大城小镇正是孕育史上无数重要作家、催生重要作品的得天独厚的土壤。

  正如许多专家、学者一再提及的，嘉定作为人文荟萃的名城，产生过钱大昕、陆俨少等著名的学者、艺术家、教育家等，我们深信，随着时间的推移，文丛所收录的嘉定作家的写作，会在历史的眼光中被不断地再发现、再阐发，也为后来者接续传统树立有益的典范。

2019 年 5 月 19 日

目录

印象西街

- 003　缘起西大街
- 007　却道西街依旧
- 012　家的味道
- 018　何处香花何处桥
- 022　上林春外水动风凉
- 027　走过顾维钧的"司的克"
- 031　金生理发店
- 038　多情女桥多情月
- 042　此生有梦到西街
- 047　秋风梧桐八里地

旧时春晖

- 053　六房湾里黑漆门
- 060　枕着英伦气息入眠
- 064　最是家书能致远
- 068　姐妹闲坐说红楼
- 071　静日室生香
- 076　旗袍里那流转的华丽
- 081　老上海的味道
- 085　远年品牌的温存浸润
- 090　忧郁这条心河

那时花开

- 099 白衣飘飘的年代
- 106 打字机敲打出的岁月
- 114 匆匆那年芳华
- 123 一份匠心,对得起岁月光阴
- 131 坐拥书香静阅书
- 139 关关雎鸠婉转金色大厅
- 146 校歌,奇异的恩典

野泉滴砚

- 165 一球当先,钟表匠胜在精确
- 168 世界之巅,一剑西来
- 171 性感的足球和感性的足球
- 174 满城争说世界杯
- 177 《赤壁》的笑场
- 180 说一回四海兄弟赴盟约
- 183 静听家祭的乡音
- 187 平安夜白天的葬礼
- 190 李白的月光和我的泪光
- 193 伊豆的舞女花未眠
- 196 村上春树霜竹路
- 199 桃花酿醉到华庭
- 203 一围流水老烟波
- 207 一场雪,邂逅一个园

有朋如是

- 213 孔庙斜阳下的身影
- 220 非关笔墨

229 古渡波心荡简斋
241 一缕檀香悠远
255 阅读老人的感觉
267 语罢暮天钟
278 雁点青天
287 西窗红笺月明楼

299 后记

印象西街

缘起西大街

嘉定。

小桥。流水。人家。

此间本是江南深处。经过多少年的沧海桑田变幻，嘉定真正成了物华地丰，货畅其流，百姓安居乐业，富庶一方的"清嘉安定"之地。

古城的小桥流水深巷庭院如诗的写意般在大地上徐徐铺排开来，展示着嘉定人所追求的人生哲学；新城区跌宕起伏、气势恢宏的天际轮廓线则如洪钟大吕在蓝天下鸣奏着现代科技雄浑高亢的旋律，张扬着嘉定人开拓、进取的生态意象。

嘉定是一种情结。

在这个地方曾经发生过一些故事、一些传说，曾经有过历代文人的吟咏和诗情画意。我喜欢嘉定，如果你经常与它相伴，就会发现它的细水长流，岁月柔情。读不透，看不完。

海明威说的，年轻时在巴黎待上几年，这种情结会伴随你一辈子。我却独钟情于嘉定。那写在一页页宋元明清历代文人诗书画册里的古嚛城，本是一方昌明隆盛之邦，风雅蕴藉之乡，不乏诗礼簪缨之族，亦是南来北往的诗人墨客聚散之地。

嘉定是一道风景。

练祁河边，一切风景皆可为情语。"练祁秋涨接空蒙，望里微茫是海东。短棹远冲烟树外,绿蓑渔子话乡风。"乾嘉时期国学大师嘉定人钱大昕的一首《竹枝词》伴着练溪的流水,流到了今天。

在这条嘉定母亲河的边上,有一条老街如今依旧四时八节枕着河水日出而作日落而眠。

在这条长街,仍然可以看到浓缩了千年风霜的三大古老历史遗迹:建立于萧梁时期迄今1500余年的护国寺、香花桥,以及项泾河上,护国寺西侧,那座不起眼却是梁武帝萧衍"敕建"的项泾桥。一个皇帝,亲自下令批准建造一座小桥,此桥的身价不言而喻。

这条街,是被称为上海最长弹格老街的——嘉定西大街。在此地,你依然可以触摸到那些众多名人宅第、人文古迹的历史温度;依然可以感受到如今安居此地百姓的温良民风、朴素生活的热情以及生命的强韧。

如同流行歌词里写的,"往事从头/轻轻细说沧海桑田/是否能够回到从前再走一遍/沉默的眼/请回答我还爱不爱我的从前/如今细说往事/往事如烟/我是否还算是你的誓言"。那么,让我们回望从前。

从前何处?

不妨先去看看嘉定护城河旁西门残存的那段老城墙。据光绪年间《嘉定县志》载:"南宋嘉定十二年(1219)知县高衍孙筑土城。元至正十八年(1358)张士诚派遣将官吕珍改用砖石修建城墙。"

风吹河水,落叶无声。

历经沧桑的西门老城墙上，如今已然苔藓披离、杂树掩映、藤葛垂垂。史料记载，嘉定城墙由元代至清代经多次重修缮后完备而坚固，历经战火劫难岿然不动。老人回忆，"解放初期，嘉定古城的城墙和四城门基本上是完整的，记得小时候，祖母牵着我的手穿过西城门洞时，觉得黑洞洞的又长又潮湿"。直到50年代初，城墙才渐渐被拆。

风再起时，落花寂寂。

西城墙残影边上，西城门的踪迹已无处可寻了。

回首往事，嘉定人在西城墙、西城门写下过多少英烈的慷慨悲歌：抗倭小英雄石童子、抗清志士侯黄二先生……西门是嘉定抗清斗争最激烈、清军屠城最惨烈的地方，"自西关至葛隆镇浮尸满河，舟行无处下篙"。城破后，清军残忍地将侯峒曾的首级高悬于城门上。

清军屠城时，曾唤起了一位清军头目八大王的恻隐之心，他掐断了作为杀戮时限的燃香，希望减少无辜百姓的伤亡，自己却被清军将领杀害。民众为了纪念他，在西门建了"八大王祠"。

如今，西城门虽已随风逝，但是，西大街永远以此为起点。一个留下无数悲壮故事和传说的起点，迤逦数里一直延伸到高义桥，以又一个流传着嘉定英烈故事的地方为终结点。

不知道是不是巧合，那天和朋友在西大街熙熙攘攘的街市上走访，见一位老妇人骑着小三轮车擦肩而过。嘉定古建筑和民俗文化研究会专家黄振渭告诉我，这个年满90岁的老人滕妈妈是西大街上的活地图，不少老人都免费坐过她的小三轮。

滕妈妈是有故事的人。

说是当年爱国实业家胡厥文在抗战期间把厂里重要的机器全部拆迁内地，滕妈妈父亲留在此地，因汉奸告密，被日军残酷杀害了。这些发生在西大街两个端点以及幽长老街上的故事，伴随着千百年的岁月沧桑，给西大街的历史抹上了一层悲怆的底色。

　　又有风起。

　　且让我们整顿心情踏街而行。

却道西街依旧

老上海的弹格路曾经深藏着无数人的童年记忆：

青石铺砌成的道路，修长而窄小的街道，行走在古朴粗粝的街道上的，是行色匆匆的贩夫走卒，是听了一夜春雨深巷叫卖杏花的卖花女，或是撑着油伞下那雨中不湿的红绣鞋……

随着城市化进程的加速，上海原有的许多弹格路渐渐地消失了。嘉定西大街，是目前上海仅存的几条弹格路中最长的一条，有 1500 年的历史。

有街就有市。

先有练祁市，后有嘉定城。

嘉定古人把那条"澄江静如练"的母亲河亲切地称为"练祁河"，练祁河边西城门外的商贸集市以河为名，古称"练祁市"，比嘉定建城早了有 700 年。至于练祁市何以成市？嘉定老辈人的说法，是因为此地的"护国寺"。

"南朝四百八十寺，多少楼台烟雨中。"南朝是佛教西来在江南渐渐盛行的时期，明代学者都穆《练川图记》中记载，嘉定护国寺在"梁天监年建"。南北朝时，护国寺香火兴盛，护国寺一带的居民渐增，商业自然渐趋繁荣。

所以，练祁市，因寺成市。

西大街。临河傍桥。有街有市有寺。

清乾隆后,西门练祁河两岸已经有了近千户人家枕河而居。在3华里长的西大街上,商铺林立、店招迷眼、过客熙攘。沿街排开的数百家店铺,基本都延续着中国传统商街前店后宅或是下店上宅,店宅合一的格局。

走在西大街,遥想当年城开不夜、热闹繁华的盛景:街巷坊市、店铺酒楼的特色风味;民风习俗、时令节日、饮食起居的市井气息。南来北往熙熙攘攘的人群,沉浸在不绝于耳喧闹的市声中,铺展出一幅鲜活的农耕社会商业文明的风情。

终日居此,不觉抵暮。

华灯初上,练祁河埠头边停靠的渔舟商船上炊烟袅袅,烛光、月光映着水光,上下争辉;茶肆、酒楼的临街长窗里,投壶划拳之声不绝于耳;"上林春"书场里,正在上演私订终身后花园、落难公子中状元的千古爱情故事,苏州弹词的吴侬软语撩拨起旅人一缕淡淡乡愁,今夜无眠。

晨曦微露。弹格路上已经看得见商铺卸下扇扇排门板后,从屋内射到路面的一片灯光;街边的小摊贩也已经铺排开了新蔬瓜果、南北干货;赶早的老茶客一边寒暄一边捧着紫泥茶壶在老地方落座;晨起赶路做营生的商旅,在街市吃着热腾腾的豆浆大饼油条,准备上路了。

这条西大街,千百年来宠辱不惊地吐纳了多少喧闹荣景。

它自有这个底气自豪。此地占据了嘉定3个"最":形成聚落最早、市街长度最长、人文资源集聚密度最高。汇集了诸多古寺庙、古石桥、古街弄、古树名木、名人故居……

尽管昔日繁华不在,身处其间却仍然感受得到街市的热闹喧哗。

挨挨挤挤的沿街铺排开来的茶楼酒肆、百行百业的小店小铺几如昨日。世代祖居于此的原住民、天南海北迁居而来神态各异的新市民,皆在此地随遇而安、安居立业。西大街人对生活的热爱、对生活的渴望,如同街角那棵历经劫难、饱经风霜的千年黄杨树,无不让人感慨生命的强韧。

无论世事变迁、曾经沧海,西大街上的节物风流、人情和美,依然如初。也许,大部分人已经并不能准确地说出围绕着这条街,究竟有多少名人在这里留下自己的故事。但于无声处,人们的生活中却不知不觉留下了这些人的影子。

西大街,是多元的。

从西大街1号这里望过去,多的不是游人,而是曾经天南海北如今融入本街的新市民,以及生活起居在这里或是附近赶集的形形色色人等。西大街,原本就不是为了观光游客的短焦长镜而存在的。

西大街上,岁岁年年流淌着的,都是原汁原味的自家生活的流水席,百行百业的"林家铺子"在这里挨挨挤挤地参差排开:私家饭馆、低价旅社、杂货店、理发店、小茶馆,米铺、鱼摊、肉庄、棉布庄、香烛店、竹木行……柴米油盐、衣食住行一应俱全。

西大街的白天是热闹的。

这种热闹,是接地气的、世俗的热闹。是日日有集的热闹。早集、晚市。在这里,你闻得到老屋里飘出的家常饭菜香;闻得到临街竹竿晾晒的棉织衣物上阳光的味道;闻得到人和人擦肩而过身上散发出来的体温的气息。这些，都是普通老百姓日常生活的味道。

西大街的巷弄是质朴无华的。

这里，看不见高楼大厦，看不见任何的仿建筑。一切是这样的坦然、朴实。西大街沿街的老房大都是一人多高点，伸手可以摸得到挑出街面屋檐上的瓦片。到这里，你才相信武侠小说里描写的那些身怀绝技、飞檐走壁的侠客功夫，真的是有过的。

蜿蜒曲折的花岗石弹格路，因年深日久被人们踩踏磨砺，亮得发出暗光。西大街上禁止通车，"自行车、电瓶车、小三轮车行驶在弹格路面上，老远就能听到车身的抖动声"。

西大街，时间在这里仿佛迟滞不前了。

一眼望去，白墙黑瓦飞檐观音兜（嘉定人习惯的叫法是"观音斗"）。观音兜是一种建筑形式，多见于徽派建筑中的山墙、门头。在墙头上盖瓦做背平面的形式，类似于观音身披的斗篷，在民间有祈福保佑风调雨顺的意思，后逐渐在江南民居中流行开来。

西大街1号现在是筒子楼。

有个嘉定的网友对筒子楼"总有那么一种特别的向往，虽然没有住过。'开心网'上有个楼市，曾经'买了'筒子楼一间屋，后来'买了卖了'很多房子，却始终留着那间筒子楼。总觉得如果哪一天心找不到归处，回到筒子楼的某间破旧小屋，对着报纸挂历糊过的墙，大哭一场，心，也就到家了"。这不正是无数嘉定游子的家思乡愁吗？

西大街1号隔壁的那间布店还在，尽管门面很小，但也经常有街坊邻居来光顾。黄振渭讲,边上西大街14号的那一间小屋,是老早陆瞎子算命的地方。此地的房屋虽有些破败,已见斑驳,甚至有的积满了经年的尘土。但是,看看那些老屋墙角底部阳光照射不到的地方长满的青苔,或是屋檐瓦片缝隙里生长的野草,抑或是矮墙头牵枝攀藤、花团锦簇的野蔷薇,不能不感慨生命的顽强和坚韧。

住在这里的人有的去世了,有的去城里了,有的去国外了。留下来的是本街的老人,外地来打工的大人,不少还带着小孩一起生活。他们隐约听到过这条街上的名人故事,甚至自己住的就是昔日名人住过的房子。

但那终归是别人的故事,而他们过的是自己的生活。

西大街的精神,就是普通百姓不屈的生命精神。

家的味道

衣食住行。

西大街27号独占了两样：食和住。楼下，是"大东饭店"；楼上，是"工农旅社"。

再也没有比吃得"大快朵颐"更令人愉快的事了。吃是一种享受、一种社交、一种审美、一种活着的喜悦。人是一种会吃、会思考、会享乐的动物，饭馆和餐桌就是我们可以同时做这三件事的地方。

大东饭店。

一个平民百姓呼朋唤友或独坐小酌的好去处。

老辈人回忆：大东饭店占5开间门面，里面大概可以放8张八仙桌。拿手的是炒干丝、炒肉丝类的家常小炒和清汤阳春面。来往的客人和本街老食客，点二两土烧酒，就着油氽豆瓣或是街上买进来的油条，就可以消磨大半日时光。

画家关伟聪小时候就住在西大街。他告诉我，这条街上的人家，只要家里来了客人，一般都会请来大东饭店招待。阳春面是点得最多的，葱花的香味留在心里一直留到老。

大东饭店的厨房背靠练祁河。河上往来的船只经过此地，老远就闻到爆炒煎炸的香味。行到近处，耳边只听得一阵锅碗盆勺碰撞的铿锵之声，煞是闹猛。

朋友汪卫平站在大东饭店旧门面前，不无感慨地讲起往事：20 世纪 70 年代，他插队落户在望新乡的宣高大队。每年都会和老乡摇着船到西门大街，把生产队早上新鲜收割的草头挑到集市上来卖。完了后，中午就在大东饭店吃面。那时，生产队外出补贴一天才一角五分，能够在镇上的"大饭店"里吃碗"阳春面"打打牙祭，在当时已属奢侈。那时，不少老乡为了省钱，都像《梁生宝买稻种》里的梁生宝一样，就着井水大口吃自家摊的面饼，津津有味。

20 世纪，老西门比较有名的饭馆有：蔡家馆、胜芳斋、高升馆等，均坐落在护国寺路上。虽然店面都不大，却能按照顾客的需求烹调出新鲜可口、花色各异的菜肴。"蔡家馆"的猪大肠冷盘、以细白韧闻名的"蔡面"；"胜芳斋"精致入味的炒菜、冷盘和鱼鲜；"高升馆"的炒干丝、肉末豆腐、素什锦大众菜，都各有特色。

蔡家馆（大东饭店前身）蔡家的后人，依然生活在西大街上。

经朋友引见，认识了蔡家寰老人。他告诉我："我原来叫蔡家发。祖父老早在西大街摆过小摊。人家都说他是'一只半乌盆'起的家。开蔡家馆的蔡金生是我父亲。最早蔡家馆是开在街北面，门口朝南的。来者是客，我父亲的人缘很好，曾经做过县饮食行业商会的领导。"蔡家和蔡家馆还有许多故事，有待留在下一本写西大街的书里。

这条街上的吃处，除了馆子，还有不少熟食店铺和摊贩。老辈人回忆："陈连生家的卤菜，常年供应猪、羊、牛的头尾和下水，卤制的猪头肉和猪肝，芳香扑鼻。"这种经济实惠的下酒菜，尤其受到农民的欢迎。白铁皮打制的"签筒"加热黄酒，杯酒下肚浑身暖热，冬天驱寒最是惬意。后来陈家改行贩销米粮，小店就此歇业。

工农旅社。

尽管名字烙上了20世纪50年代的印迹，却也饱含着这条街质朴的平民气息。老辈人说，过去工农旅社的生意是很闹猛的。乡下进城的人、外来做生意的人都会在这里歇脚。这条街上逢年过节家里来了亲戚留宿，也都会到工农旅社来借被子。随着时代的发展，来工农旅社借宿的人越来越少了。

端午节后的那天午后，我进入逼仄的工农旅社底楼过道，踏着早已露出木头本色、边缘也已被磨成圆角的楼梯踏步，小心翼翼地往上走。楼梯护手看来是被新漆过，暗红沉郁。走上二楼，光线微昏，不见人影。

有人声、饭菜的香味飘送过来。

一间屋内亮着灯光，一家六七个男女围坐圆台面。我正赶上了打工人家的午饭时间。圆台面上铺着一次性塑料台布，大锅汤、四五盘家常炒菜，男人啤酒女人饮料。好客的主人邀我坐下一起就餐。闲谈间，了解到这家是江苏来此地做生意的行商，几年前承包了工农旅社，楼上的八九间客房，全部转租给街上的打工客。

中间那个老板模样的人，一边灌着啤酒一边告诉我："你别看这幢楼是旧的，但是木地板、楼梯板还是好的，老早用的木头的确是好啊。"边上的啤酒男插话道："你讲奇怪不奇怪，这幢楼边上乱七八糟、脏兮兮，但是房间里面看不见苍蝇蚊子。住在老房子里，窗一开，真的凉快，空调根本不要开的。"

西大街上，依然生活如常。

西大街外，乔迁新居的人越来越多。

老的家具淘汰下来，原来大东饭店的两开间门面渐渐地成了一个旧货的集聚地，堆满了从十里八乡收来的老家具、旧电器……一个原来在州桥堍开旧货店的老人，现在把店开到了这里。

十几年前，我曾在工农旅社过道的旧货堆里淘到四把老式靠背椅、一只花几，皆是老榆木、朱漆、雕花，八成新，也只不过花了几百元钱。关伟聪画展上展出的三幅老式梳妆台水彩画，想必也来自此地。画展结束，那天清晨，关老师风尘仆仆把这三幅画送到我办公室，亲自给我挂到墙上："我知道你喜欢老家具，这三幅画放你办公室，最好。"毕竟老派文人的心意相通。至今，我依然天天面对着这三幅老式梳妆台画，仿佛面对着周璇电影的一个场景。

我一直认为，老物件的气息，和西大街的气息是十分贴合的。

就如那旧货店老人说的一样，他现在不用骑着老式脚踏车走街串巷去收货。这里的名气出来了，自然会有人把走街串巷收集来的旧货从老远的地方送到此地来。

当然，旧物不是古董。

古董，往往意味着价值不菲的珠宝器物、书画或者是明清家具。对于普通家庭来讲，能够拥有这些并且传承下来的可谓少之又少。但是，在平民百姓家里，自有一些压箱底的普通生活老物件会保存下来。尽管这些物件不见得年代久远或者精美绝伦，却也十分真实地反映了当时的生活方式，价值观和时代感被深深地烙印在了这些旧时物件的身上。

就是今年事。因为父亲母亲已经去世了几年，温宿路的老屋也寂寞了几年。屋里的旧物杂物太多，有些东西老得和我年纪都差不多，有些东西长年打了包堆着不见天日。尽管连父母亲或许都已经忘了里面收纳的是些什么，但他们就算自己老了容颜也舍不得去惊动时间、惊动岁月。

是到了把老屋收拾一下的时候了。

除了把父母亲结婚的时候置办的那套柚木提花家具留下，让我们几个子女有个念想之外，其他的东西一律扫除。搬场的工人打开了门，顿时打开了一屋的尘封、一屋的远年记忆。那些上海人引以为傲的老牌国货：三五牌台钟、蝴蝶牌缝纫机、华生电扇、红灯牌收音机、双妹牌花露水瓶、百雀羚雪花膏……一一呈现眼前。

父亲当年常常用家具蜡呵护的深栗壳色大衣橱门面上，泛起了一条一条细细的裂纹，就像是岁月的皱纹，抹不平也擦不去。大衣橱顶上，用花色床单包裹着的，是厚厚的几床白棉花胎；打开绿色的铁皮箱，竟然是整整一箱的工厂劳防用品白棉纱手套和固本肥皂；母亲陪嫁的樟木箱里，层层叠叠堆满了原封未动的五颜六色的丝绸被面和全毛绒线。箱底，垫着的是几张泛黄的20世纪60年代的《新民晚报》，报纸上连载的小说，是军旅作家金敬迈同志根据伟大的共产主义战士欧阳海烈士生平事迹写的长篇纪实小说《欧阳海之歌》，一部当年火遍全国曾经激励过我们这一代人的红色小说。连搬场的工人都不由得感叹："迪张老报纸放到今朝不容易，要多少年辰光。"

是啊，那年我10岁。这些老物件，与普通人的普通日常生活息息相关。在这些旧的痕迹里隐藏着一些过去的故事，提醒我们认识生活的丰富和多元，提醒我们应该以更豁达的姿态去面对未来。对比光鲜亮丽的高科技产品，老物件就显得更加别具风味，自成一格。

淘旧物除了是一些人的乐趣和习惯爱好之外，如今还成为一种时尚。在时尚界，已经有不少把品牌核心价值和旧物美学结合的成功案例。我们在香港仔山腰，那间堆满老物件的玻璃店里，可以看见《阿飞正传》《花样年华》《二〇四六》等王家卫电影里出现过的桌椅碟。老板也被称作是香港电影圈"另类道具专供户"。

所以说，老物件的风行并不只是大家对过去时光的集体怀旧，对于我而言，这更像是对过去文化的一种认可，对家的味道的一种依恋和留存。

何处香花何处桥

西大街有座香花桥。

"叶展影翻当砌月,花开香散入帘风。"这是白居易的诗。

"小槛朱阑回倚,千花浓露香。脆管清弦、欲奏新翻曲,依约林间坐夕阳。"这是晏殊的词。

"风住尘香花已尽,日晚倦梳头。"李清照这句诗词,仿佛预言了今日香花桥的宿命。

好在,嘉定画家关伟聪在2005年的那一幅水彩画,留住了香花桥的旧影。取名为"远去的桥(20世纪80—90年代的香花桥)"。(参看《水韵天成——关伟聪画集》)

江南的大地上,有桥名曰"香花"的不少。老辈人讲,"那些寺庙前的桥梁往往称作香花桥"。西大街上的香花桥和不远处的护国寺几乎都同时建于梁天监年间。

"世尊金像貌臻臻,罗汉玉容威烈烈。"千百年来,嘉定护国寺的巍巍大殿,见证过多少血雨腥风、世事冷暖。宋末爱国僧人万安曾组织义军参加常州守城。城破,流寓嘉定护国寺讲经说法,终成一代高僧。明末清初嘉定侯峒曾、黄淳耀领导抗清斗争,护国寺成了爱国志士集结屯兵之地。

护国寺和文人墨客,亦留下了许多逸事。

明代礼部尚书徐学谟,常于护国寺中谈道论学;画家张彦,常在园中作画;明末嘉定"四先生"也是寺中常客,"或与高僧谈经说禅,或在寺中读书养性"。唐时升有两首咏《牡丹》诗流传了下来,令人感受到诗人对寺内牡丹花的喜爱之情。"四先生"十分欣赏护国寺大因法师的诗歌,唐时升、李流芳点评,程嘉燧为其诗集作序。

据清道光年间黄铉记载,香花桥初始为木桥架,宽20丈余,高度约有两丈,桥下帆樯往来不绝。明万历年间香花桥改为石桥,主体为青石所砌。21世纪初,护国寺尚未恢复,香花桥上行人稀少,遂被拆除。

"香花桥,是西大街最漂亮的一座桥",这是关伟聪以画家特有的审美眼光做出的评价,"香花桥桥面用的全部是一整块青石条,坡度也不大,人走上去相当舒服"。他告诉我,"'文革'的时候,西大街上曾经有解放军演习的坦克开过,要过河。其他桥坦克都上不去,只能从香花桥走,在轰隆轰隆声里,坦克履带把石条都碾压坏了。现在想想真可惜"。

香花桥北岸西侧,是西大街有名的河埠头,俗称"大水桥"。在当时,这个埠头地处西门最繁华的商业区,每天客、货船只来往不绝,吐纳了多少行商香客。清光绪三十年(1904)随着一声划过云天的汽笛,嘉定小城开往上海市区的"凌云号"客轮起锚,离开埠头开始了首航。从此,"大水桥"成为蒸汽客轮往来嘉定和上海的终始站。

香花桥左首,原来是一家"千里香"馄饨店。这次再访,"千里香"的红袖招依然高高在挂,馄饨店里却空空荡荡,那对年轻夫妇不见了踪影。真的应了李易安的那句"风住尘香花已尽"。尽管香花不再,易安尚且还能独自"日晚倦梳头"。而我们,连"倦梳头"的倩影都无处可寻了。

香花桥封存,"千里香"不见,长街上却有隐隐的香味飘过来。

就在香花桥右首。

晨风里,见一男子在桥塄边忙活。阶沿边,斗大的"烤鸭"两个红字夺人眼目,一人多高的透明烤鸭炉内,已经烤得八成熟,焦黄滴油的鸭子香味漾过长街。开始有两三街坊驻足询问烤鸭何时出炉?烤鸭男子告诉我们,他祖籍江苏,移居西大街已经有八个年头,现在和妻子每天经营着这个烤鸭炉,旁边还有卖猪肝、猪手、猪头肉的卤菜柜。

每天早上,夫妇俩四五点钟必须起床。刮风下雨,从不间断。正说话间,他妻子已经推着小车,把在家卤好的猪肉和猪下水送了过来,麻利地开始摆盘营生了。说起儿子,夫妇俩的脸上是满满的骄傲。儿子是在这里读的小学,初中考的是嘉定大众工业学校(这个学校,在全国都有名气)。现在,儿子已经进了工厂。"我们吃点苦,算不了什么。只要孩子在上海有出息,一切都值得。"夫妇俩平静地说。

他们的生活,仿佛脚下的花岗岩石子一般,早就已经和这条街融为一体了。这样平凡无奇的生活故事,也如同白墙青瓦、檐头茅草,在这条街上随处都有。

晨风里,又有刚出笼馒头的香味飘过来。

西大街80号,是一对安徽夫妇经营的馒头店。当街摆开高高的一摞21格的铝合金蒸柜,煞是显眼。出笼的馒头又白又Q

弹又有嚼劲，堪为西大街一大平民美食。那男子工地送馒头去了，留下女的在店里和面、切面、上蒸笼。

夫妻俩早上五点披着星光起床，晚上八点踏着月色回家。女的告诉我们，从生面粉开始到馒头出笼要6个小时，每天蒸两笼（每笼21格，每格100个馒头）。"这活太累，真的只有我们外地人干。一个馒头，又挣不了多少钱。孩子，只能在老家。"临了，不无自豪地加了一句，"我们安徽阜阳的大馒头，是全国有名的。"

这条街上的旅人，匆匆地来，又匆匆地走。

他们按图索骥的，只是昔日的历史遗迹、名人故居，或是古树名木而已。是风景，是背景。没有谁，会去关注那些贩夫走卒、原住移民。他们带走的，只是记录存在薄薄的SD卡上此地的映象而已，留作日后沙龙里茶余饭后的谈资。

而沉淀下来的，是这条街上寻常人家日复一日、平淡平常的日子。

柴米油盐酱醋茶般的清淡平和，各自安静地过着自己悠长的日子。你在深度的寻访中，渐渐会发现更多的不一样的东西，就像回味烤鸭里花椒的那丝余香和大白馒头里那缕麦香。

西大街的生活，在我们记录过五光十色、斑驳陆离的光影之后，应该还能在身边发现敦实质感的悠远。

上林春外水动风凉

"虽无幽谷秀,偏有上林春。"

在中国古典文学里,"上林春"是词牌名。北宋词人晁端礼填的《上林春》词里有"有谁人似得,多才多艺。片言悟主,封侯赐璧,君王自为知己"的句子。

在西大街上,"上林春"是书场的名字。

上林春书场,是嘉定最早的书场。为何取名"上林春",无从考证也无需考证。嘉定地方志记载:上林春书场由土楠樵(江苏南通人)建于清宣统三年(1911)。"文革"时期改名为大众书场。

上林春书场位于练祁河与项泾河的交汇处,枕河临街。书场正门前面是西大街,西首是项泾桥。推开朝西的一排木格子长窗,下面是项泾河。说书的舞台坐南朝北,背靠练祁河。

说书,是苏州评弹的通俗叫法,其实包括苏州评话和苏州弹词,是一种以苏州话为主的吴语讲说表演曲艺形式,清乾隆时期已颇流行。当时,最著名的艺人王周士,曾为乾隆皇帝演唱过。我母亲是常熟人,常熟人对评弹的热爱是从来不输苏州人的。有这样一个传统,苏州评弹艺人出了苏州以后的第一个"书码头"就是常熟,评弹演员想要"唱出来"站稳脚跟,是一定要让常熟老听客掂掂斤两的。

我的评弹启蒙，是儿时在母亲厂里春节联欢晚会上。个子小，只能站在厂里食堂的长饭桌上看文艺节目一个一个地演下去。舞台上的灯光打在中央的书台上，上场的演员竟然是邻居小宝姆妈。那晚，小宝姆妈穿着一身明艳的高立领、高开衩团花织锦旗袍，怀抱琵琶，几声弦索立刻就打动了人。尽管当时对吴侬软语的唱词还听不明白，但那美妙的莺声燕语的婉转唱腔和眉目传情的入神表演，余音绕梁般久久缠绕在我的心头。

儿时最美好的记忆，是夏天的夜晚。

早早吃过晚饭，拿只小竹椅到公房楼下，边看周边野草丛中的点点流萤飞过，边等小宝姆妈过来讲故事，她说的故事就是说书。数着星星数着流萤听说书是童年无限的幸福，小宝姆妈糯笃笃、文绉绉的吴侬软语让人比吃了井水里浸过的西瓜都清爽、舒畅，暑气全消。印象里，童年就是在《描金凤》《玉蜻蜓》《珍珠塔》等一个个故事中度过的。

上林春书场舞台的布置，用现代的话语讲就是"标配"，几乎每个书场都大同小异：红毯桌子，上面安放着一把细长、古朴的弦子平添几分古韵，是男上手用的。桌子的侧面是两把高背方椅，均罩以江南绸缎，琵琶是斜搁在女下手的椅子边的。舞台两侧高柱通顶，配以红色楹联。书台上的背景画通常是大幅水墨山水或大幅的花鸟富贵。

上林春书场里可以安放5张八仙桌，有将近200个座位。一般早上四五点钟就开张了，赶早市的主要是老茶客，也有进城来卖蔬菜瓜果的农民和小贩。老听客是喜欢吃红茶的，买了一壶，专门有跑堂的来加水，很是勤快周到。

有一首诗我蛮喜欢，估计也是哪位评弹发烧友写的，摘录如下："轻轻地将眼帘落下／任那张飞岳飞金戈铁马／在耳际纵横驰骋、冲杀／人们捧着红茶或者绿茶／喝下的却是醇厚的乡音／收藏这甘甜于舌下／把乡土的气息滋养／老先生乌亮的醒木／砰然响起时／书场被敲打成一个悬念。"听苏州评弹，等的就是那一声砰然响起的醒木声；听苏州评弹，等的就是那说书人如何把书场敲打成个悬念。

苏州评弹，不但给人音乐的启蒙、文学的启蒙，而且还有审美的启蒙。男的一律是油光可人、梳得一丝不乱的大分头，穿一袭长衫，常见的长衫颜色有海青色、烟灰色、深咖啡色，袖口是一色白棉布翻边，长身玉立，潇洒和儒雅之气扑面而来。女的上台说书，穿的旗袍是天天不一样的，洒花团花碎花绫罗绸缎和深紫墨绿大红绯红丝绒的面料，间有洒金洒银碎片，配有象牙白珍珠项链和景泰蓝羊脂白玉手镯，真个是珠光宝气先声夺人。你若要看中国古典美女小家碧玉，那只要来听评弹，既饱耳福也饱眼福。

小时候喜欢跟随父母亲听书的原因是有得吃。书场里有挽着竹篮叫卖零食的小贩，奶油西瓜子、椒盐花生米、五香葵花子……都用旧报纸包成一个个三角包，一角钱一袋，花样很多。边吃边听，著名评弹艺人蒋月泉先生的蒋调《莺莺操琴》的词至今不忘："香莲，碧水动风凉。水动，风凉，夏日长。长日夏，碧莲香，有那莺莺小姐忙梳妆。"有声、有画、有情、有韵，听着这般优美的词，真的是可以消夏的。

尤其记得插队落户那年的夏天，我和生产队长摇船到西门西大街对岸的西下塘街上的面粉厂轧稻谷,回村的时候正是傍晚时分。练祁河北岸临街的石子小路上,已经有了从屋里出来三三两两纳凉的人,一桌、一椅、一扇、一壶茶、一盅酒。椅子旁边放着个小半导体,里面播放的正是苏州评弹。

船过上林春书场,沿河的长窗半开着,贴着水面飘来袅袅的丝弦弹唱声,断断续续地,在空中时不时地缭绕,落在了船头、心头、河埠头。船慢慢地荡过去,丝弦声慢慢地荡过来,悠悠丝弦声、潺潺流水声,那么和谐地融合在一起。

嘉定广播电视台著名主播俞慧女士也是评弹迷。几年前,去她那录了6期《我是戏迷》节目,两人聊得开心的话题,就是苏州评弹。我们笑谈,听书是很吊人胃口的,比如像《珍珠塔》里写陈翠娥小姐从堂楼上下来,就是那么几十步的楼梯,说书先生可以说上一个月,大量的心理活动足足可以写一部意识流小说。

嘉定教育掌门人姚伟先生对苏州评弹也情有独钟。记得苏州诚品书店开业的第二天,几位书友驱车前往,书店门口随风飘来的正是弦索叮咚的苏州评弹声。"此乐正合此地此景此情。"姚伟不由得感慨起来。

不久,姚伟在网上购得一张弹词开篇的黑胶唱片,如获至宝。墨绿色浅云纹封套,皆是名家名段开篇,徐丽仙的丽调《新木兰词》、张鉴庭的张调《误责贞娘》、杨振雄的杨调《武松打虎》……朱雪琴的琴调《潇湘夜雨》歌词尤其典雅古意盎然,"云烟烟烟云笼帘房,月朦朦朦月色昏黄,阴霾霾一座潇湘馆,寒凄凄几扇碧纱窗",数十句叠句真如大珠小珠落玉盘似的一气呵成。

如今,虽然上林春书场的建筑仍在,但苏州评弹的弦索之声却已随风而逝,窗外的河水微微漾起几许老听客远年的轻愁。楼耀福老师告诉我,有一次陪著名摄影家尔冬强看西大街。那天,尔冬强站在练祁河南岸北望上林春书场,不禁发出感慨,如此好风好水的老屋子,竟然废了。如果有可能,他很愿意把上林春老屋买下来。

这次寻访,我一脚踏进上林春,满眼是分隔屋子的墙板和零乱堆砌的杂物器具,仿佛是谁家劫后的库房难舍。地板还在,庭柱还在,大梁还在,只不过当年绕梁的轻拢慢捻抹复挑嘈嘈切切的弦索声与软侬吴语却早已风云散尽。

空余一屋无奈,说尽心中无限事。

走过顾维钧的"司的克"

顾氏老宅。

这所老宅里的一个人物,曾经雄起一段中华民国外交历史。

但现在的年轻人,甚至一些嘉定本地人对老宅背后的故事一无所知。嘉定古建筑专家黄振渭曾试图向几位有关部门工作人员讲述西大街的重要性,在说到顾氏老宅时,对方竟然问道:"顾维钧是谁?没听说过嘉定有这个名人。"黄振渭气得大喊:"他不是嘉定的名人,是全国的名人!"喊完了,回家大哭一场。

黄振渭也谦虚了,顾维钧曾是海牙国际法院副院长,岂止是闻名全国?

就是今年五月,我的意大利朋友八里地(音译)带他的好友意大利记者亨利从市区赶到嘉定来采访我,聊的是我《印象西大街》那本书。顾维钧,自然是绕不开的话题。我从桌上拿起沈潜的新书《顾维钧家族》,还没等我开口,亨利一看到封面上顾维钧的黑白照片立刻脱口而出:"顾,顾……"

黄振渭其实也不用气愤,现在不少年轻人是看郭敬明《小时代》、于正清朝后宫戏和热播剧《欢乐颂》的一代人。今年正逢五四运动100周年,真应该请这些年轻人看看《我的一九一九》。

我的一九一九,顾维钧的一九一九。

那一年发生了许多事:第一次世界大战结束;列强在法国召

开巴黎和会；日本决意接替德国接管中国山东半岛的租借权利；北京爆发龙吟虎啸的"五四"运动……更令人解气的是，年轻的中国外交家顾维钧在巴黎和会上断然说不，拒签和约，震惊了世界。

顾维钧是民国初年中国三位美男子之一。另外两人也是大名鼎鼎：一个是早年投身革命，曾经谋刺清摄政王载沣未遂，在抗日战争期间投靠日本在南京成立伪国民政府，沦为汉奸的汪精卫；一位是京剧表演艺术大师、"梅派"创始人梅兰芳。

顾维钧纪念馆（嘉定南大街394号法华塔院内）里，那幅黑白肖像照片给我的印象尤其深刻：格外炯亮的眼神，高挺的鼻子仿佛是陆俨少陆派山水画里的挺拔山势，胸中深藏着千年练祁的柔波万里神州的松涛，伟岸的身姿承载着中华民族孔曰成仁孟曰取义的教养和不屈的精神气节。

巴黎和会是顾维钧维护祖国尊严、声名远播的一次会议。《我的一九一九》里的顾维钧由中国著名演员陈道明扮演，顾维钧三十分钟的答辩演说那场戏尤为精彩，"一口英美外交官往往都自叹不如的标准英语"字字句句如雷霆万钧："山东是中国文化的摇篮，中国的圣者孔子和孟子就诞生在这片土地上。孔子犹如西方的耶稣，山东是中国的，无论从经济方面还是战略上，还有宗教文化，中国不能失去山东，就像西方不能失去耶路撒冷！"

近代史学家唐德刚认为顾维钧是自有近代外交以来，中国出了"两个半"外交家的其中半个。20世纪30年代，一家英国报纸评价"中国很少有比顾维钧博士更堪作为典型的人了。平易近人，有修养，无比耐心和温文尔雅，没有哪一位西方世界的外交家在沉着与和蔼方面能够超过他"。

顾家老宅取名"厚德堂"。

老宅为顾维钧父亲、清末民初交通银行总裁顾溶所建。"厚德堂"坐北朝南，前厅后楼有五开间阔、三进深，房屋30余间。老宅砖木结构、白粉墙、小青瓦顶，厅楼前两侧有厢楼，外设木扶梯，以屋代墙的构思十分巧妙。大厅内粗壮的庭柱，浅雕缠枝牡丹，大梁大气典雅。如今屋檐下的雕花板、天井里三色缸片砌成的连环金钱纹水井，以及地面用青砖铺就的清代钱币图案花饰仍然依稀可见，既代表了主人的身份，又寓有"外圆内方"之意。

顾家老宅街南临河处，用黄振渭的话来讲是一幢"独脚楼"，老早顾家账房先生住的。船上进出的货物，都从顾家水桥上来，可以想见当年行市的熙攘喧闹。

顾维钧初入旧式私塾，后于1899年考入上海英华书院。坊间传说，顾维钧十一岁那年祖母找人替他算命（不知是不是西门街上陆瞎子算的命），算出他离开出生地越远越好。果然，顾维钧于1904年出洋赴美国读书，直至1985年在纽约去世。尽管关山遥隔、云水迢迢，他心里始终心怀西大街"厚德堂"的一方云天，始终没有加入美国国籍。纽约壁炉里的炉火再旺再热，依然温暖不了他那飘霜的两鬓。

顾维钧第四位太太严幼韵回忆："顾维钧在用餐的时候，会在餐厅的电视机上观看录制的一部中国电影《香妃》。长长的故事结束之后，维钧便从头再看……"从小生长在西大街的朱瑞熙老人回忆："母亲说她曾经见过顾家出殡时，顾维钧手拿'司的克'（手杖）在家门口引领队伍经过……"

顾维钧早年和上海老中医张骧云的侄孙女拜过堂，但他把新娘子张润娥当妹妹看，婚后没有同过床，去了美国把她送到费城读书，后来协议友好分手。所以，不少嘉定人至今习惯把唐宝钥称之为原配夫人。顾维钧曾经总结他的后三段婚姻：唐宝钥给他带来顺畅的仕途；黄蕙兰的财富替他点亮外交生涯；严幼韵让他享受爱情和健康。

顾维钧第四位太太严幼韵，是老上海著名绸缎庄的后人。严幼韵的前夫杨光泩二战时出任中国驻马尼拉总领事，日军占领马尼拉后杨光泩遇害。据说，认识严幼韵之前，顾维钧一个人住在海牙，没有家，长期住旅馆，在房间里吃饭时也像出席宴会一样正式，有一个跟班站在他身后随时听他使唤服侍。我感兴趣的是，走过西大街的那根"司的克"一定也在他手边随时听他使唤。

严幼韵后来回忆："1985年11月14日，维钧平静地离去了。那是深夜，维钧边在我的浴缸里洗澡，边和我讨论第二天邀请哪些客人来打麻将。我问了他一个问题，没有听到回答，走进浴室发现他蜷缩在浴垫上，好像睡熟了。"

永远熟睡了的一代美男子、外交家的纪念铜像如今正式落成于上海福寿园西园"意遐苑"，与章士钊、蔡元培、张元济等文化名人铜像比肩而立。嘉定博物馆内挂有一幅顾维钧亲笔所书的杜甫诗句："露从今夜白，月是故乡明。"那是他一生兴亡看尽，阑干拍遍的眉批了。

墨迹浸润的，无疑是他的乡愁和泪影。

金生理发店

想去很久了,西大街那家"金生理发店"。

上过嘉定电视台的。据说赵薇拍的电影《致青春》理发店的场景也取景于此。

那位"操世上头等大事,理人间万缕青丝"的老先生姓张,名金生。中国人用金、银、铜、铁排行取名的习俗由来已久。从手艺人的角度来看,在老早,理发师也的确可以称得上是一个金饭碗。任你王孙贵妇贩夫走卒一入店门,就都得听凭理发师摆布,"剪去千缕旧东西"本是人的日常生活一部分。

这家理发店,开在西大街上已有23年。

和西大街的千年相比照,算不上历史悠久。令人感兴趣的是,老先生72年的理发手艺人的冷暖人生。"磨砺以须,问天下头颅几许?及锋而试,看老夫手段如何。"放眼天下,也只有翼王石达开能够有如此大的口气,为普天下的理发店理发手艺人来张目。

端午节过后的那天。午后。多云。

依然从西大街的东头走起。菜市场的午市已人烟渐稀,能够看得到的是市场里、街边杂陈的菜摊子和守着摊子得空吃盒饭的摊主。苏学士宋词里的"春色三分"穿越千年的人间烟火,空气里飘来浮去的是寻常百姓的二分家常饭菜、一分挂炉烤鸭的气味。

阳光懒洋洋地照在弹格路上，耳边传来同样是懒洋洋的苏州评弹徐云志的"迷魂调"。脚踏弹格路迤逦而行，从敞开着的各家老屋门口望进去，围着麻将桌的"围城大战"是西大街午后流动的风景。

走了不长的路，遇见的理发店、洗发廊不下四五家，心头冒出的一句宋词竟是"烟村四五家，八九十枝花"。心想，不必诧异，有人聚居的地方，当然需要理发、洗发，更何况是人口密度如此之大、人口构成如此多元的西大街。

记得看过不少电影，韩非、王丹凤主演的喜剧《女理发师》；陈逸飞导演，陈坤、曾黎主演的爱情战争片《理发师》；俄罗斯电影《西伯利亚理发师》；韩国电影《孝子洞理发师》；华纳兄弟出品的惊悚片《理发师陶德》，等等，都是以理发店为背景的。

理发店。洗发店。是接地气的地方，是有故事发生的地方。

一路寻找嘉定电视台播过的那家"金生理发店"，想必规模不会小，至少门前应有旋转的三色柱店标。一转眼，"金生理发店"就在跟前，没有三色柱，没有几开间门面。两扇玻璃门上，大红颜色黑体字的店名，屋檐下蓝底白字"120号"的门牌。

进门的时候，老人刚刚做完手头的"生活"（嘉定的方言里，习惯把工作叫作"生活"）。悠悠闲闲地正和那位刚从理发椅下来精神焕发的老年顾客坐在椅子上聊天叙旧。午后的阳光照不进小屋，没有点灯，古旧的陈设隔着岁月的尘埃留着民国的沧桑，仿佛是陈逸飞笔下海上遗梦油画里的几笔浓重深沉的笔触，令人怀想。

老人告诉我,自己绝对称得上是西大街的土著。老宅就在后面的122号,单位分的房子。父母亲都是土生土长的西大街人:"我今年82岁,老父母早已去世了。侬看,此地的理发椅、镜子、面盆架、轧头剪、剃须刀,也都是老货。"

我问:"西大街上原来有好几个小学,练西小学、高义小学、商业小学……老先生在哪读的小学?"老人停顿了会儿答道:"小时候穷,记不得上了几年小学了。"

那位老顾客打趣地插话:"伊这一生做的是轧头生活,不管生活调来调去,去格地方全是轧头店。老早打仗的辰光,轧过东洋兵的头。算算伊轧过的头,应该超过1万只。"老人抽了口烟,慢悠悠地说:"反正一年到头轧头,勿大有休息辰光,头轧过就记不得了,倷么啥人会得去算格。"

其实,82岁的老人,思路依然清晰。说话不徐不疾,毕竟是阅过无数风情劫后余生的那辈人。

老人记得,13岁时经朋友介绍到宝山罗店的理发店学生意(嘉定方言称手艺、工作为"生意")。日本人打到罗店的时候,他还给来店里的日本兵理过发。因为打仗,日本兵一律都剃光头,理发倒也简单。日本人投降后,他回到嘉定,在东大街秋霞圃城隍庙边上的"美丽"理发店工作。

老人自豪的是,老早嘉定最有名的三大理发店:城中路上的"秋霞"理发店、西大街香花桥堍的"大光明"理发店、东浦桥边上的"城中"理发店,用他的话来讲是"铜炉三鼎脚"里都工作过。

老人喟叹的是,他这一生叫过他师傅的小青年,已经数不清有多少人了,但没有一个最后是留在理发店的:"伊拉全出去了。迪份工作碰到的人多,三教九流都有,脾气各种各样。对顾客要有一份耐心,小青年是吃勿消格。"

"现在店都是私人的,没有什么管理了。轧头是有技术的,老早学生意,做师傅,要考试的。"老人沉浸在远久的回忆中。

就像以前唱戏的那些京剧、越剧的角儿,苏州评弹的角儿,只有在上海滩这个大码头叫得响,才能够站得住脚,才能够扬名立万。嘉定的理发师也一样,只有在秋霞、大光明、城中三个嘉定最大、最好的理发店立得住脚,才算是有技术的理发师,工资当然也比一般的人高。据老人讲,那时的工资是2元一档,他比别人高了至少5档。

那时候,每过几年嘉定理发行业要进行业务考试,各个理发店选最好的师傅集中到城中路秋霞理发店现场操作,边上有上海来的技术指导师傅当场点评。老人告诉我:"剃头是有三个步骤的,看得出技术,只要迪格三步做好了,吹风才吹得出样子。"

"练基本功是苦的。现在小青年吃不起苦。"老人说,"我当初练功的时候,边上点一炷香,手指间夹三根筷子练机械轧刀。气要平,手要平,全靠手腕的力道。一直要练到手背上放一碗水,轧刀推出去水不泼出来,才算过关。现在的美容店里的小青年理发师勿会练这个,伊拉用的是电轧刀。"

说话间,又有客人来理发了。是街外来的老顾客。老人站起身来迎客。尽管他的背已经有些挺不直了,但往理发椅后一立,依然身架稳稳。那是13岁学生意辰光练下的童子功。

想当年,每天早晨六点店里开门,客人多的时候都要排到马路边上。每个理发师基本上都要站立着工作到下午四点。如此,老人一站就站了72个春秋冬夏。手中的功力仍在,左手梳子、右手剃刀,刀随梳走,起落之间恍若叶问咏春的小擒拿手。老人说:"木梳是引导,剃刀要跟着伊走,一定要配合好。肩和手臂不能动,用的是手腕的劲。"此时此刻,老人的这间斗室无异于水泊梁山十八般兵器俱备的演武厅。

习惯来此地的老顾客,一是为了多年的交情,二是老朋友在这方天地里可以放松心情聊聊天叙叙旧。更加要紧的是,这里还有时尚美容美发店根本享受不到的修面时那种舒适、惬意的感觉。剪、修、洗完毕,老人将那只老式理发椅往后面倾斜了45度,开始修面。自己先戴上口罩,再用热毛巾敷住顾客的下半部脸,过了一会儿揭去毛巾涂抹上一层润肤膏的泡沫,一股清爽的气味扑鼻而来。只见老人一把剃刀夹在中指和无名指中间,另外三根手指搭在刀上面,一刀一刀顺着脸势细细地移动削刮,手势和力度的拿捏熟练到位,毫发之间的精准程度有如外科医生的外科手术。

"老早修面有'七十二刀半'的说法。从头到尾修好一个面要用七十二刀,最后的半刀,是轻轻地刮一刮鼻梁上的汗毛作为收尾。不管做啥事体,心一定要静。"老人娓娓道来。我儿时坐在"上林春"书场听苏州评话艺人演义关羽关云长"九九八十一刀春秋"刀法、岳飞岳鹏举"一百零八枪夹竹梅花"岳家枪法时的那种感觉一瞬间又回来了。

匠人匠心。

记得香港科技大学丁学良教授在一次采访中感慨地说:"舒

马赫、施耐德、施密特、穆勒、施态因曼……这些流行的德国姓氏有什么共同点？——在德语里，它们都代表一门门手艺：制鞋匠、裁缝、铁匠、磨坊主、石匠。从中世纪开始，老师傅带几个学徒做手艺，就成了德国人的职业常态。"英美也是如此，史密斯·泰勒、库珀、卡彭特，亦是代表着一门门手艺：铁匠、裁缝、箍桶匠、木匠，等等。世代传承的背后，除了技艺更是耐得住寂寞的心态、对本职的敬畏以及精益求精的精神。

中国目前也已经开始重视挖掘自己的"非物质文化遗产"。"非遗"是以人为本的活态文化遗产，它强调的是以人为核心的技艺、经验、精神，其特点是活态的流变。经过国家的倡导推进，我们正在把许多传统文化艺术、工匠手艺列为国家和地方的"非物质文化遗产"加以传承和发展。我们试图唤回的，比匠人技艺更重要的，是一份匠人的精神。

"平芜尽处是春山，行人更在春山外。"我联想起的又是一句宋词。对现代嘉定城市发展而言，放眼嘉定新城、嘉定国际汽车城、嘉定创业园区，等等，无疑是一座座现代化的"春山"，而千年西大街早已在"春山"之外了。就算是落脚在长长的西大街，史上的名人和名人故居固然不少，我们埋头在泛黄卷宗故纸堆里梳理出的案头文章固然很多，但总觉得缺少了几分市井俚俗的体温与脉动。

这条街上，天南海北集聚的以及土著的匠人师傅不在少数。此间居住的不少匠人都有自家赖以养家糊口的"非物质"手艺。本地人也好，外乡人也好，基本上都还原汁原味地保留着家乡的风味和制作技艺传统，北京大蜂糕、安徽阜阳的大馒头、西安的凉皮，本地的篾竹匠、白铁匠，等等。只可惜失传了西大街曾经扬名都灵世博会的"晖吉酱园"的"飞鹰牌"酱油、"白鹤牌"天花粉。

在老街改造过程中，如何植入对生活的热爱、对职业的诚信、对匠人的尊重等人文基因，让传统的日常生活的手艺不断延续，让人们心有所定，技有所长，老有所依，这应该是老街改造的真正意义。

他们的生活，俗情冷暖。

他们的故事，阴晴圆缺。

他们，构成了整个西大街的一部"现在史"。

多情女桥多情月

女桥还在。

女桥是聚善之桥。史料记载,"桥之成,多妇女捐助"。明天启年间重修该桥时,起初命名为"聚善桥"。后来,在民间却一直称之为"女桥"。据说是在桥的不远处,有一个年代久远的"善牧堂",为了方便河对岸的信众来此,善妇信女们集资"出力最多的是西门一带的妇女",重修起了这座桥。

邻人称为"女桥",以表示对妇女善举的纪念。

据记载,该桥建于明洪武十三年(1380),早期地方志记作"牛桥"。明天启二年(1622)重建为今日所见规制:单跨圆拱,桥宽4.7米,全长28.3米,望柱、栏板、石级踏步全部是花岗石。命名为"聚善桥"。

经过数百年的风雨洗礼,花岗岩石条铺砌的桥栏和桥面,外沿圆润光滑、颜色沉实饱满,澹澹穆穆透着苏富比明宣德炉般古朴微光。

饱经风霜的女桥,是中国旧时女子饱受传统礼教束缚禁锢的缩影。

中国民间早就有"造桥修路办学"是行善积德之事的说法。这些捐资造桥的女子大都是信佛之人,有的婚姻不幸,有的是"寡妇",还有一些是生活种种不如意之人。和鲁迅笔下的祥林嫂给寺庙捐门槛一样,她们捐资造桥是为了事行佛教里"积阴德"修来世的。当然,也有生于钟鸣鼎食之家的富贵女子,她们则是为了佛教里讲的为来世"种福田"。

至今,你仍然可以在女桥桥洞内花岗岩"拱圈石"上看见雕琢的莲幡佛像,刻着的密密麻麻的许多字,写满了祈福女子的姓名和心愿。石缝中,顽强生长出的野草青藤,一岁一枯荣地在风中微微摇曳。生生不息的,是中国古代女子对美好生活的向往,以及心中蕴藏着的一种永恒坚守的宗教情怀和善行义举。

在练祁河面上望过去,女桥巨大的半圆形石拱圈倒映水中,有如满月一般。河面上有风吹过,风起微澜,月随波漾,似真若幻。如果恰逢望月之时,天上满满的月亮映在河中,练祁映月与女桥圆月"双月同辉",实为练祁一景。此等意境风韵,入诗入画,堪与陈逸飞周庄"双桥"媲美。此时,若再有两三绣鞋红袖,手拿薄绢团扇的女子款款移步上桥,活色生香一幅陈逸飞仕女油画。

20世纪初,一位路过西大街的美国摄影师用黑白胶卷摄下了这座桥。

时间:1913年6月。

事件:龙舟竞渡。

多年前,由上海市历史博物馆、上海古籍出版社合作出版了他的摄影集《20世纪初的中国印象——一位美国摄影师的记录》。书中,一共收录500多幅照片,分5个部分,向读者展现了辛亥革命前的中国、辛亥革命爆发的经过、上海十里洋场风情图、商务印书馆全貌以及民国初年的社会状况等。

中国人历来有龙舟竞渡的习俗。"石溪久住思端午,馆驿楼前看发机。鼙鼓动时雷隐隐,兽头凌处雪微微。冲波突出人齐譀,跃浪争先鸟退飞。向道是龙刚不信,果然夺得锦标归。"这是唐人卢肇的《竞渡》诗。曾任明朝礼部尚书的嘉定人徐学谟晚年有《重五日集汇龙潭同长卿汉卿辈观竞渡》一诗,曰:"荆江曾为五龙游,竞渡须乘万里流。乍可银塘容舴艋,犹争采胜恣沉浮。尊前亦有怀沙客,海上初迎访戴舟。为爱紫云能佐酒,明珠那惜作缠头。"

清康熙年间,嘉定人张锡爵也有《旷望阁观竞渡》诗:"双桥天半落晴虹,十万桅樯广泽中。画鼓急催黄帽雨,彩旗斜飐绿杨风。升平行乐声如沸,老病逢人鬓似蓬。回首欢肠真历历,樽前朋旧几人同?"

据说,当时嘉定城赛龙舟分七个片,共有龙船七只。城中为百子龙,东门为小青龙,南门为白龙,西门为黄龙,北门为乌龙,东门外澄桥的为老青龙,南门盐公堂的为绿龙。龙舟竞渡一般要举行七天,参加各方都要提前把龙船油漆一新,整理旧的旗伞或赶制新的,叫作翻新"行头"。旗伞都以绣花绸缎制成,各参加方的穿戴衣帽与龙船、旗伞的花色相一致。

那位美国摄影师照片中的女桥,让我们一脚踏入民国。

女桥的桥面,左岸的下塘街,河埠头挨挨挤挤的长衫马褂、旗袍布衣,热闹喧腾"满城争看龙舟渡"的盛况。我相信,临水的小窗前,一定有闺中女儿深情款款的目光,正追随着奋臂划桨、浪遏飞舟的那个好儿郎。

女桥。独特的桥。

很少有一座桥同时拥有这么多不同的称呼。因为"女"同"虹"的嘉定方言发音相近,所以民间也有称其为"虹桥"的。一座长街上的小石桥,集"牛桥""聚善桥""女桥""虹桥"四个桥名于一身,在嘉定的古石桥中应该绝无仅有。

此生有梦到西街

写不尽的西大街。

一个人,有一个人的视角。吴亮老师讲,"在《长恨歌》里你只能了解到王安忆怎么看上海",而《朝霞》是他的上海。西大街,也是谁都代表不了,谁都不可能简单地把它造型化、符号化了的。《印象西大街》那本书,既是我眼中的西大街,也是我心中"一个人"的西大街。

没有想到,在写书的过程中,"一个人"的东西,竟然引起了许多人的共鸣。

黄振渭老师、陶继明老师、关伟聪老师从小生活在西大街,对西大街感情自不必说;殷慧芬老师、楼耀福老师是正宗的"上海人",寓居嘉定50多年,尽管不是生活在西大街,但是对西大街的那份情结却和我相似;张波老师说:"西大街,我熟悉的,有交关事体可以对侬讲讲。"他反反复复看了我写的六章初稿后,欣然在灯下铺开古意盎然的染色宣纸和洒金扇面,一灯如豆,笔意绵长;"古渡之人"张佩华老师为本书创作的那幅西大街钢笔画手卷,微信群里赞为"可以流传的西大街'清明上河图'"。

当然,你可以说我们是老辈人的怀旧情结。

那么,来说说小辈。嘉定收藏家"三叶草堂"尹昊先生听说我在写西大街,当夜在微信里传过来一组西大街的黑白照片,说是从年轻朋友圈里转帖。那张四口之家街头合影的相片上,红色圆珠笔手写的字迹依然清晰:(19)81年秋10月,西门街。另一张是这家两个孩子的合影,红色的字迹穿越了时光:81,秋,7岁,5岁。尹昊特别提示:5岁的男孩就是写那段回忆的(注:参见《却道西街依旧》里我引用的网上文章。真没想到,曾经的望断浮云,是尹昊把那朵浮云妥妥地安顿在了我的书里)。梅子黄时雨季节的一个日暮时分,尹昊在微信里传过来的一首中国流行男歌手李荣浩作词作曲的"老街",留言是:"最近我一直在单曲循环听的歌。"笑言,希望这首歌作为这本书的背景音乐。

当然,你可以说他们是本地人的家乡情感。

那么,就说说非本地人。曾是川中军人现为"海上刀郎"的杨祖柏老师,为了找到表现《印象西大街》意境最契合的摄影视角,多次踏访西大街;祖籍山东的青年版画家付永康,探访西街、查阅资料、以刀代笔为《印象西大街》量身制作版画地图;秀外慧中兼融中西的江浙才女外企翻译倪晓芳,一口气连译了六章,说"一定要把西大街介绍到国外"。特别令人感怀的是,在上海连续多天的高温模式里,"小倪姐姐在西大街体验西大街",陈优微信里说。此时此刻,街上的人流、热流是可以想见的,"热得头好晕,选了三株茉莉花"。在西大街的桑拿天里,信仰基督教的倪晓芳仿佛洁白出尘的茉莉在善牧堂的清影里接受了一次洗礼。当然,还有坐落在西大街上的"西友合作社",一个植根于嘉定老城的研究交流平台,里面的年轻人不少都是外地引进的才俊,西大街的保护和活化一直是他们关注的重点课题。

记得狄德罗说过:"现代的精致是没有诗意的,真正的诗意在历久不变的原始生态中。"走在西大街,向远眺望,一步千年,我们倾听嘉定祖先的脚步声。在我看来,西大街的"诗意",西大街的"原始生态",并不仅仅在那些旧窗、古砖、老藤、故居里。巷里坊间古朴的白墙围合着中国人"历久不变"的虔诚与归宿;这里的先人一扇中国门外兼济天下扬教化启民智造福乡梓,深深庭院内修身齐家,在平和宁静的生活中涵养着向善向上的儒家文化精神。如今的西大街,虽已不再帆樯穿梭、光鲜繁华,却依然听得见稚子幼童晨课的书声,依然保存着温良的民风和朴素生活的热情与尊严。

西大街人,把最不精致最平凡的世俗生活活出了诗意。

一位网友走过如今的西大街后没有轻愁净是静气:"大香樟树下,我们走进去看看有没有艾草,结果看到满地荠菜花,有老人家在采野菜和荠菜花。那天4月4日,第二天是清明节和三月三,嘉定人吃荠菜花煮青壳鸭蛋。"仿佛是清少纳言《枕草子》里唯美淡雅的笔触和细节,此时此刻西大街的兴衰荣辱、起落沉浮都已无足轻重,反倒是这些从从容容的日子,才是我们生命中最值得回味和依恋的东西。

有一次,听葛秋栋老师讲陶继明老师在西大街上的"天宝遗事",很有情趣。

陶老师祖居西大街,从344号到350号的三幢房子都是他们陶氏一门的。老早,陶老师在嘉定城中新华书店上班。据葛老师讲,陶老师年轻时一表人才颇有异性缘。陶老师天天骑着脚踏车上班,从西大街西首"鲜衣怒马"一路向东。你想想,沿街经过的多少小商铺小作坊都是一道流动的风景,而西街翩翩陶郎自然也成了别人的风景。

红尘故事就在风景里晕染开来了。

陶老师天天路过的"老虎灶"里,有一位姑娘等的就是街上这一骑轻车碾过弹格路的声音和车上小伙的身影。"有一次,姑娘正在'老虎灶'边往热水瓶里灌开水,看到陶老师经过门口,目随心移竟至走神,把水都灌到热水瓶外去了。"这是葛老师的原版。西大街的风情世故,仿佛是小津安二郎缓缓移动的长镜头,温暖细腻、平和隽永。镜头之外,或许沿街楼上几家闺房里,还有红袖轻轻掀起窗前绣帘一角,成为西街风景外的风景……

西大街的生命活力在于它的多元性。

曾经住在这里的人,有的去世了;有的去了城里了;有的去了国外。现在,可以在这条街上看到的是老人和孩子,原住民和外来打工的人,近乡赶集的人以及远道而来的游客。嘉定电视台拍过一部《老街守望者》的片子,留下印象的有几个细节:

那个在自家百年老房子里开着杂货铺,无论生意好和不好都无所谓的54岁的店主,心存的是一份对老街、对祖屋的怀想;那个曾经有过在七夕鹊桥相会的日子里浪漫相亲的老妇人,老伴去世几十年依然保留着那只时常要拿到修理店去修理的旧表,心存的是一份对亲人的念想;那个来西大街打工十几年自己连初中都不曾上过,给孩子取名为"梦想"的男子,心存的是一份对下一代光宗耀祖的梦想。昏暗的屋子里斑驳的墙上小孩子那张"数学期末考试第一名"的奖状,分明是这户人家未来希望的一缕微光。

他们的生活，俗情冷暖；他们的故事，阴晴圆缺。

所有这些，活化了西大街日常的生活情态，内蕴着西大街顽强的生命张力，同时也构成了整个西大街的一部"现在史"。使人感到欣慰的是，如今西大街坊间的"话题"已经变成了政府西大街改造的"主题"。其实，无论今后西大街保护和修复的走向如何，西大街那些新移民的取名为"梦想"的新一代，长大后是必定会走出这条西大街的。无论天涯海角，西大街的喧闹集市、老屋青藤、长街落日，也永远会是他们对年少时最美好的记忆。

"露从今夜白，月是故乡明。"此刻，我的眼前又浮现出嘉定博物馆里顾维钧亲笔所书的杜甫诗句。

秋风梧桐八里地

微信里,朋友小倪说:有个意大利友人约你一起吃个下午茶。丁香花园。Amokka。日子比较有意思,11月11日,中国人叫"光棍节",也是一个无数中国人在阿里巴巴疯狂购物的好日子。

我当然很有兴趣见见这个外国友人。午后的阳光,透过法国梧桐已经变得金黄色的树叶,洒在安福路窄窄的水泥路上,跳动着斑斑驳驳的光影,正是初冬的好风景。

Amokka,颇有意大利风味。进门右边第二个座位,看见小倪和一个高高帅帅的外国小伙。初次见面,照例是握手、介绍,寒暄的礼节。意大利,一直是我很喜欢很向往的国家,但丁的《神曲》,薄伽丘的《十日谈》,还有达·芬奇、米开朗琪罗、拉斐尔,等等,都是我仰慕的大师级文艺家。

意大利帅小伙的中文名字叫八里地,很有意思的名字。他告诉我,八里地是意大利的一个姓氏,音译就是八里地。我告诉他,八里地其实很有诗意。中国古代大诗人李白有一句诗词:"何处是归程,长亭共短亭。""亭"和"停"有关系。以前中国人外出走累了,要歇一歇,停一停再出发。"停"这个汉字的意思,就是一个人靠在亭子休息。中国人古代有规定,五里建一短亭,十里建一个长亭。李白,是一个喜欢旅游的人,在外面久了难免想家,回家的路在哪里呢?诗里说,你看看那些短亭接着长亭,长亭之后又是短亭,回家的路真是山水迢迢。

这让我想起了另一位意大利威尼斯旅行家、商人马可·波罗。他在中国古代元朝的时候来过中国,回去以后写了一本书,就是著名的《马可·波罗游记》,把中国介绍给了全世界,所有中国人至今都非常感谢他。

八里地的中文讲得很好。血统当然是亚平宁半岛美男子的血统,微卷的长发,黑衣黑礼帽,绅士风度,仿佛是意大利电影里彬彬有礼、风度翩翩的子爵男爵。八里地告诉我,他的城市米兰和上海一样都是国际化大都市和经济中心。男人之间聊足球比较有共同语言。我对他说,意大利球星罗伯特·巴乔那忧郁的蓝眼睛令中国无数女球迷难忘。前意大利教练里皮现在是中国男子足球队教练。米兰的两支足球队国际米兰、AC 米兰,在中国拥有无数球迷。

我告诉八里地,上海除了在外国很有名气的城隍庙,在郊区嘉定还有一条具有 1500 年历史的石子路老街叫西大街。这条街,和意大利及米兰的许多老街一样,发生过许多故事,我们有必要让更多的人知道我们的祖先曾经有过的故事和生活。我刚刚出版的《印象西大街》记录的就是这些故事。

我邀请八里地有机会到这条老街来看看。八里地说,很有兴趣把这本书介绍到米兰。历史,总是有许多相似之处。他的话,又让我想起了那位中国人永远感谢的意大利人,尊敬的马可·波罗先生。

秋风。梧桐。暮色里,我们在 Amokka 门前合了影。望着八里地远走的背影，一身黑衣黑色礼帽，仿佛远年的传教士，把西方文明介绍到东方，又把东方文化传播去西方。愿八里地想家的时候，能够记起李白"长亭共短亭"的诗句，能够记起他的那些中国朋友。

　　天涯不远，人心很近。

旧时春晖

六房湾里黑漆门

江南。常熟。

常熟素有"锦绣江南鱼米乡"之称。历经三千年沧桑变迁，城内古琴川河穿城而过，构筑成"七溪流水皆通海"的独特景观。常熟人，知道沈玄其人的可能不多，但几乎人人都知道"七溪流水皆通海，十里青山半入城"的著名诗句。

常熟。北门。六房湾。

以前，我也根本没想过去问母亲婉维，此地为什么会叫六房湾。仿佛这个地方天生就叫六房湾似的，根本不需要什么理由。那年，为了写书我问过一次。母亲婉维缓缓地说了声："我也不晓得，我也没想过去问我的姆妈。"

尽管母亲婉维从小就到上海来了，但半个多世纪过去，乡音依然未改，上海话和常熟方言混合后的语音今天听来竟然有一种说不出的柔美的感觉。

我猜想：六房湾，有可能是因六家大户人家的住宅而得名的。因为，母亲婉维家本是这几家大户之一。六房湾，也有可能是因哪一家娶了六房姨太太而得名。但似乎也没听说过有哪一户人家娶过那么多的姨太太。六房湾，也有可能和河流有关。从北门那座石桥下去，沿着河边的弹格小石路转几个弯，就是母亲婉维的家了。但，好像也没有转够六个弯。

记忆中的常熟老宅门口，有一条小河流过。

那条小河，从西面流过来，正好在老宅处拐了个弯，径直向南流去。按照风水先生的说法，"一江春水向东流"，小河从西面正对着老宅门口源源而来，象征着这户人家财源滚滚而来。这可能也是我小时候百思不得其解的，为什么人家的屋子都朝南开门，而我家祖屋竟然向西开门的缘故吧。

"摇啊摇，摇到外婆桥"，儿时的梦中经常会有这首儿歌。因为，外婆家正对门的小河上，几步之遥就是一座小石桥。想必母亲婉维小时候会像我一样，站在老宅门口看流水西来东去，看云卷云舒落日朝霞，看小石桥上人影渐稀。

记忆中最深刻的，是小河边上老宅的黑漆门。

踏上三级青石阶，就是那扇黑漆的木门。门上有一对铁制大门环，门楣上是中国传统吉祥如意的装饰纹。由于年代久远，黑漆木门颜色沉着，铁环黯然无光。这黑色门扇加上金属门环，在我远年的记忆里是带着几分厚重、几分庄严、几分神秘，外加几分敬畏的。

推开厚重的黑漆木门，里面就是一个"庭院深深深几许"的空间。如果把老宅比作一袭老式的旗袍，那么黑漆门就是旗袍上古朴的黑丝绒的盘香扣。是点缀、是装饰，也是这宅里人家内蕴的气场。黑漆门见证着这门里年年岁岁的枯荣和人世无尽的有常和无常。

每当掩上那厚重的黑漆门，就隔断了门外的车马喧阗和滚滚红尘。

母亲婉维的少年时代就是在这里度过的，我儿时的记忆中也深深印刻着这个庭院。穿过砖砌的天井，院子四周杂花生树，每当冬天的晚上"一树的枯枝高高印在淡青的天上，像瓷上的冰纹"，在院子的东边墙脚下，是一个用残红砖、青瓦片围成的小花坛。

天井的南墙，是一堵厚厚的密不透风的高墙。

墙是灰白色的，墙面糊着的石灰，已经脱落了许多，露出了墙壁的碎砖，墙缝里长着一些花花草草。灰白色的墙体上布满了片片的青苔，水不断从墙上流下来，可以见到残流着的水渍，远远看去，就像是打开了的陈年折扇上发了黄且布满锈色斑点的山水画卷，真切，但模糊一片。爬山虎贴着墙面，泼墨泼彩的绿色就像在宣纸上那样恣意地漫开去，它已经融入老墙的生命纹理。

就这样，历史的沧桑感通过这些苔藓和小草野花斑斑驳驳地显现出来，那是岁月的颜色。深巷庭院里的这高墙自有一种沧桑，一种力度。哲学家会说，建筑有四维。建筑的第四维是时间，久远年代会给建筑一种苍劲感，甚至是悲怆或惆怅感。

天井南墙下，有一口老井。现在，这长满苔藓的老井对母亲婉维来说，无疑是熟悉而又疏离的。那砌成老井的一块块光滑的青砖，以及井壁上那细柔鲜绿的水草和深不见底的清澈的井水，曾给她，也给我的童年带来过无穷的乐趣。把木桶往井里一荡，咚的一声回响，这清甜清凉的井水已经沁人心脾了。

有了这口井，童年便变得滋润起来，回忆便显得更为丰满动人。天井南墙对面，是一排高高的落地长窗。高墙的阻挡和掩上的长窗，使阳光很难直射到厅堂里去。只有到午后时分，姗姗来迟的阳光才透过落地长窗上细小的玻璃格子落在青砖地上，光影斑驳。

厅堂里，是中国传统的老式布置。中国人对"中堂"的布置与摆设是一种千篇一律的"典型组合"：条几、八仙桌、太师椅，瓶、镜、对联、山水画，便营造出一个庄重的迎宾会客氛围。

儿时的记忆中，此地有白粉的墙壁、水磨青砖铺的地、深色红木几案、大红团花绫子椅垫，两边墙上各有四幅古朴的云石挂屏，几案上一对祭红大花瓶里插着孔雀羽翎，后来不知在何时改插鸡毛掸子了。晨起，有光透过落地长窗的窗格射进来，可见烟尘浮动。微光里，室内的一切都好像浮在半空般的不真切。

就在这个厅堂里，有过母亲婉维以及后来的我，无数次地向长辈请早安道晚安，一如暮鼓晨钟似的重复，单调而又见秩序，年复一年，日复一日。家族的历史也就这么一页一页地翻着，如同在地理课上学过的地层一样，旧的，被沉积了，新的，覆盖上来。所幸，记忆还是那么时浅时深或浅或深地停留在那里。

这些记忆，有很多是由奶妈和保姆串联起来的。她们都是哺育养育过我的亲人。

懂事之后，母亲婉维告诉我，我是吃奶妈的奶长大的。我问："你怎么舍得把长子让别人喂奶？"原来，母亲婉维生下我之后，一是由于厂里工作忙分身不开；二是厂里工资很高，请个奶妈花不了多少钱。所以，就把我送到常熟去，请一个奶妈带。她和父亲礼拜天回常熟亲人团聚。

我对奶妈点点滴滴的印象都来自母亲婉维的叙述。奶妈是常熟人，好像是梅李乡下的人。奶妈的奶水很充足，在我之前还奶过别的孩子。母亲婉维经常说，奶奶奶的第一个孩子蛮争气，后来成了大学生,你要努力云云。记得那年暑假,在常熟六房湾的老屋。一天午后,来了一位老妇人,表姐小五官告诉我:小时候她奶过你的,你的奶妈。很想你,知道你在常熟特地从乡下出来看你。

只听她们在客堂间长长短短地说着家常话。见奶妈端坐在光影里,慈祥地看着我,静静地仿佛在观赏着曾经用乳汁浇灌滋养过的那幅有生命的图画。前尘后事,几番春雨秋风,厅堂里有风拂过她的额发,掀起那一缕发自心底的轻柔。我轻轻叫了声奶妈,竟然语塞,不知从何而说。

那以后,就一直没有再见过她。直到有一天,母亲婉维告诉我说:乡下的奶妈故去了,她是个好人。人世间的许多生命就是这样,轻轻地来,悄悄地去,而她们的生命会以另一种方式延续下去。

生命是母亲婉维给的,最初的哺育则来自奶妈的乳汁,而童年,则是由保姆带大的。当我可以断奶了的时候,母亲婉维就把我接回上海自己来带。由于白天要上班,家里就请了保姆。

第一个保姆是苏北人。

母亲婉维叫她蒋妈。记忆中,蒋妈是一个手脚麻利、干活勤快、性格开朗、为人豪爽的女人。走路风风火火、讲起话来喉咙三板响。她的笑声以及跟邻居女人打招呼的声音,从弄堂外由远及近,大脚板踩在楼板上嘎吱嘎吱直响。

蒋妈和我一起睡,总是睡得很沉。因为要上班,母亲婉维和父亲起得很早,负责买菜和烧早饭,蒋妈负责带我。每一天,我总是在蒙眬的睡意里,先听着石库门老城厢弄堂里的鸡鸣,然后便是他们窸窸窣窣起身下地,进屋出屋的脚步声。不知过了多久,外屋煤球炉子上的大米粥的香气,让我再清醒了些。然后,隐约又能看见蒋妈忙东忙西麻利的身影。

蒋妈的身板很结实,吃得下睡得着做得动。后来,母亲婉维每当牵记着蒋妈的时候,总要说这样一个逸事趣闻,讲蒋妈体重力大,有一次竟然把一个木架子的棕绷床睡得断了木架,"蒋妈困断脱过一只棕绷床"。蒋妈早已故去,现在当母亲婉维再向我们提起这段往事的时候,都不禁莞尔。尘封的记忆时不时地就是以这样一种鲜活的姿态重又活在人们面前。

第二个保姆是扬州人。

"烟花三月下扬州""腰缠十万贯,骑鹤下扬州",古扬州真是一个唯美浪漫的所在。正所谓"一方水土养一方人",扬州女子肤色细腻是出了名的,随着上海的繁华,不少扬州女都来到了上海生活。

扬州保姆叫什么我早已忘了,身材清秀、长眉细眼、长发盘髻。尽管穿着青花老布裙衫,但发髻梳得一丝不乱的妇人形象至今不忘。那一口温软舒缓的扬州话,当时在我听来是那样的悦耳舒心。

我叫她扬州阿姨。虽然扬州阿姨白天会对我笑,逗我开心,可等晚上我睡着后,有时却因为思念自己的亲人而流泪。扬州阿姨有一个和我一样大的男孩,家就在嘉定城中西塘河天主教堂后的农村里,练祁河水缓缓流过。有时,扬州保姆回去探亲,就会说服母亲婉维让我到乡下和她的儿子玩。

乡下的日子很简单。扬州阿姨家的床很大,铺着草席子,任由我们两个小男孩翻来滚去地打闹。乡下的日子也很有趣。我们两个男孩会到大田里去野。到田里看飞来采油菜花花粉的蝴蝶和叫个不停的蜜蜂；雨后在菜地里寻找蜗牛的足迹；在牛粪堆旁边挖红色的蚯蚓；翻开长满白芒的大冬瓜，捉蟋蟀。更闹的是，两人还结伴去偷人家田里的番茄和树上的梨。

第三个保姆是嘉定本地人。

有几个儿女，家就住州桥老街上药店的旁边。听母亲婉维叫她常州妈妈，我就跟着叫。常州妈妈个子矮矮的，可能小时候得过病的后遗症，头往旁边有点斜。她很疼我，每天接送我上学放学，手把我拉得紧紧地，生怕我又到外面去心野去调皮。后来，常州妈妈家的几个子女家庭条件好了，加之又心疼母亲在外帮佣，就接她回去了。

枕着英伦气息入眠

儿时的许多细节,有时候就像南方人煲汤,经过长时间的文火慢慢地煨,才会体会出一些味道来。

母亲婉维从小身子一直比较弱,畏寒。所以,秋风渐起时,热水袋就不离手了。热水袋外面用棉布做了一个套子套着,花布上的图案是红、青蓝两色女人形体的剪影,造型各异、体态优美。小时候天天见得,只觉有说不出的愉悦。后来,才从书上知道,这些剪影原来是英伦古典芭蕾舞的艺术造型。

真正看到芭蕾,是在苏联影片《列宁在1918》里。尽管是黑白影片,但那段只有几分钟的芭蕾舞《天鹅湖》四小天鹅的芭蕾片段,使当时所有中国人过目不忘且百看不厌。回家,再看看母亲婉维热水袋套子的那些芭蕾剪影图案,愈发觉有一种抽象的美,凝练的美。

母亲婉维对几个孩子枕头套的选择,也是很费心思的。

记得还是在一年级的时候,母亲婉维给我床上买的那只枕头套,是素色棉布底子的,镶金银丝的荷叶边,枕头套的中央是用彩色丝线绣的一句"Good night",也没有教我如何拼读,我只是在心里觉得这几个艺术化了的外国字看起来蛮舒服的,特别是"Good"那一连三个绵延串成联的圆圈,特别柔美。

就这样,夜夜枕着一片英伦气息入眠,一直到后来学习了英文,才会拼会读,知道"Good night"原来是晚安的意思。

母亲婉维是很喜欢格子条子花纹的。用了至少四十年的那条纯羊毛毯是月白墨绿相间的格子图案,床上的被单换来换去基本上都是格子的,蓝白相间、红白相间或者是绿白相间的格子。母亲婉维的围巾不管是羊毛的还是腈纶的或是其他质地的围巾,也都是清一色的格子或条纹,甚至连给我们几个孩子买的围巾也是如此。格子条子花纹自有一种轻盈和明亮的风貌,糅合了英国皇家风格与好莱坞复古的情调,内敛式的性感完美优雅。

其实,英伦风格的格纹风尚,是一种简约的时髦。对时下的女士而言,"淑女"一词,往往蕴藏着一些怀旧的美妙传奇。所谓英伦的时尚就是绅士与淑女们的雅致风度。在潮流字典里,20世纪60年代的英伦时尚是一个强调知性、优雅和女性线条的年代,奥黛丽·赫本就是那个年代女明星的典范,她代表了优雅风范和甜美气质完美融合的女人味。不但影响了母亲婉维那一代人的审美,进而也影响到了我这一代。

现在的上海,英伦古典风重又流行起来。淮海路、南京路的橱窗里的那些时装大品牌,充分结合了东方女性的审美观念,用如梦幻般的层叠,柔情似水的荷叶边,充满女性气质的蝴蝶或大朵花卉来做装饰,将淑女们的浪漫气息勾勒得如诗如画。温柔淑女风的回归,是潮流对优雅高贵风度的怀念,也是对纯真而又性感气质的追忆。

母亲婉维对灯芯绒也情有独钟。

灯芯绒绒条圆润,绒面光泽柔和,用手抚摩时会有一种温顺如棉的手感,让人从眼到心都觉得温暖,不知不觉多了一份亲呢。做上外套和长裤皆宜,且活动起来使人不感到拘束。我从小学一直到读师范,身上总有母亲婉维买的灯芯绒衣服。身上穿着灯芯绒,那由内到外棉绒的感觉,那绒而有棱的感觉,那绒而凿实的感觉,透出一份儒雅。难怪不少女孩说,反正看到穿灯芯绒裤子和外套的男士就会有一种莫名其妙的好感。

上海电视台有一档"波士堂"采访节目,你在那国内国外这些成功男士的身上,常常会看到他们身着一身灯芯绒,那特有的条绒质感,没有浮华,没有亮丽,有的是深深的稳健和随和,有一种宽厚温暖的心情,有一种接纳百川的宽广交融,散发一种淡淡的亲和力。母亲婉维喜欢的总是以温情优雅的面貌示人的花呢,还有丝绒、丝绸,仿佛只有那丝的光泽滋润,生命才能显出神采来。

母亲婉维是不大喜欢开日光灯的。

日光灯太白太亮太刺眼。电灯的光线就柔和得多了,多了一份温暖的感觉。小时候总喜欢停电的夜晚。因为,停电了,蜡烛就可以点起来了,蜡烛的柔光让人有被爱抚的感觉。

受到母亲婉维的影响,我新房的床头灯用的是三个头的蜡烛灯,灯火橙红。至今仍然盼望着停电的夜晚,停了电,银色的五叉烛台就可以点起,烛火微弱绵长,一如古人说的"一灯如豆"。面对着这份静和慢,看微微的火焰、融融的蜡油,光明是那么小且珍贵,黑暗被轻轻推开,若即若离地缠绵在人的周围。联想起电影《蝴蝶梦》里,琼·芳登演的那个后来成为曼陀丽庄园家庭女主人的美国少女,举起蜡烛缓步走过阴森压抑的回廊厅堂,去寻找已经去世但又时时处处音容宛在的吕贝卡的身影……

最好，这个时刻，在老式的电唱机上放入一张黑胶木唱片，听怀旧的古典音乐，听夹杂着唱针和唱片的摩擦的咝咝声，带给你一屋的柔暖和浪漫。

现在开始流行复古风了，但任何事情，过了头或者只追求形式就假了。

最是家书能致远

那天去看望母亲婉维。偶尔拉开她和父亲结婚时买的柚木提花五斗橱的长抽屉,见里面有一摞已经泛黄了的家信,竟然还整整齐齐地叠放着。

这些纸色各异、字迹暗淡的家信,内容也几乎是大同小异,无非是报平安、述家事,细细碎碎点点滴滴简简单单。但,就是这些家信,承载着一个家族和家庭过往全部的生活重量,凝聚着无以言表的深厚的亲情伦理。

"家书"一词最早见于西汉,但它不是指书信,而是指家藏之书。作为书信意义上的"家书"一词,最早见于三国。其实,大概从文字产生以后,家书就出现了。然而,随着时代的变迁,现代通信方式的多样化,书信作为中国人传统的情感沟通方式正离现代人渐行渐远。

现代人,是很难体会唐人"烽火连三月,家书抵万金"或者是"马上相逢无纸笔,凭君传语报平安"的诗意。如此消息隔绝、久盼音讯不至时的迫切心情,是当时人人心中会有的想法,很自然地使古人产生共鸣,因而成了千古传诵的名句。

书信,古称尺牍、尺素、书札、书牍、简札等。西方人称为"最温柔的艺术",意思是其亲切细腻有类于日记。我的小名由来的那段"温柔的记忆",就来源于家信。

母亲婉维第五个姐姐的丈夫，按传统我应该是称他"姨夫"的，但不知道为什么母亲婉维让我们几个孩子叫他"娘舅"。这个"娘舅"在杭州茶业公司工作，所以我们都叫他"杭州娘舅"，这个称呼一叫将近半个世纪。

杭州娘舅写得一手与众不同的斜体字。

小时候，我们那代人都有一个习惯，就是每天放学回家，走过公房楼下信件箱，总要看一看有没有信和报纸。每当拿到信，只要看到信封上那用蓝色圆珠笔写的清秀、细长的斜体字，我就知道是杭州娘舅来信了。家信的最后，他总是不忘写上"代向安安问好"几个字。

"安安"是我的小名。其实，严格说起来也不能算是。为什么？因为我的这个小名没有其他的含义，是"尔"字的方言叫法。在常熟话的发音中，"尔"字音常熟人舌头卷不起来，"er"就读成了"an"。"安安""安安"，杭州娘舅把这个小名喊得不仅悦耳，还凭空添了一种阳光明媚的味道。常熟亲戚们也就跟着叫了五十年。现在听来，依然是那样的温暖和柔软。

中国传统书信的写法其实是有一系列规范的。我至今珍藏着一本《唐著写信必读》，其中书信的种类分法就有：家书类、贸易类、问候类、请托类、求恳类、短札类、闺阁类、庆慰类，等等，从另一侧面印证了中华文化的博大精深。

其中，有一封"贺姑嫂中秋"的信：

"某贤妹如胞。昨奉还云。聆悉一切。就埝。起居绥燕。动止吉羊。载欣载慰。迩际月涌冰轮。桂飘金粟。恭维璇闺益秀。琼第腾芳。引瞻祥蔼。定协颂私。氏坐守寒门。百无一长。过蒙。奖誉。益增惭怍耳。草此布臆。谨请秋祺。不戬。"

用白话文翻译过来就是：

"某妹：昨天接到你的回信，晓得一切事情，并且知道你起居安好，凡事吉利，使我非常地快活。现在恰值月亮像冰轮般圆了，丹桂和金粟一样地开了，想你闺房里愈加秀美，府上也诸多升发，举头遥望，瑞云祥蔼的府上，一定像我的颂祝。我坐守在家里，没有一件事体能做，谢你过分赞我，更加使我汗颜了。"

尽管时空已流转了千年，但家信中那种华人重礼仪亲情的伦常美犹在眼前。

可以想见，中国历史上有多少个红楼深院里的多少个宝姐姐林妹妹知书达理后的温婉敦庄，就是在这些平平常常的家信往来中练就的。"野蛮女友"的直接，固然也是一种感性野性的美，但中华传统的大家闺秀小家碧玉的知性含蓄的淑女风范更是如今那些小太妹们，该补习的如何使自己优雅起来更加像个"女人"的中国功课。

母亲婉维在我小学五年级时，就让帮她写回信了。我也就有幸用上了她那支黑色的派克金笔。

一开始是她先打草稿，然后让我工工整整地抄写。母亲婉维写一手繁体字，字体虽不秀丽，但蛮端庄。我的繁体字启蒙，应该是源于抄写家书的。后来，便是母亲婉维口述大意，由我自己发挥打草稿，草稿通过后再誊写在信笺上。写完，还得由她最后校对一遍才放心。有时，母亲婉维会笑我："给乡下写信你用词不要书雾腾腾，伊拉看勿懂，又勿是学堂里写作文"。

如今想来，这灯光烛影里母子两人合写平安家书的温馨画面也是时过境迁的了。再写家信，可能要用到 e-mail 与微信了。

我写的家信在亲戚、邻居中渐渐小有名气。特别使我有成就感的是，邻居家有一个老妇人，曾经有一段时间帮助母亲婉维中午给我们几个孩子烧午饭，照顾我们吃饭。我们都叫她"奶奶"的，不识字，每隔一段时间，就要让我帮助她写信到乡下去，问安问好。

奶奶一句一句地说，我一句一句地写。白发苍苍的老人虔诚地紧盯着小男孩的笔在纸上移动，写些什么，奶奶根本看不懂，要我读给她听一遍的。一个老人，把她对家乡的一份思念和亲情寄托的文字表达权，完全信任地交给了那个未成年的孩子。于是，隔了两代的人，由于家信就有了语言情感上的认同和默契。

时光流转，似乎一夜之间，那样的体验就变成了记忆。但是，时代在变，生活在变，表达方式在变，家书记录的亲情却永远不会变。在家信中，我小心翼翼地珍藏我曾经有过的那些感觉：等待、思念、期盼，来自灵魂深处的惊喜和快乐。

其实这也是普鲁斯特在创作《追忆似水年华》时的动机：用神奇的记忆来对抗流逝的时光和可怕的遗忘。

姐妹闲坐说红楼

中国人讲到做人,有四个字,就是有情有义。

我从小就认为,《红楼梦》是讲情的,《七侠五义》是讲义的。

读小学的时候,认字还不多,对于《红楼梦》和《七侠五义》最初的认知,都是听来的。母亲婉维有几个很要好的小姊妹,小宝姆妈、胖阿姨、小高阿姨都是住在我们一幢公房里的,闲时串门。记的那个时候还没有电视,女人们在一起聊天,聊着聊着就聊到了《红楼梦》。

《红楼梦》是她们常聊的话题。

聊者无心,无非是打发时间,闲话说说对书里面各色人物的看法。我在一旁听多了,慢慢地对人物也有了一些零星的感觉。记忆里,她们嘴里出现频率最多的,不是贾宝玉和林黛玉,我也听不懂宝黛的什么爱情故事,"凤辣子"是她们经常的话题。后来,才知道"凤辣子"叫王熙凤,在大观园里是个很厉害的角色。"凤辣子"三个字从胖阿姨嘴里面说出来的那种神往的味道,至今不忘。袭人、平儿、薛宝钗、王夫人也是母亲婉维她们常常挂在嘴上的。

现在回想起来,终于悟到了一点,对天下男人来讲,治国是一定要看《三国》的,里面充斥着计谋和谋略。对天下女人来讲，家国同道，治家如同治国，而治家最好的范本不是《三国》却是《红楼梦》。红楼里那个美艳、干练、圆滑，上能搞定老祖宗、中能搞定王夫人、下能搞定丫环小厮的，在荣宁二府都风生水起的"凤辣子"王熙凤当然是女人治家的偶像和范本。

说得也是，林黛玉这种小性儿、泪人儿的小才女，也只有在戏里可以看看，真正要把她娶到家里来做媳妇，哪一家当婆婆的吃得消？不消说婆媳关系，就是母子关系也完全有可能为了林黛玉而弄得不愉快。恰恰，人长得雍容富态嘴又甜又懂得揣摩人心思讨人好的薛宝钗，当然成了天下婆婆挑选媳妇的不二人选。袭人的老成持重和忠心耿耿、平儿的机敏干练和左右逢源相信也会有不少中国婆婆喜欢。

母亲婉维一直认为，《红楼梦》里王夫人是个比"凤辣子"更厉害的角色。真是女人看女人要比男人看女人更准。刘心武他们这些人看红楼，总是从政治的角度去找人物的心理依据，这样，对女人的内心肯定是拿捏不准的。

王夫人和薛姨妈是亲生姐妹，王夫人的亲生女儿元春是当今皇上的小妾，儿子是生下来衔了玉的单传独子，王熙凤在贾府前台唱戏，背后定调子的应该是王夫人。"金玉良缘"完全可能是从贾宝玉衔玉下来时，王夫人就和薛姨妈暗中定好的，所以薛宝钗必须有金锁，什么"不离不弃、芳龄永继"，完全是在演戏给贾家看嘛。林黛玉是后来人，用现下时髦的话来讲是体制外的人，是"金玉良缘"计划经济外的人，是老祖宗的嫡亲外甥女又能怎样，王夫人的计划经济是不容许任何人打破的，所以林妹妹只有"冷月葬诗魂"这一条路可以走了。

母亲婉维那一代人,给孩子玩的自由是蛮多的。

小宝妈妈有个儿子,是老三届的,我叫他龄龄阿哥的。他们那批大孩子成天在一块玩。我儿时就比较老成,经常和他们一起玩是有关系的。那些大孩子,除了在一块打打篮球,就是吹《七侠五义》,什么北侠欧阳春打遍天下武艺最高,南侠展昭被皇帝封为御猫。然而,最令我心驰神往的,是锦毛鼠白玉堂大闹东京的故事。对锦毛鼠白衣胜雪、衣袂飘飘的形象无限向往。所以,改革开放以后港台的武侠小说进来,看到古龙笔下的白衣剑客西门吹雪就感到一种久违了的亲切感,白衣少侠是儿时不能磨灭的记忆。

《三侠五义》那本书的封面,至今记忆犹新。封面画很简洁,是典型的中国古代线描风格,粉墙黛瓦一间瓦屋,窗户半开着,小屋里一灯、一人、一剑。屋顶是黑色翘檐,屋檐上有一夜行侠倒挂金钩探出头来窥视屋内,天上一弯新月。龄龄阿哥卖关子说,一个人武功高不高,就看他身上穿的那件从上到下布满琵琶密门纽扣的紧身夜行衣。本事大的,如白玉堂他们穿的是白颜色的紧身夜行衣,唰的一道白光,就没了人影,本事蹩脚的,只好穿黑颜色的紧身夜行衣。听得我对他的学识渊博佩服得不得了。

母亲婉维并不反对我看书,但是不准我们几个孩子晚上到了时间不睡觉,偷偷钻在被子里看闲书。经常是我们和母亲婉维打游击,晚上一到睡觉时间,她就会把电灯关掉,逼我们睡觉,我们一等她进内间,马上就起来把电灯打开。

后来被她发现了这个秘密,我们就只好在被子里打着手电筒看闲书了。

静日室生香

人们常把家比喻成一个容器，它把游子朝思暮想的家的味道都装在里头，揭开容器的盖子，熟悉的家的气味就会飘散出来。对我而言，有了它，家在我心中就不是一个虚幻的概念，而是充满芳香的温情所在。

母亲婉维熬煎中草药的香味，至今弥漫心头。

母亲婉维称得上是"久病成良医"。多年的求医问药，使得母亲婉维对中西医药理，特别是对中草药有独特的心得。和我办公室同事好几年的汤雁说得很形象，"倷娘像半个医生，中草药拿到手都要拆开自己再挑挑改改，不欢喜的药就拣掉"。

儿时，为母亲婉维拿药的除了保姆，就是我的任务。当时的中草药店，是在州桥老街的一间朝东的门面（现在门面扩大且装修一新，好像叫"回春药房"）。有时候，趁放学后的时间顺便拿了药带回家。

母亲婉维是急性子，蛮多时候我都是马上要去抓的。经常是这样，有时尽管人到了中药店，医生还没有把药配好。我只能坐在店堂里的长木条凳上，闻满室的草药香，望望野眼，看身着白大褂的药剂师、配药师来来回回搬弄着，用小秤很仔细地称量那些晒干了的草药。

中药店的斤斤量量都是几钱几克来着，很少以斤来论的，所以那用黄铜制成的小秤就特别的精致,那些决定着药剂轻重最后配置权的白衣人,也都个个慢条斯理,轻声轻气,手起手落间透出果敢与干练,让病家先多了几分放心。

中药店的另一道风景是靠墙整齐排列开来的老榆木百子柜。

那是天南海北中药店常见的柜,一格一格的,都有小字的药名标记,上面整齐地写着"当归""天麻""黄芪"等中草药名。现在,药店里的百子柜,都用不锈钢代替了。流落民间的老榆木中药百子柜,则成了白领音乐爱好一族的收藏,每一个格子里,放的是CD光碟了,想必那激光的碟片,经过百年中草药香的浸润,会使音乐更加醇厚吧。

后来长大了,懒得跑腿了,我们三兄弟就轮流去抓药。每次都是一大包的药,由一根扁扁的细红线捆着,层层叠叠就像是拎着个由牛皮纸包垒叠起来的金字塔。医生处方上的那些草药名,看得多了,在我眼中也无非是些当归、黄芪、天麻之类的植物名。但有关中药的知识,倒也从母亲婉维那里懂了一些。

母亲婉维的本草心经,无疑是我童年有关植物文化学的启蒙。

古人创造的象形文字"藥",就是草字下面一个"樂"字,两人在草下面跳舞。草医草药在中国古代称之为"本草学",包括植物、动物和矿物等。其中植物药占绝大部分,故名"本草"。根据中国甲骨文和金文记载以及近期考古发掘证明,早在元谋人、蓝田人时代,中华民族的祖先就发明了用火烧熟食物,用百草疗疾健身。

母亲婉维家的床边柜(上海人老法叫"夜壶箱"的,最早这种柜子的功能是放夜壶）里，那本童年时被我翻了不知多少遍的发了黄的《中草药大全》至今仍在。

灰暗色塑料封面，字典大小的开本，图文并茂地记载了近千种可入药植物的栽培、习性、产地、药用价值等介绍。那时的我，是把它当作图画书来临摹各种植物花卉，把它当作课外文字作品来阅读，书中有关植物花卉的描写段落，是写作文的最好素材。

更有趣的是，"文革"时中学里农业基础的知识（简称"农基"）考试注重的是实践。老嘉定一中里有一个百草园，期终考试时，那个操着苏北口音、嗓子沙哑的"农基"老师，从百草园里采了十多种草药来让我们辨认，认出一种得十分。什么"半枝莲"，什么"鸭舌草"，什么"铁扁担"都是我临摹了无数遍的，哪里难得倒我。

后来读了诗经，发现古老的《诗经》与中草药有很多联系。先贤讲到《诗经》作用时有几句话，"可以兴，可以观，可以群，可以怨，多识于草木虫鱼"。"多识"的意思，就是增加知识。草木虫鱼都是与人类生活相关的知识，尤其是草的知识，好像更重要，更要我们多多了解。《诗经》有数十篇有关草的歌词，比如我们耳熟能详的"一日三秋"，就出自《诗经·采葛》：

"彼采葛兮，一日不见，如三月兮！彼采萧兮，一日不见，如三秋兮！彼采艾兮，一日不见，如三岁兮！"

还记得我们牵着手去山上采撷草药的时光吗？那样的日子还能回来吗？心中想着你，纷飞的泪水就化作了无尽的思念。站在城头，眺望你离去的方向，这一日的煎熬，就像度过了三个月，就像度过了三个春夏秋冬……先秦时代，草和人生活之间的关系非常密切，人们也就自然而然地会常常借草来抒发日常的情感。

中医药在中国历史悠久，已渗透到人们生活的各个领域。现在，《诗经》里写过的一些植物走进了超市，薄荷叶、鸭舌草、龙蒿草、荠菜等蔬菜。古人说多读《诗经》能长进植物知识，那么，城市超市就是现代版本难得的《诗经》了。

至今，母亲婉维的那只柚木提花五斗橱上，依然放着那瓶儿时所见的细长的绿色玻璃瓶的双妹牌花露水。无论五十多年的世事如何变迁，那瓶双妹牌花露水总是不动声色地在那老地方，除了发黄、有些卷了些毛边边的商标纸，香味一如逝去的昨天。

毫不夸张地讲，双妹牌花露水的商标画，启蒙了我对时髦时尚的最初感觉，两位女子，一对姐妹花。在一座由篱笆围绕的豪华花园里，两个身穿旗袍亭亭玉立的美少女并肩而立。都身穿传统高圈领的旗袍，后脑勺梳个包头，鬓边均插花戴朵，妩媚而时尚。典型的杭稚英笔下充满时代风韵的摩登旗袍女郎，满足了当时上海滩唯美主义的心态和审美取向。

所谓闻香识女人。中国的女人香，应该是淡淡的花露般若有若无的馨香，才配得上中国女人小家碧玉似的温婉、含蓄。真正佩服中国文字的魅力，我至今认为花露水三个字，比"香水"听起来要形象得多、诗意得多，让人仿佛触摸到古代采花露而做脂粉女子的温度。

母亲婉维很清楚花露水中是含有那些能够清热解毒、消肿止痛的中药成分的，家里常备一瓶花露水，可使生活多一份舒适与温馨。记忆犹新的是，夏天，每当有客人来，母亲婉维总会在搪瓷脸盆里放满冷水，再在水里滴上几滴花露水，然后把毛巾浸到搪瓷脸盆里，绞干水分递到客人手里擦汗抹脸，清香和清凉立刻使人暑气全消。每当我们几个孩子出门做客，母亲婉维也总会在我们的手帕上洒一些花露水。她一直认为，小孩拿着洒了花露水的手帕擦手擦汗，才显得有教养。

难怪有人回忆说："没有香水的年代，花露水成了香水的替代品，如果有女人从你身边走过而留下了花露水的香味，那她肯定是上海女人。"最宜是夏天，日落后凉风渐起，沐浴更衣之时。此刻洒上一点花露水，那伴着残余的热气氤起的香，是中国的夏天特有的味道，也是居家特有的不可替代的味道。

除了花露水的香味，留在记忆中的还有檀香。平时，母亲婉维在家里，总是习惯在香炉里点上一炷檀香，要东印度檀香，淡淡的香烟袅袅，慢慢融化在屋子里，而人的无常生命，也慢慢地融化在平常日子里了。

后来，印度电影看得多了才知道，在传统印度婚礼上，会全程燃烧檀香，使其香味环绕新郎、新娘。在东方国度，常被宗教寺院拿来作为香环，散发的香味可使人感觉平静。

原来，母亲婉维常常在浴池里滴两三滴檀香油，是她的养生心得。

旗袍里那流转的华丽

母亲婉维是个很讲究的女人。

这种讲究是深入骨髓里的。除了家里的所有东西尽可能使用名牌之外,还体现在对服饰的细节搭配与对时尚潮流的把握上。母亲婉维是属于娇小身材的那一类,是最不显老和最能穿出衣服韵味的那一种人。

肤色是半透明的白润,几个儿媳妇常常打趣说,你这个老太的皮肤比我们还嫩。其实,她是最喜欢听这一类的赞扬话的。当然肯定会先解释,我的皮肤好主要是你们阿公老头老早待我好,就是"文革"的时候也天天晚上给我烧一个水煮鸡蛋,从不间断。接着就会说几个媳妇,你们现在生活条件好,但是不晓得锻炼,身材不好穿啥都勿会好看格。有的小姑娘面孔蛮漂亮,衣裳穿勿来,像乡下人。阿拉老早厂里厢有几个上海小姑娘,越是漂亮穿的衣裳越素。

母亲婉维的穿衣哲学是以素为美。在我的记忆中,全羊毛咖啡色格子围巾、白色透明的真丝小方巾、黑色紧身小包裤、喜喜底黑牛皮尖头皮鞋,墨绿色丝绒盘花扣旗袍,纤巧的黑色小皮包……黑色的魅力,在于沉默背后隐藏着的无限想象,那些妩媚、中性、奢华、低调,都可以通过不同的材质显露出来。

我对旗袍的感知,来自从小的耳濡目染。

记得每年湿热的黄梅天一过，大伏天来临之前，母亲婉维总要早早地做好毛料衣服绒线织物晒大太阳的准备工作。所有她珍爱的东西，都是放在深栗壳色大橱上面的那只浅橙色樟木箱里的。可以这样说，樟木箱里深藏着所有中国女人关于旧日风花雪月的憧憬和那个年代她们被疼爱被怜惜被娇纵的花样年华故事。

就这样，樟木箱散发着所有中国女人自己最华丽的那个年代生命的温热。

每年的大伏天，是母亲婉维她们那些家庭主妇集体怀旧仪式的一次群体性展示的天赐天缘。记忆中，母亲婉维先要打开那只被蜡摩挲得照得出人影来的深栗色三门大衣橱，在右上面一格的小铁罐子里小心翼翼地取出樟木箱的那把黄铜钥匙。随着黄铜钥匙在樟木箱中央圆圆的黄铜锁洞里轻巧地一转，樟木和樟脑的淡淡香味就弥漫在空气中了。

母亲婉维的樟木箱里面是用旧时申报纸衬的底和四边，从上到下排列着的是五颜六色结成团的全新绒线团、绒线衣衫、毛料衣服。压箱底的是几件九成新的花色旗袍，盘扣、绣花、镶边，温软的手感和柔润的光泽，裙裾领角间净是充满女人味的精致典雅的细节。

精细的盘扣下是细细密密的心事，是层层叠叠的女人故事。

见过母亲婉维穿着旗袍的黑白照片，不施粉黛而温婉尽现，是那个时代女人常见的风华。母亲婉维说，老早定做旗袍是老考究的一桩事体，侬先要到店里去选布料，绸、缎、锦、麻纱、软缎、蕾丝花，啥格季节穿啥格面料都有讲究格。裁缝师傅会得帮侬细心量制身体各处尺寸，侬穿旗袍的人呢，就要坐有坐相、立要有立相,才能展现旗袍的优雅。讲到此地,母亲婉维总要轻轻摇摇头叹一口气,现在格小姑娘,穿勒身上勿会有啥感觉了,没有淑女格气质了。

"文革"后,母亲婉维留下的旗袍没有几件了。只有一件墨绿色丝绒短袖旗袍,一件月白色底色浅绯色碎花真丝旗袍。她年轻时身材娇小且裁剪合身,三个儿媳妇中只有第三个媳妇可以穿得上且得体大方,这也是一种缘分,可以延续着母亲婉维旧时的梦。

那一年,到台湾旅游,不经意间走进台北小弄堂里的一家旗袍店。台北午后的阳光淡淡地铺在彩色的地砖上,老裁缝满头华发,让我突然有一种恍若隔世的感觉。老裁缝听说我是上海来的,他记忆中满是老上海霓虹灯下旗袍佳人华丽的浮光流影。

闲聊间,老裁缝悠然神往地说,你知道旗袍是有生命的。一件好的旗袍一定要穿在一个人身上,只有这个人才会使这件旗袍有生命。台南县的长荣里举办过一个旗袍展,征集了许多旗袍的老故事。长荣里眷村有的老奶奶存有上百件旗袍,许多老奶奶写出当年定制第一件旗袍时的背景,穿上旗袍的故事。这样的活动,不但是旗袍活了,就是连那一段日子,也跟着鲜活起来。

当宋美龄姐妹们穿着碎花型的棉袍出现在阅兵观礼台上时,上海广告画上的女子,也净是连身旗袍的妙曼风姿。一时间,上海滩的名媛名太们纷纷效仿,开始穿着旗袍出入社交场合。我一直认为,能够将旗袍穿出无限的风姿绰约风韵无限的,莫过于上海女人了。那一抹江南的雅致,那一缕上海的精巧,那一丝繁华下的世故,将女人的聪慧和旗袍的风韵完全融于一体。

现代人对旗袍的重新热爱和痴迷，应该是从王家卫的电影《华样年华》开始的。张曼玉在《花样年华》中前后一共换了23件旗袍，色彩斑斓的旗袍令人目眩：湘蓝、朱紫、翠绿、大红以及大如手掌的荷叶与满池萍生的绿水。每一件旗袍都代表着女主角的心情，张曼玉不停地换旗袍，换不掉的是身上女人柔美成熟的气息。

旗袍的"花样年华"在李安的《色·戒》中再度重现。汤唯的27件旗袍打破了当年张曼玉的纪录。我们可以关注搭配的细节：红梅图案暗蓝旗袍滚红边，搭配红色手包与蓝色格纹大衣，手包是当时最时兴的物件。在配饰方面，烫发、丝袜、项链、耳环、手表、皮包、高跟鞋，都是当时的时尚装扮。王佳芝的丝袜在电影中出现过数次，充满诱惑味道，正好照应了张爱玲的文字，"她又看了看表，一种失败的预感，像丝袜上一道裂痕，阴凉地在腿肚子上悄悄往上"。

在母亲婉维的眼里，风情万种的旗袍是每个女人心中的美梦，尽管张曼玉、巩俐、章子怡等电影明星们都曾经以自己妖娆身材穿过繁花似锦的旗袍，尽管汤唯经过数月"淑女课堂"的调教培训，王佳芝袅袅婷婷走出来时，让人眼前一亮，但穿起旗袍来还是少了一点味道。这种味道在哪里，应该就是在她们朱唇微启、举手投足之间。含蓄和典雅，妩媚与柔和，是在举手投足之间洋溢着挥之不去的东方风韵。

母亲婉维念念不忘的还是老上海的胡蝶、阮玲玉、周璇她们和旗袍间完全融于一体的、家常起落间的自然和贴切。

这种味道，不是单靠演技可以演绎出来的，而是人衣合一的境界，就像是古代书法的味道在于家常和自然，人们只是为了一件琐事，提笔信手涂了几句的生活便条，完全不是为了让人珍藏和悬挂。旗袍的味道，也在于穿着的随意随性，在于穿者的内在修养学养。

我们今天失去的不是旗袍本身，而是烘托旗袍的社会气氛和人文趋向。

母亲婉维那一代人怀旧所怀的，无疑就是当时那个时代整体性的、渗透在骨子里的每一寸每一分的优雅和从容、贤淑与温婉。上海的百年沧桑在不经意间在上海女人的灵魂中沉淀了下来。"真正的中国女人是世界上最美的，永远不会过了时。"张爱玲借着范柳原说出了她的赞美。这句话，当然更加适用于上海的女人。

但是，永远不会过时并不代表容颜不会老去。

每次我打开柚木提花纹五斗橱的上抽屉，翻出母亲婉维年轻时现已微微泛黄了的黑白照片，竟有恍惚之感。如今，深深浅浅的岁月印上了她面额，一点一片恍惚都是美丽生命的故事。毕竟，曾经的青春韶华如今已经老了。

记得《倚天屠龙记》的片尾曲《俩俩相望》中有几句歌词深刻得有些残酷："拈朵微笑的花/想一番人世变换/到头来输赢又何妨/日与月共消长/富与贵难久长/今早的容颜老于昨……"特别是此歌由悲情歌后辛晓琪一唱三叹演绎出来，令天下爱美女子倍增凄婉悲凉之感。

尽管歌词内含蕴藏着一份豁达，但，我宁愿把它称为女子容颜的挽歌。

老上海的味道

回想起来,母亲婉维影响我们子女最深的,根深蒂固植根于我们骨血里的是江南人或者确切地说是上海人的饮食习惯和饮食结构。

从最细小的地方说,至今每天早晨我仍然习惯吃饭泡粥、新米粥,油条、榨菜,豆浆、豆奶,而不愿意去尝试法式面包、柳橙汁、奶酪。尽管在礼仪场所吃西餐时照样可以把洋人的不锈钢刀、叉使得很溜,但那毕竟是秀场,骨子里,还是我们中国人自家的筷子用得得心应手。

更加不可思议的是,母亲婉维的这种儿时的饮食启蒙竟然会影响到我的整个味觉系统甚至饮食心理。

不用说我本能地排斥西餐食谱,只要是上海本帮菜以外,近的包括北方、南方,远一些的包括泰国菜、越南菜这些东南亚的菜系,尽管看别人吃起来大快朵颐,在我却是一种折磨,从心底会觉得有一种先天的疏离和避而远之。那年经泰国去台湾考察,祝郁说:"我看你在泰国的时候,饭吃得很少,人没有精神,马上要不行了的样子,一到台湾吃第一顿饭,就看到你精神起来了。"

饮食是可以上升到文化层面的,"如果到法国看一看,一个厨师的个人文集排列的如经典著作,随手一翻居然也有大量的图表、引文、注释、实例、归纳"。那天，香港凤凰卫视《美女私房菜》的美女主播沈星在节目里透露了一个私人爱好，这就是她到世界各地旅游最关注的是当地的食谱，至今她已经收集了不少国家和地区的食谱，平时在家闲时也会学着下厨做做，就像金庸武侠小说里的女侠，照着剑谱秘籍的潜心修炼。

母亲婉维她们那一代人以及中国许许多多的女人，却在不经意间把饮食文化消解转化为寻常百姓家的一种每天必须面对的平常生态，进而影响下一代的味觉进化基因，这就比外国美厨的著书立说更多了点现场感和烟火气。

母亲婉维的口中，老上海的菜是这样的："浓油赤酱，咸淡要适中，要保持菜原来味道。"较早的时候上海本帮菜口味比较重，后来为了适应越来越多的上海人清淡爽口的口味，进行了改良。老上海的菜，讲究是大路货的鱼肉菜蔬，大路货的作料油盐酱醋，紧火文火地烧烧炖炖，是最最家常不过的口味。

记忆中母亲婉维对菜的做法用料是很挑剔的，诸如红烧肉必定要选五花肉，必要放冰糖一块烧；冬瓜汤里必定要有扁尖和开洋，送上桌前还要滴几滴小磨麻油；草头一定不要放在油里炒，先要在碗里调好热油和酱油的料，草头放水里一煮、一捞再在碗里一拌，又嫩又入味；腌笃鲜除了竹笋、莴苣笋、鲜肉、咸肉之外，必须放几片火腿片吊吊鲜头；夏天白切肉加酱麻油调料、整条茄子水煮起锅后，用手垂直撕成一条一条，蘸酱麻油吃，等等，都是母亲婉维不容更改的家传秘诀。

母亲婉维最爱吃的有一只菜是葱烤鲫鱼。烧这葱烤鲫鱼是有诀窍的，关键就是在水的控制上，当然还有烤葱的火候。究竟要放多少水、放一次还是分几次放、葱究竟要烤到几分才算是最香,都是学问,现在的小太妹们根本学不来。蟹粉豆腐、蟹粉拌面、面拖蟹、咸菜豆瓣酥、水芹豆腐干等都是家常吃的菜。母亲婉维对每年大年三十的那只砂锅最有讲究,大号砂锅里从上到下的是爆鱼、蛋饺、鱼圆、肉圆、肉皮、粉丝、黄芽菜,是一层一层地放,丝毫不能乱了次序的,吃起来也是一层一层地吃,若是你兜底翻着吃那是犯家法的,要打手的。

说起老上海菜的重新炒热,似乎应该有王家卫的功劳。

王家卫是上海人,戏里面上海房东潘迪华几次邀请苏丽珍做客晚饭,尽管苏丽珍的多次婉言推辞,但是已经吊起了老上海的胃口,勾起了关于老上海的饮食回忆。《花样年华》放映后,不只是张曼玉的那23套旗袍热了,正宗的上海菜也热了。母亲婉维会说,格里厢的菜,都是阿拉老早屋里厢吃勒勿要吃的菜,现在倒又热起来了。

老上海人对不同季节吃什么东西也是很考究的。

如果是夏天,那么以清淡为主,餐桌上少不了这样几个家常菜:金针木耳猪蹄汤、咸肉百页结、虾子海参、清炒黄韭芽加白肉丝年糕。如果是冬天,少不了冬瓜鸭汤加扁尖、茭白炒肉丝、油面筋塞肉、油爆虾、蒸臭豆腐,或者是白菜底的狮子头、拌黄瓜、清蒸黄鱼、蟹粉豆腐,等等。至于点心,夏季常见的是桂圆汤、酒酿圆子、百合红枣汤、生煎馒头。冬天上海人最喜欢吃的就是八宝饭。

今年春天,应俞慧邀请去嘉定广播电视台《嘉定故事》栏目,录了四集"春天的美食",讲的就是母亲婉维家传的这些老上海私房菜。没想到,效果出奇地好。特别是我常去的朋友开的那家"云和"腌笃鲜,也一下子出了名,甚至有朋友拎了蹄髈去,让厨师帮忙炖。

厨师的回答总归是一句:"侬要等得起辰光。"

远年品牌的温存浸润

母亲婉维对品牌有一种深入骨髓的虔诚和膜拜。

无论买什么东西,她都要认牌子的。久而久之,习惯成了自然,自然成了个性。中国人所说的"名正言顺"在她身上成了家常起居间的铁律规条。"双妹牌"花露水和印度檀香,那只能算是宋画里老红木雕成的屏风后面露出的一角小小裙边而已。

母亲婉维买衣服最相信的是"朋街"。朋街女子服装店坐落在南京东路江西路附近,是上海唯一由外国人创办、至今仍用老店名的一家特色商店。说起朋街的由来,它与德国犹太人立西纳相关。20世纪30年代时为躲避纳粹的迫害,立西纳从德国到了上海,在南京东路61号二楼开设了一家高级缝衣店,专为外国女士设计和制作各式世界流行时装,并取用他德国家乡一条小街"BONG STREET"做店名,中文名叫"朋街"。

记忆中,母亲婉维出门必定是山清水秀,哪怕就是在家里,也必定穿着齐整,发丝不乱。这就是在旧上海的时尚、流行与实用中造就的无数上海女人中的一位。20世纪四五十年代的上海小姐形象理所当然地成了今天女孩对昔日上海最浪漫的遐想。

那天回母亲婉维家,打开柚木提花五斗橱上面的长抽屉,不经意间在角落里看见蓝底色黄色小鸟的扁扁的小圆铁盒子,是"百雀羚",老上海年代可媲美资生堂、SK-II的润肤霜,是那个年代的流行。打开小圆铁盒盖子，一层薄薄的晶莹可鉴人的锡箔纸封住了香脂，有香味穿透了箔纸钻入鼻中，唤起温暖而浓郁的记忆。

母亲婉维每次带我们几个孩子走亲访友，出门之前，总要先用热毛巾给我们擦一擦脸，然后旋开"百雀羚"那圆圆的小铁盖子，用食指抹出少许来，用双手轻轻地把雪白的乳霜均匀地抹开，再用双手柔柔地抹在我们的脸上，那温暖、那芳香，是钻进心底里去的，至今温存依然。

固本肥皂，是牌子很老的一种家常用的肥皂。原色的，是用来洗衣服的，略带赫红色的，是用来洗手的。罐头是要买梅林的，哪怕是梅林牌的雪菜笋丝罐头，那个味道，就是有说不出的鲜美，现在已经做不出这样的味道了。月饼，除了新鲜出炉的鲜肉月饼，是一定要买杏花楼的。在"文革"那个时代，杏花楼的月饼票可以说是一票难求，一张月饼票，就胜过一份大礼。好在母亲婉维厂里的几个上海徒弟的父母亲是有些路子的，所以，每年一张月饼票还是能够基本保证的。记得母亲婉维最喜欢吃的是椰蓉的馅，自有一种淡淡的混合着奶香的椰香。

母亲婉维对杏仁有一种特别的喜好。杏仁酥，是她最喜欢吃的点心之一。杏仁本身还是一味中药，杏仁还有润肤养颜的功效，传说杨贵妃的驻颜秘方就是以杏仁为主药。"万年青"饼干是上海泰康的老牌子。以前在苏南地区销量很大，饼干上刻有万年青的花纹，口味又咸又甜，有一种葱花的香味，很解人馋的。但是现在大卖场、超市里面偶尔一见的万年青饼干，无论在外观上和口味上都根本不是原来那个味了，徒有其名而已。

华生电扇，是我国创办最早的一家民族电器制造厂生产的。尽管现在电扇的牌子多得数都数不过来，其实现在许多牌子的电扇质量远远超过华生电扇，但母亲婉维依然认为只有华生，才是最正宗的电扇牌子。在她心里，要的是华生这个陈年的牌子，要的是一份品质的记忆，一种心理寄托的满足感。至于实用的价值，对她而言实在没有那么重要。

20世纪50—70年代，国人眼中最好的国产手表是"上海牌"手表。周恩来总理不论什么场合都戴着上海生产的手表，所以那个时代的年轻人都有一种拥有一块14钻上海牌手表的向往。当时，上海牌手表、凤凰牌自行车、红灯牌收音机是颇为时髦的"三大件"，都是要凭票购买的。

正因为一票难求，插队落户一年后，我只能用第一年"分红"的钱买了一块钻石牌手表，这也是母亲开了后门才办成的。那块钻石牌手表的款式，在当时也是蛮新颖的，抛高的表面，立体感很强，很能体现上海人在细节上喜欢玩的小创意。插队落户四年，这只表一直没有离开过手，一直到后来读师范，毕业后教书，结婚，我没有买过其他任何手表。尽管钻石表的表面已经有点泛黄、磨花，表带也换过不知多少次，但我仍然时不时地要戴戴它，老式的表，老式的情怀，举手投足之间就有了一种岁月积淀的厚重和从容。

随着母亲婉维的厂子搬迁到嘉定，家就在嘉定安下了。

母亲婉维常常说嘉定是乡下地方，只是一个居住的地方而不是生活的地方，是小地方。买什么东西都不方便。她宁愿乘公交车到上海市区去买。一直到现在，尽管嘉定的城市现代化有了太大的变化,有了大商场和超市,母亲婉维仍然固执地认为嘉定是乡下,仍然沉湎于老上海的热闹和繁华。就是说起上海,母亲婉维也满嘴的霞飞路、跑马场、英大马路、亚尔培路、四马路、永安公司的旧称。

说起当时的嘉定,城里最繁华的要数城中路一条街了。

说是一条街,其实只有半条街,因为城中路西面是体育场,路东才是一排商场。靠近温宿路口那家叫"稻香食品商店",的确是乡下的店名,如今仍然叫"稻香"。往南数过去,是杂货店、棉布店、秋霞理发店、加宾饭店、风雷五金店,清河路东面有新华书店,清河路西面有公交汽车站。

这一长排店铺的楼上,是五层楼的居民住房,和温宿路南的四幢公房形成了嘉定第一个居民新村。这个居民新村主要是为了满足迁到嘉定来的铜仁合金厂、新沪玻璃厂、光机所、华东计算所的家属用房需要。

母亲婉维隔三岔五地总要到市区去买点日用品什么的。当时厂里有不少职工每天晚上还是要回市区去住的,所以厂里的那辆大巴"菲亚特"负责接送职工上下班,再加上嘉定汽车站有"沪嘉线",每四十分钟一班车,到人民广场还是很方便的。

记忆中老上海的不少品牌,是和味觉紧紧联系在一起的。

每次母亲婉维或是父亲从市区回来,总会带一些零食,那是我儿时的最爱。无论古今中外,天下所有的小孩对糖果有一种与生俱来的渴望和占有欲。从糖果开始,南京路食品商店就紧紧抓住了我的味觉,一直到现在都没有丝毫改变。每次我去市区,总要到南京路食品商店去一次,仿佛是一种拜谒、一种仪式。

冠生园的大白兔奶糖,享誉大江南北远销海内外,据说六粒大白兔奶糖可以冲成一杯牛奶,营养丰富。其实,除了上海奶糖,还有一种奶糖叫百花奶糖,包装十分鲜艳,是华山糖果厂的,一般市民家里有婚庆喜事都会买百花奶糖。我从小对天明糖果厂的结涟奶糖情有独钟,淡黄色的糖纸间有湖水蓝的纹样。结涟、结涟,其实是取谐音"吉利"的好口彩,结涟奶糖有一种特殊的奶香味,十分诱人。

结涟是一种食用香精,香味很清爽干净,香而不腻。结涟香精还可以放在牛奶里,冲成结涟牛奶,我的记忆中只有在南京路食品商店靠里面的一个柜台有得买,上海其他地方我都没看见。长大后,我每次到南京路食品商店,大杯的即冲即饮的结涟香奶是必定要喝一杯的,那种沁人心脾的香味是能够使人疲乏顿消的。

南京路食品商店对我似乎是有一种气场的。

那年父亲因开刀住院,住进了二军大附属长征医院,我们几个子女轮流陪伴。临出院的前晚,轮到我陪夜。等待父亲吃罢晚饭,陪伴父亲在楼层散步回房,服侍他睡下,我下楼到底下的凤阳路吃晚饭。吃罢,信步走过凤阳路、黄河路一拐弯,赫然就是南京路了。脚步就自然而然地往南京路食品商店去,食品是依然的多,人也是依然的多,更多了洋货和洋人,一派的热烈、祥和、国泰、民安。

但结涟香奶的踪迹,已然无处可寻,成为一缕奶香的追忆了。

忧郁这条心河

母亲婉维似乎有一种与生俱来的忧郁。

在她身上可见林黛玉似的多愁善感。特别是人到中年以后，这种忧郁的心情和神态就会感染给初次接触到她的所有人。母亲婉维的脸上写着：我很忧郁，我很多病。通常都是这样，母亲婉维开头好好地说着话，谈家常，谈她的病，然后泪水就止不住地流了下来。

医生说母亲婉维是患上神经性的抑郁症了。当然，抑郁症是一种可以治愈的疾病，但也绝对不是一夕之间可以痊愈的疾病。抑郁这东西就像是江南五月天里蒙蒙细细的梅子雨，又像是伦敦街头漫天而起的迷津度失楼台的薄雾，经久不散、挥之不去又萦绕心头。

医生也好，子女也好，都不止一次地努力过，试图让母亲婉维摆脱忧郁。人人都这样想："忧郁不是人类与生俱来的，也不是命中注定的。我们能够通过各种努力去避免。"但是，这样的想法对于个体来说只能是一个美丽的幻想。

母亲婉维从小有过为躲避日本兵占领常熟城而逃难乡下的痛苦经历。她的父亲我的外公的阶级成分是地主，老早就病故了。为生计，母亲婉维从小就远离缠着小脚的母亲，跟着亲戚到上海来建厂开工。"文革"的时候，她经历过太多亲人被打成反革命分子而批斗游街，经历过太多亲人因冤屈的生离死别。"文革"时，我也曾亲眼所见大伯从温宿路口的铜仁大楼上跳下来自杀未遂，表舅跳入铜仁大楼边上的那条小河自杀身亡。

常熟乡下舅姆来嘉定料理表舅后事的那几天，总可以看见母亲婉维凝重的神情陪着舅姆坐在方桌边，一左一右两个人，静静的、默默的，几乎没有话语的交流，偶尔的一声若游丝般的哀叹打破了空气的死寂。这些经历堆积起来在心里，一层一层地增添着母亲婉维的忧郁。

外婆在常熟老家去世那天，母亲婉维没有见上最后一面。因为当时母亲婉维正在嘉定西门人民医院开刀住院，所以父亲把外婆去世的消息瞒了起来，连葬礼也没有让母亲婉维参加。如果当时母亲婉维知道了外婆去世的消息，肯定会是一个不能承受之重的打击，以她忧郁的性格，手术后的恢复康复将遥遥无期。

母亲婉维对亲情是十分看重的。

当时我们家生活条件比较好，衣食无忧。按照20世纪五六十年代人们的工资标准，早已是小康之家了。每一个月领好工资，母亲婉维要做的第一件事，就是上银行，给好婆和外婆寄生活费。哪怕迟一天去寄，她都会心神不定，必须当天把钱汇出去后她才安心。

常熟梅李乡下，经常会有亲戚来城里，都会在我家歇脚。

这是家里最热闹的日子，我们几个孩子看父亲厨房里里外外地忙，听母亲婉维陪着乡下亲戚唠唠叨叨说着家常话。最有趣的是，每逢梅李乡下一个胖舅姆和一个瘦舅姆同时出来，那俩老太，嗓门又大语速又快，兼之健谈异常，就像评弹里两个说小书的，话语丝丝入扣，连关子都接得丝毫不差，常常把我们逗乐。梅李乡下还有那个叫军军的表哥，人长得高大魁梧，嗓门特大，饭量又大，说话时不时总有结巴，所以我们几个孩子背后都叫他戆大军军的。

朴素的亲情，就在这热闹的喧哗中流淌而过。

常熟梅李乡下，是外婆的娘家。母亲婉维说，外婆这个小脚老太婆说是地主成分，其实很苦，没有过上几天开心的日子。外婆叫叶惠珍，和周杰伦的母亲叶惠美只相差一个字。我上小学的时候，母亲婉维接外婆从乡下出来，在嘉定住过一阵。

每天外婆手拉着手把我从学校放学后接回家。小时候，我经常扁桃腺发炎发高烧，总是外婆陪我到城中州桥下的那间诊所里去打针。为了哄我吃药，外婆就会在诊所边上小门面的新华书店里买一本小人书，还会到一条街稻香食品商店给我买点零食。为了这些事，母亲婉维没有少埋怨过外婆，说会把我给宠坏了的。

有两次，外婆吓着了我。

一个夏天的午夜，那时还没有空调，暑热难耐，我从梦中醒来，突然发现掀开的蚊帐外有一双眼，吓得心头乱跳。仔细一看，是外婆的眼。每天晚上，外婆都要这样起来到我床边，看看我有没有把被子掀了。再热的天，外婆都要给我在肚上盖一条她给我定做的小棉被，乡下话叫"袍裙"的，生怕我肚子受寒。习惯成自然，至今再热的天，我仍然要在肚子上盖一点东西才能睡得安稳，不盖东西，第二天早上起来就肚子疼。

另一次，至今让我感到内疚。那天外婆领我看病去，马路边上有民工在修路，一挥铁锹不巧打在外婆嘴角边上，顿时鲜血直流。尽管伤口是治愈了,但嘴角留下了永久的伤疤。最无奈的是,伤到了嘴角的神经,所以后来外婆说话时嘴角总有一些歪斜。

母亲婉维的忧郁随着岁月一块生长着,就像是在宣纸上渲染开的米家烟水,迷离中透着淡淡的忧郁。

除了担心自己得了什么不治之症三天两头地去医院检查之外,经常唠叨的有两件事:第一件事情就是外婆的葬礼自己没有去参加,没有见到外婆最后一面;第二件事情是说自己身体不好没去见自己五姐的最后一面。从小,钱家六个姐妹就活下来她们两人,日本人打到常熟城外,当时五姐自己也只不过十来岁吧,背着小六官也就是母亲婉维就走,走后没有多久,日本人就把六房湾老家给抄了。所以,外婆和五姐的去世对母亲婉维晚年的打击是可想而知的沉重。

亲情真的很神奇,有时的确能够改变人的某些东西。

我从小就有心理忌讳,怕上医院,怕见到殡仪馆。至今仍是如此。那年母亲婉维开刀住院,我大概上初中。母亲婉维是个爱面子的人,叫父亲带话来,说医生和病房里的人都说闲话了,怎么没有看到你大儿子来看过你。那天晚上,父亲带我们几个儿子一起去的医院。天,下着蒙蒙细雨,从温宿路拐上西大街,一路沿着西大街的石子弹格路往西门医院走,感觉到路是这么的漫长,街窄路滑,雨密风紧,雨丝飘洒在脸上,那种阴冷至今不忘。母亲婉维让我坐在病床边和她说话,我看到医院白色的床单心里直发毛,医院里的东西根本都不敢沾边,一直站到探望结束。

母亲婉维的五姐我们小辈是叫好舅的,两个女儿,一个在苏州一个在徐州。好舅没有儿子,从小是最疼我的。她身体一直很好,前几年突然高血压脑溢血,没有了知觉,昏迷不醒,医院叫家属接回家准备后事。母亲婉维嘱咐我代她去见好舅最后一面。推开常熟老家房门,只听有人说了句"安安上海来看你了",我立刻见好舅的头快速地朝我的方向侧了一侧。"好舅",我叫了一声,只看见她眼角顿时有一滴泪水流了下来。姐姐安慰我说"她这几天不等到你来,是不会咽气的",听到这句话,哗地一下,泪水止不住地落下来。

葬礼那天,我守在好舅纸棺材前坐了好久,望着她的脸,就和生前一样,仿佛只是熟睡。这是有生以来第一次这么靠近死去的人,第一次守候这么长时间,第一次面对死人心里没有异样的感觉。而且,好舅的纸棺也是我一起抬下楼,送上灵车的。这,可能就是亲情的缘故。

母亲婉维老了。

我每次回去,看到坐在床头的母亲,鬓角边的丝丝皱纹,慢慢地融入我们的心头。看她,听她,那不知重复了多少遍的老生常谈,则觉得有一份入世的自然。其实我们几个子女都知道,母亲婉维忧郁叙述的背后,是一种由曾经沧海而沉淀下来的对人世的依恋和缅怀。

当母亲老了的时候,我们自以为成熟了,我们最擅长做的就是纠正母亲不合自己意图的人生观。其实,面对深厚博大的母爱,我们自以为合理的人生观,又有多少是经得起推敲的呢?有一个诗人写的关于母亲的诗,其中两句是这样的:"想起母亲／我的笔就跪着爬行。"这句诗让我动容许久。

家具也老了。

不能细看,近看。看得久了,会发现当年被父亲用家具蜡摩挲得光可照人的深栗壳色大衣橱门面上,泛起了一条一条细细的裂纹,就像是岁月的皱纹,抹不平也擦不去了。大衣橱、五斗橱的长条镜和梳妆镜的镜面也泛起了斑斑驳驳的浅黄色小斑点。呵口热气,用力擦一擦,虽然光复如新,但依然掩不住曾经水渍尘掩的痕迹。

任贤齐有一首《老地方》,有几句歌词是这样的:"有过的爱情/还在老地方/有过的回忆/还在老地方/走过岁月的尽头/也会陪着我……"是的,尽管几十年来,家还在老地方,家具还在老地方,母亲父亲还在老地方,有过的情节却已然遥不可及了。

我也老了。

有时工作累了,渴望有种恋家的情绪,总想在母亲父亲身边感受温和煦暖的家庭氛围。母亲是贴心贴肺,父亲是大音稀声。母亲,会絮絮叨叨地叮嘱,梅雨天要到了,把家里该洗的要洗,该晒的要晒,被子要记得换成薄的了,席子准备好了没有。

母亲婉维说了家里的事,还会说亲朋好友的事。谁前天打过电话来问安,谁家的子女来请喝喜酒,谁家的孙辈很有出息,考试得了第一名,谁家的孩子就要出国了,很争气,等等。而父亲,只会上下打量一眼,淡淡说声,来啦。看你准备离去,再淡淡地说一声,去啦。母亲婉维的絮絮叨叨,你仔细听,有一种波澜不惊、风和雨细的韵律感。母亲婉维的诉说,是很好听的家常流水账,是安神醒脑的催眠声。

我经常会头枕在沙发上,听着母亲的细声细语进入半休眠状态。在很久以前的港产片《东邪西毒》中,张曼玉演的女人想念着张国荣演的欧阳锋,于是有如下台词:"我开始以为我赢了,但是当我照镜子的时候,我知道我没有,在我最美丽的时候,我最爱的人,却不在我的身边。"是啊,我们总以为在外打拼天下激情演说慷慨陈词功成名就赢得了全世界,却往往会输了最普普通通的人伦亲情,输了这家家户户最平常不过的尘烟流水账。

我真的很想,永远留住斜阳柔光里,母亲婉维的那一片絮声絮语。

那时花开

白衣飘飘的年代

那个双休日，驱车到局里。

车行嘉行公路，远远望去有三三两两身着校服的学生站在教育局自动门的两边。心想，一定是有比赛。果然，车进大门，墙上赫然一条红色横幅"365（杯）第26届上海市中学生作文比赛"，一下子飘过来学生时代的书香墨香。

作文。我们那个时代没有作文比赛。

作文。那些命题作文呵，整整伴随了我一个学生时代。

初中的第一篇作文，记忆犹新。小学升初中后（名副其实的就近升学，而不是考入嘉定一中）教我们语文课的是一位姓孟的女教师。娇小的身材，齐耳短发，明眸；干练，朗声，有激情。她的课，有如秋日澄澈万里的晴空，清清爽爽，令人心旷神怡。

孟老师布置的第一篇作文题目，已经不记得了，文体是记叙文。用的是大作文本，每页250格的那种。因为是中学的第一篇作文，认真对待且稍带表现一下是必需的，洋洋洒洒写了有四页作文纸。之后的两个星期，充满了期待。终于等来了那天，一个晴朗的天，语文课代表把作文本发了下来。翻开，令人兴奋的是老师的红墨水手书的作文分数，92分（当时老师给的作文分数是很少超过90分的）。老师的朱笔御批，在我铅笔淡墨文字的衬托下，宛若池中红莲，无比耀眼夺目。呵呵，解放区的天果然是晴朗的天啊。

正暗自得意,那位课代表女生过来搅局了:"王威尔,老师让你到办公室去一次。"一路紧走,推开语文教研组的门。孟老师是个急性子,没等我走到她跟前,劈头就说:"你别得意。分数是我给的,但是你作文必须重新抄一遍!"心情一下子由晴转阴。孟老师接着说:"中学生的作文必须用钢笔誊写,你知道不知道?中学生不应该用铅笔了!"

就这样,戏剧性地,我的小学生到中学生角色的转换,竟然是从铅笔字到钢笔字的转换。回家后,父亲给了我一支黑色的老式派克金笔,这是他用过的。后来,这支黑派克伴随了我整整一个中学时代。

嘉定一中是我充满感情的地方。

梦里经常出现的,是北大街深处的老嘉定一中校园。校门口,枝繁叶茂的木兰树枝上白白紫紫的繁花越墙而出,那矮墙上至今留着我黑白照片里的影像,那是不能忘怀的纯真年代。

我在《那时花开》一书里写过一段话:"感谢学校至今仍然保护着和平楼,青灰色清水砖墙一如昔日。在三楼最西那间教室里,可以寻到我当初安置那个课桌的地方,那个听唐养申老师在全班同学面前朗读我的作文和诗歌而曾经得意的地方。"

许多中学的记忆真的不少和作文有关。

唐养申老师是孟老师之后教我的语文老师,上海东方电视台著名体育主持人唐蒙的父亲。在我们嘉定一中那几代学生心中,是典型的醇儒、名师,那种特有的民国文人范儿,在嘉定无论嘉定一中或是教师进修学院,至今无人超越。久居嘉定的上海作家楼耀福曾对我讲:"唐老师的报告文学,在嘉定无人能及。"

他对我,尤其宽容。可以允许我拖拉交作文的时间;可以允许我自由选个题目写作文;甚至可以允许我用诗歌来代替作文作业。这在如今的中学课堂里,应该是不大可能发生的事。且慢,唐老师有自己的原则,这种原则又是通过一种幽默的方式表达出来的。常常是这样,翻开作文本,唐老师朱批的是"92-4=88""95-3=92",诸如此类。

"文革"前期,我们那拨学生写作文是有一个套路的。作文的开头一定是"东风吹,战鼓擂",或者是"红旗招展,锣鼓喧天",抑或是"捷报频传"之类。也有用毛主席诗词开头的,"四海翻腾云水怒,五洲震荡风雷激""冷眼向洋看世界,热风吹雨洒江天""无限风光在险峰"等都是引用率比较高的诗句。

如今忆来,恍如隔世。

说到写诗,其实就是在那时打下的底子。近几年,由于央视的中国诗词大会,读诗、写诗又热了起来。上海的媒体尤其兴奋,为了我们大上海那几位出挑的小才女:诗国夺魁的复旦附中16岁小姑娘武亦姝自不必说,从百人团进入挑战赛的年龄最小的选手,来自上海闵行区文来中学的初一学生侯尤雯和有着淡定台风的上海中学生姜闻页,也备受观众的关注和喜爱。

一时间,上海"诗词小达人"的各类帖子刷爆了微信朋友圈:"长发披垂,柳眉凤目,身材颀长,将一身汉服穿得飘逸出挑""气质如兰,口吐莲花。浅笑、颔首,一句句古典诗词,从口中吐出,如同清风拂过山岚,白云流过天际""从容淡定,加上上海高中名校的就读背景,堪称'颜值与才华齐飞'""满足了我们对古代才女的所有幻想"……

须知，中国古典文学里从来不乏此等才女。

《红楼梦》大观园里的"金陵十二钗"哪一个不是花容月貌颜值担当的才女？就是凤辣子王熙凤的那句"一夜北风紧"，正是会作诗的起法，不但好，而且留了多少地步与后人，应了诗词常用的"平淡开头，渐入佳境"的作法。

记得当年读书时。

《红楼梦》里"秋爽斋偶结海棠社　蘅芜苑夜拟花题""芦雪庵争联即景诗　暖香坞雅制春灯谜""凸碧堂品笛感凄清　凹晶馆联诗悲寂寞"都是百读不厌的。林黛玉的那首《葬花词》"花谢花飞飞满天，红消香断有谁怜……"更是至今不忘。

《镜花缘》里，写武则天开科考试才女，出百花仙子托生的唐小山及其他各花仙子托生的一百位才女应试，录取百人，一如"泣红亭"石碑名序。才女们相聚"红文宴"，各显其才，琴棋书画，医卜音算，灯谜酒令，人人论学说艺，尽欢而散……第四十一回里，写到苏氏蕙若兰织锦回文璇玑图，甚为奇妙，八百言中可得诗二百余首。想当年，《回文璇玑图》不同颜色标出的各种读法，我们是端端正正抄在练习簿上，日日诵读的。

没有老师要求，全凭兴趣。

但是，文学故事里的才女们的确和我们隔了一层时空。而武亦姝辈则离我们很近。所以众网民才会感叹"满足了我们对古代才女的所有幻想"。那时，我们没有现在学生有那么多的书可以挑可以读。唯一的好处是反而可以精读。因为老师没有要求，反而可以"以游戏的心态"来读书。

以"飞花令"为代表的饮酒行令,其实是中国人在饮酒时的一种特有的助兴游戏。第一次接触"飞花令",应该是在巴金先生《家》那本书里,写高家的新青年围绕"花"字行酒令。现在能记住的虽然是"桃花乱落似红雨""落花时节又逢君"两句,但带给我读诗的热情延续至今。

自学了一些诗词格律,也是那时候的事。

学诗当然要背一些古诗作储备。但现在媒体宣传的往往是小才女们能够背多少首诗。我认为,背300首和1000首、3000首古诗其实差不多。知道一些格律,懂得一些用典,学会一些鉴赏更重要。诸如平声仄声;一、三、五不论,二、四、六分明;粘连和押韵之类,还是要懂一些。记得在节目里,主持人董卿出了道填字题:"如何四□为天子,不及卢家有莫愁。"小武同学答"时"。正确的答案应该是"纪"。这首诗是七律,如果学过律诗平仄,知道此处必用仄声字,而"时"为平声,肯定不对。其实很多古诗游戏是有窍门的,有时候并不一定背得出下一句,但如果懂格律或对联,完全可以根据粘对来找准正确的句子。

学诗和学琴、学舞、学书法一样,都是一个漫长的旅程,不是凭三分钟热度就能够搞定的。武亦姝们,只是个体。

学生时代,总是绕不过毕业季的。

特别是全民关注的高考季。高考季的大陆高中生自我感觉是最牛的,甚于大学生。据我所知,全世界高考的难度应该没有超过华语文化圈的,而在华语文化圈内,就考题的知识难度而言应该首推大陆。我们的高中毕业生在高考前大脑存储的记忆性知识达到高峰,什么天文地理,什么化学物理,什么函数方程式……仿佛一个个精通少林七十二门绝技的高手，无所不知、无所不通。

高考季是中学生的高潮。

是不是可以这样理解：学生在学校里学教材里的知识（且别管有用没用，因为我们学的很少一部分是为了"用"）很大一部分是为了向那些创造了优秀文明成果的先贤和大师致敬的。毕业前，是一个装填的过程，毕业后，是一个漫长的遗忘过程，把那些实在是用不到的东西，彻底遗忘，然后把有用的东西转化成能力、转化成业绩、转化成硬通货。

那年看过的上视人文频道《文化主题之夜》的一档"致我们走过的高考"节目，印证了我的观点。题板上列出的，都是高考卷子最简单不过的送分题目。当年的位育、上外、华师大的高材生代表于其多、黄浩、罗毅、刘倩们虽然连什么是"实数"的概念都已经答不全面，但一点都不妨碍他们现在事业的成功。而在台下饱读诗书对答如流的那些学弟学妹，社会人生刚刚起步，另外一张更加宏大的考卷等待着他们解答。

毕业季，是毕业生的退潮。

《那些年》和《致青春》里，都有这样的场景，这样的描写，这样的憧憬和留恋。别情依依的有，双宿双飞的有，当然劳燕分飞的也有；学校的各处景点、教学楼等著名地标满是拍照留念的人，连自己也成了他人镜头里的风景；各色的毕业留念簿里，写满了离情别意，写满了深深浅浅的青春泪影和笑靥。

毕业季。

分明是再也唤不回的无尽背影。

留在我印象里的毕业季，是那一声醒木。

刘海蓉一直对别人介绍我是会说书的，在我们那届安师的毕业联欢晚会上。而我记忆犹新的就是我上台时敲响的那一声醒木。台上灯火通明，我望了一下台下，黑漆一片。我随手拿起桌上张大跃给我泡好的茶，啜了一小口，已经听到台下有了笑声，然后是放下茶杯，醒木啪的一声拍下，台下寂静无声。我这块醒木根本就不是说书人用的乌木或紫檀醒木，是张大跃给我找来的一个小砚台充当的替代品。

后来一阵子，我在食堂领饭时都会有人指着我背影说："喏，迪格是会说书格。"安师的语文老师金老师也是喜欢苏州评弹的，有天特地把我从教室里叫去，在办公室聊了小半天评弹。现在回想起来，仍是如此的温暖。

安亭小镇上是有个顺兴书场的，在安师读书的时候我们几个同学经常晚上去听书。初夏的傍晚，安亭师范门前一条蜿蜒的小道，我们几个书迷，拿着复习资料，边背边往镇上的书场走，等到书背得差不多，书场也到了。听罢书回校，校门肯定是关的，每每都是翻墙而入。

多年后才悟出，人生的路上真的是有许多墙要翻越的。

打字机敲打出的岁月

那天,办公桌抽屉底下,翻到一页泛了黄的上海著名作曲家左翼健先生的谱子手稿,一下子飘起陈年的纸香。这才记起,纸上有我写的第一首校歌的歌词。

光阴往来,应是近二十年前的事了。

真是岁月匆匆催人老。那时,我坚持用《人之初》作为歌名。"人之初、性本善。"这是儒家的价值观。但当时中华传统文化的复兴根本就没有像现在这样成气候,许多教师真的连许多儒家经典都不熟悉,"人之初、性本善"是被理解为老派、陈旧,不是新理念云云之类的。本地一位颇有名的老太曾经对那校长讲:"人之初性本善是不科学的,人一生下来怎么可能善?"

其实,人性生而本无善恶之分。但无论是孟子的人性本善或者荀子的人性本恶,都是一种价值判断。在人性向善的方法上,孟子主张通过教化,扶植和培养善的萌芽,使善性得以发扬光大;荀子则主张通过教化,限制恶的趋势,使人性之恶向善转化。这和生理科学根本是不同层面的事,那个老太搞错了。

好在,校长是个明白人。所以,也就有了这首《人之初》的校歌。记得,是在上海电影制片厂的录音棚里录的音。录音师是左翼健先生的朋友。这个录音师是大有来历的,上海电影制片厂拍的许多影片里的电影配音和电影音乐都是由他操刀的。如此来讲,《人之初》这首校歌的原声母带里,应该是有老上海电影音乐底蕴的。

据说,这首歌学校不用了,他们换了首新校歌。所以,当南翔镇原来的老镇长王镇长叫我为南翔国学夏令营写首营歌时,我还是用《人之初》的歌名写了首营歌。我想,中国人的价值启蒙应该是要从人之初开始的。

那天,从书架上翻出本纸张已然发了黄的老校刊《实验论坛》:粉红色彩纸的封面,老式钢板刻印的图案,老式键盘打字机打出的宋体字,黑色油墨的油印机印刷……令人有一种恍然隔世的感觉。看日期,是一九八九年九月十五日,第28期;落款,嘉定县实验小学;地址,李园一村21号。据说,现任校长仍然坚持在出版。

整整三十年的光阴啊。

除了《实验论坛》,同年出版的还有一本刊物《今夜星河》。《今夜星河》其实是实验小学教师的文学习作刊物,一共出了7期。说起《今夜星河》的发起人,应该是邵伟群、俞雅勉、甘峰、陈群志和我几个人。邵伟群是工会主席,创办一本教师的文学习作刊物也是丰富教师的业余生活、提升教师人文素养的一部分。老俞是资深的老教务,阅历丰富,写得一手漂亮的正楷。甘峰,上海行知艺校毕业的高材生,刊物的所有封面、版式设计、题花都由他包办,看他画插图有一种快感,有名的"快枪手",所有插图都是一次性在蜡纸上完成,铁笔一挥而就。陈群志是老实小公认的才女,《今夜星河》这个刊名,就是她的创意。我特地为"今夜星河"四个字配发了卷首语。

陈群志的杂文是可以当成散文来读的,笔底有台湾龙应台的影子,文笔老练、凝练,读来是一种享受。《今夜星河》第二期里,有她一篇《人面不知何处去》的杂文,里面有一段描写很传神:"在学校的建筑工地,我遇见一个老人,很瘦小,用那庞大的建筑物作参照,你难以相信,这样瘦小的一个老人,是怎样搬运沙石与砖块的。春节,我去学校传达室取报纸,又遇见那老人,正絮絮讲着他的过去:'你知道,我出门做活,最艰苦的时候怎样?'看门的李老爹,抽着烟,闲闲地道:'怎么样?'老人说:'最苦的时候,饭盒里的饭是冷的,没法把饭热一热;要去买菜下饭,店门都关了;要饮水,找不着井,湖水又嫌脏,就只能吃冷饭'。"

陈群志接下来的一段话,和我近年的感受颇有些类似。她感慨道:"并不曾与老人谈许多,'艰难困惑'之类的名词,他们不懂,在实际的生活里,他懂得比谁都多,他的故事,尽在不言中。只要看一看那片广阔安静的原野,就会懂许多。"是的,当初老实小和我们共同创业的六十多个人,的确是有不少人"人面不知何处去了"。就拿我们几个《今夜星河》的编辑来说,老俞前几年去世,我和邵伟群已经退休几年了,甘峰的笔名慕容引刀,动漫界天下闻名的"刀刀"就是他。只有陈群志,依然在实小教书,被后辈尊称为老教师了。

老实小曾经有个校歌,不知道现在是不是还在唱。

我翻开《嘉定教育》1999年第四期的"情怀追寻"栏目,唐养申老师约陈群志写过一篇《校歌的故事》的稿子。她叙述:"为了追寻嘉定实验小学校歌的来历,我们特地拜访了已经退休的俞雅勉老师。俞老师告诉我们,那时的校长室陈设极其俭朴,只在窗台上的玻璃瓶里插了束素雅飘逸的芦花,令人过目难忘。那束芦花采自学校附近的河滩,副校长钱巧玲老师特意写了篇散文《潇洒芦花自然美》(注:刊登在《今夜星河》)赞美了实验小学的老师们不求索取、无私奉献的创业精神。"

提起那束芦花,我是很熟悉的。

那时学校和现在科技学院之间的地带是一片原野,还有一条小河流过,河滩边长满了蒹葭苍苍的芦苇,起伏的小丘陵上,杂花生树,蔓草遍地,鸟声啾啾。每逢春秋两季的自然课,我们总要带学生到那里去采集花草标本。可能是受了台湾电视剧的影响,不少女生就把芦花采了,放在教室生物角的玻璃花瓶里,就地取材的布置美化教室了。

陈群志《校歌的故事》里又写道:

"年轻的校园,年轻的老师,如花的孩子们,一切都充满了生机和活力。当时校刊《今夜星河》的主编王威尔一直在思考一个问题:用怎样的方法传递实验小学昂扬向上的主旋律?怎样让大家的心靠得更近?当他登上教学楼远眺,解读法华塔的百年沧桑,感受环城河的涛声依旧;当他徜徉于校园花径,回眸实小近一个世纪的悠久历史,品味育人生涯的独特魅力,这时,校园中的喧嚣突然归于沉寂,所有的思绪指向一处,一个写一首校歌的念头如电光火石般照亮了他的思路。校歌歌词慢慢清晰了起来:卫星城内,法华塔下,有着我们美丽的校园。鲜花开放,绿水荡漾,我们自由自在茁壮成长。啊,实验小学,我们成长的摇篮;啊,实验小学,我们幸福的乐园。

第二天，俞老师见到这段歌词，连声叫好。经过俞老师、钱老师和美术老师甘峰等人的反复斟酌修改，歌词更加琅琅上口，易于传唱。俞老师说，也许大家会感到奇怪，实验小学的校歌署名为'集体作词'，因为这首歌不是某一个人的声音，而是集体的声音，其中每一句歌词都凝聚了集体的智慧。正是这首歌把大家的心连在一起！当时的音乐教研组长陈卫伟老师立即为歌谱了曲。这就是实验小学元老之一俞雅勉老师给我们讲的校歌故事。"

老人的记忆大致准确。其实，校歌的第一稿是校长钱巧玲写的，我做了比较多的修改这倒是真实的，这也是学校后来用"集体创作"的原因之一。

说到老"实小"，有一个人我是不会忘记的。

周丽枫，当时的教导主任。她是我们那拨"文革"后安亭师范第一届毕业生走上教室讲台的见证。当年校刊《今夜星河》分三期刊登的《秋风·夕阳·丽枫》，就是我为纪念她退休而写的文章。

周丽枫回忆起乡村的教师生活里，最难挨的，是乡村的黑夜。

放学了，学生们都散了，教师们也都回家了。刚刚从师范毕业的女教师一个人住在单身宿舍里，感到了从未有过的孤独和寂寞。窗外，夜风拍打着窗户；窗内，一灯如豆。蓦地，有一丝恐惧袭来。

有敲门声，在旷夜里显得如此清晰。门开了，一灯，一人。是住在学校附近的老校长，"你不用怕。我睡在隔壁的办公室保护你。"党的工作者又一次把温暖送给了年轻的乡村女教师。

听我继续讲她的故事：

歌里这样唱"我想有个家"，周丽枫要结婚了，新婚的她太想有个家了，然而没有婚房。虽然她和爱人同在一个校区工作，却没有一间同居的斗室。校长吴兆元让她在办公室内搁了一张床。那时，教师的办公条件也很差，办公室还是向农民借用的。白天，此处是男教师的办公室，晚上是周丽枫的宿舍，节假日是她小夫妻俩的家：一个并不华丽的地方，一个疲倦时可以歇息的地方。

手表，普普通通的计时用具。

现在小学生几乎都拥有不止一块手表。但当时，对周丽枫来讲，这又是一种奢望。夫妇两人工作了十几年，由于过重的经济负担，仍然合用一块手表，还是旧的。那时候，买手表并不只是上一次"亨得利"那么简单。买手表要有手表购买券。手表购买券和自行车券、缝纫机券一样，都是上级下发的，数量很少，而且先要在单位登记、排号。有时候，好几个学期都轮不到你。

老校长王月珍把自己的手表购买券给了周丽枫，还把自己的钱借给了周丽枫。终于，周丽枫拥有了一块优惠价的试销的海鸥牌手表，结束了夫妇合用一块手表的时代。这一年，是周丽枫工作后的整整十八年。对现在的年轻教师来讲，我的叙述似乎有点像童话，但是，这样的童话故事，是确实存在过的。

周丽枫要退休了，"首先感谢大家为我开今天这样的会议，这是我人生道路上的倒数第二个节目，也是我从事三十四年多教育工作的落幕……"这是欢送会上周丽枫的开场白。谁都没有想到，这历来属于例行公事的退休欢送会竟开得如此情真意切，如此充满人情味。周丽枫动了情，教师们动了情，就连平时声称自己最不易动情的老曹也动了情。

周丽枫把这次欢送自己退休的会议喻为人生道路的倒数第二个节目。是的，这个节目一完，理应轮到最后一个节目了。这个最后一个节目是什么，大家心里都很清楚，只是彼此都不愿意说出来罢了。中国人历来是喜欢讨个吉利什么的，更何况在这充溢着美好情感的气氛中大家也没有去细想，也没有时间去细想。至于这两个节目之间究竟跨越着多少时间和空间，又是谁能够说得明白呢？

自古伤心唯离别！在不知不觉中，一缕不易被人察觉的悲怆情调已渗入依依惜别之中。散会了。周丽枫走到校门口，下意识地停住了脚步，回过头去看了一下秋风夕照下的校园。此时此刻，她是多么想多看一下这平日由于工作繁忙而忽略了的校园黄昏的美景啊。

周丽枫三十多年对学校的感情都凝聚在这一瞥之中了。但，只这一瞥，就已经够我们回味的了。回眸凝视间，尽在不言中。这一瞥无疑是一个句号，教育生涯完美结束的句号。记不得哪一位哲人曾经说过：人类的复杂情感是永远没有人能够破译的。自然，也没有人能够说得清周丽枫这深情一瞥之中蕴藏着多少复杂的情感。

现在，当年周丽枫接纳的那拨青年教师，也已经退休有年了。

最近，我们聚了一次。1979年踏上教育工作岗位，正值风华正茂、意气风发之年，而来四十有年矣。

聚会时，恰好男女人数相等，自然以"人以群分"为原则，男一桌女一桌，分桌叙旧。要晓得，四十多年呵，并不仅仅是一个时间的跨度。其中，有的人嫁到外区为人妻，有的人则娶了市区的才女为妻；有的人离开了教育系统，有的人则仍然坚守在教室里；有的人是曾经在学校简陋的教师宿舍里同过房的，有些人是曾经在年级组里搭过班共同带过一个班级的。

叙旧，嘘唏，感慨，把酒言欢。

我们感慨，在当时能够到教育局去要求，一下子调进20个中师毕业生，并且全部让这些从未上过讲台的年轻毕业生上主课、当班主任，更有带毕业班的。这在那个年代，得需要多大的智慧、多大的魄力、多大的信任啊。我们更感慨，学校领导这样的举动应该是空前绝后的。

龙应台在《目送》里，有一篇写的也是同学聚会："五十六岁的我们，围着餐桌而坐，一一站起来自我介绍，因为不介绍，就认不出谁是谁。我们的眼睛暗了，头发白了，密密的皱纹自额头拉到嘴角；从十二岁到五十六岁，中间发生了什么？"我们老师的毕业赠言，也和龙应台的老师何其相似，在讲台上，用同样循循善诱的口吻说："你们的前途是光明的，只要努力……"果真如此吗？生活，完全可能是和老师的毕业赠言相反的啊。

我很庆幸，我们那拨同学依然个个健在、风采不减。

匆匆那年芳华

一

那个周末,有上海保利大剧院的演出票。

问儿子去不去,回答已经买了电影票。我知道最近嘉定在放映吴宇森耗资4亿元人民币的大片《太平轮》。预告片、花絮以及几款电影海报在网上看过,相当的震撼。加之章子怡、宋慧乔、黄晓明、金城武、佟大为、长泽雅美等24位亚洲一线明星主演,想必颇具观赏性。

又一个周末。

儿子回家吃饭。席间,我问:"《太平轮》怎么样?"儿媳妇回答:"我们看的是《匆匆那年》。"儿子补充:"去看看校园生活。"

一句话,顿生感慨。

之前,我认为只有我们这代人或者是我的长辈那个时代的人,才会有校园情结。没想到,80后的孩子竟然也有了校园情怀。尽管,儿子已经三十而立,但毕竟离开大学校园还算不上久远啊。

一句话,穿越到从前。

细细想来,其实我印象中鲜活的儿子,确实只停留在幼年和童年。上幼儿园时,每天,我的老旧自行车前车档上,放着用藤条编成的小椅,儿子矮小的身影就坐在我身前,送他上学接他放学。小学的印象,仍然停留在上午期中考试结束后,牵着他的小手,去州桥老街"凤巢酒家"一楼,吃鸭肉面的那个穿深咖绸缎中式小棉袄,系绿领巾、左臂两条绿杠杠的小男孩。

儿子三年级读完的时候,我就离开了实验小学。四年级时,小家伙就骑着老师送给他的那辆旧的红色小自行车飞也似的上学、放学。因为没到可以骑自行车的年龄,所以那辆小车只能停在学校门外。事后,有不少老师来"告状":"我看到你儿子在路上,脚踏车骑得像飞一样,赶都赶不上。要出事的!"

如此匆匆数年。中学,儿子上的是实验中学。下课一直很晚,每晚回家在书房写作业,见如不见。高中读的是七宝中学,几周就回一次。大学,更是漂泊在外,难得见几次面了。

因此,儿子的少年、青年时代,我基本上是缺席的。

因此,也有了在儿子的婚礼上,当我见到从幼儿园一直到中学时代教过儿子的老师们时,发自内心地感慨:"我真的很羡慕你们,你们都给他上过课。我当老师30多年,还没有机会给他上过课,我今天想想,还是要补上这一课。"

我也是借这个机会,告诉儿子以前没说过的心里话:"我知道,在你的眼中,妈妈是贴心贴肺的关心和宝贝,老爸是沉默是金的冷默。其实,老爸关注着你的每一个进步。老爸收藏着你的每一件作品,可能你早已忘记了,这是你给老爸画的一把扇子,上面写着:王亦君11岁,为老爸画扇。我一直在用。在人的一生里,没有比亲情和友情更重要的东西了。亲人和老师,你们要懂得感恩;老爸的朋友你们要懂得尊重;你们的朋友你要懂得珍惜。所以,你的房间,20多年前,我就给它取名叫'侠客居'。"

婚礼上，儿子发言也像在致青春："在筹备婚礼的这段时间，我翻开了抽屉的盒子里尘封已久的东西，那是我读小学的时候，老师和同学送给我的各种贺卡；最近，我又收到了很多老师的祝福，也收到了陈芳老师收藏了18年的，我小时候的图画作品。阅读你们的记忆，就像翻开一本相册，里面记录着我走过的和正在走的路。"

是的。人生有几回"匆匆数年"。

是的。我突然找到了80后校园情结的情感线索和逻辑线索。

郭敬明同学那代人是聪明的。大时代里的小时代，叙述的是他们那代人的校园情感、情思、情结。这既是他们的青春记忆，也是属于80后整整一代人的匆匆那年。片中那些死党在一起的戏份特别欢乐，每一条爱情线又都特别感人，而且校园的场景让人代入感很强，很容易就想起那时的恋情。

因此，《匆匆那年》也被赞为"还原度最高的青春片"。电影中关于"死党"的情节，更是成为区别其他青春片的一大亮点。导演张一白表示："不是所有人的青春都经历过爱情，但一定有过一群死党，爱情加上友情，才是最完整的青春。"难怪王菲同名主题曲《匆匆那年》发布后，立即成为全民话题，创下多项纪录，并被评为"年度第一金曲"，迅速刮起一场流行龙卷风，众多网友更大赞歌曲"好听到醉了"。

二

我很清醒。我们这代人，已经要谢幕。

而儿子那代80后，已然超越。

但，毕竟我也有属于自己的芳华。终于，在《芳华》热热闹闹了半年之后，买了一张蓝光碟，在家里看了《芳华》。独自一人，静静地缅怀芳华。

电影里的故事情节，早在网上就已经熟之又熟了。故事里的故事，是严歌苓和冯小刚的芳华，不是我的。真正让我买碟来看的唯一原因，是电影里几处《沂蒙颂》的音乐和舞蹈片段。《沂蒙颂》，伴随了我生命中那一段特殊年代里的特殊的芳华。

记得上海女作家陈丹燕在一次电视访谈里讲的音乐，她说："音乐有的时候真是奇怪，某个早上或是黄昏，你站在阳台上，突然远处有音乐啪地一下就过来了，就打动你了。"这个"啪"字用得太好了，太感性了。我就是被这个"啪"字才去买碟来看《芳华》的。某天，上网，随手点开网友发布的自己伴奏的那段《沂蒙颂》视频，舞蹈当然是熟悉的，交响乐背景更是熟之又熟，但这钢琴伴奏是我从来没有听过的。当那段轻轻的、稳稳的钢琴伴奏只弹了几个音符，"啪"地一下，就打动了我，眼睛突然湿润了。

还是回到20世纪70年代吧。

《沂蒙颂》的前身是京剧《红嫂》。进京演出后，受到毛主席的夸奖，提出希望能改编成芭蕾舞剧。于是，中央芭蕾舞团创作组六次下沂蒙山区采风，根据"沂蒙地区人民在战争年代用乳汁救伤员"的感人故事编创了芭蕾舞剧《沂蒙颂》，轰动一时。舞剧中，由《沂蒙山小调》衍化而来的主题曲《愿亲人早日养好伤》不胫而走，传诵至今。

歌词也写得真好，质朴无华，是一脉相承的民国风格。

"蒙山高，沂水长，我为亲人熬鸡汤。续一把蒙山柴炉火更旺，添一瓢沂河水情深意长，愿亲人早日养好伤，为人民求解放，重返前方……"同样地，在电影《红日》里，写的也是山东革命老区的战斗故事，用的也是沂蒙山小调，"一座座青山，紧相连，一朵朵白云，绕山间。一片片梯田一层层绿，一阵阵歌声随风传。谁不说俺家乡好……"歌词依然是质朴无华的民国风。山东的女儿、著名歌手彭丽媛对沂蒙山的感情尤为深厚，这两首歌，就收录在她那张《中唱独家经典》黑胶里，如今已成收藏级唱片了。有幸，我在网上拍到了这张唱片。

《沂蒙颂》最受欢迎的年代，正是我插队落户到农村接受贫下中农再教育的那段岁月。几乎每天在田头的广播喇叭里都能听到革命样板戏，《沂蒙颂》就是其中之一。农闲的时候，只要嘉定电影院放映《沂蒙颂》，我和那些插队弟兄就会从东门城外步行到城里，一遍又一遍地看。电影里那些画面、那些旋律，早已融入我生命中那段青春岁月之中，剥离不了，忘记不了。至今，换了多少手机，永远保留着的是那段老版的《我为亲人熬鸡汤》的视频。

三

怀旧的情绪，一定是会彼此感染的。

白露刚过。教师节的前夜，微信群里处处流转的是嘉定广播电视台那篇《有一种情结，叫"安亭师范"》，里面链接了林旭坚小友导演的《我的中学时代》。我顺手拉开书桌抽屉，翻出那张"文革"后第一届安师毕业生的黑白合影照，沉淀久远的斑驳记忆和苍茫的留恋，一下子在眼前。

那年，我怀念校园生活的《那时花开》正在校对中，林旭坚打给我一个电话，说是正在拍摄微电影《我的中学时代》，邀我在里面客串一个校长角色，在毕业照那场戏时坐在学生中间，拍摄地点就在原来安亭师范校园。

我欣然接受。

因为那个校园里曾经有过我青春的气息。

林旭坚，你可以在"百度百科"里找到他。女一号林依婷，那张定妆照秀气的齐耳短发、素色发箍，清纯可人，仿佛有茉莉花香飘过。摄影金晨煜和小林是老搭档了，副导演郭凯更是电影世家子弟，从小浸润其间的。

郭凯告诉我拍摄的地址是新源路1号，靠近民丰路。我自驾前往，新源路两边沿街高楼林立，皆是高级会所、酒店、办公楼。今日的安亭国际汽车城极具现代城市范，那些路名我读书那会儿根本就没有。

新源路1号何在？

好不容易在一家民办幼儿园对面两幢高楼间隔处看见隐身其后的灰色砖墙，以及围墙内一排排挺立的水杉树。三十年前的记忆飘回来了，就是这个地方。

如何进入？又是一个问题。

沿街没有门牌号，没有校门，都是鳞次栉比的高楼，绕了几个圈，问了几个人，都不知现在安亭师范的校门在哪里，从哪里进去更是无人知晓。车正在民丰路口犹豫徘徊时，对面一辆吉普车上下来一人，问道："是不是来拍戏的演员？你可以从前面两幢楼的小缺口进去，记住，是小缺口。"

驱车从小缺口进去，一条尚未完工的碎石小路，两旁杂草丛生，一片狼藉和荒芜。坚定地沿碎石小路拐了两个弯，熟悉的、久违了的长长的灰色砖墙、高高的两排水杉树扑面而来。真没有想到，离开校园三十多年后的再次进入，是如此的曲折和富有戏剧性。

扑面而来的，还有我们普师九班黑板上留下的语文老师金先生那几行漂亮的粉笔字，繁体，行书的记忆。先生讲课时，大段古诗文常常脱口而出，且习惯一边吟咏一边用粉笔书写在黑板上，是从上至下、从右往左的旧式写法，传统私塾作派。他粉笔手书的林黛玉《咏白海棠》，让我记得了"偷来梨蕊三分白，借得梅花一缕魂"的风流别致。

那时的课堂，那样的画面，那种老派文人的范儿，犹在眼前。

后来，我们打听到，金老师十分坎坷的人生经历和感情生活。那是他那一代的老派知识分子所共有的生存状态和宿命。还记得那课，先生讲的是诸葛亮的《后出师表》。惯例，先是先生的吟咏："臣受命之日，寝不安席，食不甘味。""然不伐贼，王业亦亡，惟坐而亡，孰与伐之？""凡事如是，难可逆料。"金老师的声音越来越哽咽，直到读出"臣鞠躬尽瘁，死而后已"时，只见他眼中已是热泪盈眶。我知道，诸葛亮"鞠躬尽瘁，死而后已"八个字一定是打动了他心里最柔软的那个地方了。这也正是中国传统人文经典伦理的力量。

安师的门房还在老地方。当年我和班上几个死党晚上在安亭镇上那个顺兴书场听罢书回校,攀缘而入的那扇铁栅栏门,岿然不动,仿佛在等待我们这些无视校规学生的再次翻越。远远望去,学生食堂如入定老僧般冷冷地打量着闯入此地的拍摄组,不知是否在诉说岁月还是老的好。

这个食堂,提供了我们安师学生所有的青春热情以及叛逆的能量。

新生报到第一天晚上,《乡村女教师》的电影就是在这里看的,那个苏联乡村女教师伐西耳叶夫娜赚了我们这些血气方刚的师范生多少立志三尺讲台、奉献教育事业的革命热情啊。我那些死党控诉校方食堂伙食品质如此之差的大字报,也是贴在这个食堂墙上的;毕业联欢晚会上,我说了段苏州评话敲响的那一声醒木,也是曾经久久回响在这个食堂里的。

食堂前草坪上的那棵雪松愈发的苍劲挺拔、桀骜不驯了。《我的中学时代》那场毕业照的戏,就是以它为背景的。右手边教学楼外墙上的爬山虎绿叶茂盛异常,几根强悍的藤蔓,肆无忌惮地爬上了电线,正欲横空跃向对面。执拗地从爬山虎缝隙里露出脸来的那只扩音喇叭,写满了沧桑,无言地诉说着这个园子的历史和老态。

安师校园里老树遮阴,野草闲花此时开得正盛,随处可入画入镜。

我燃起烟斗,与赶来拍戏的演员聊一些安师的往事。那一刻,恍若白头宫女闲说天宝遗事。林旭坚小友感慨地说:"这个园子废了真有点可惜，把它弄成个影视外景地还是不错的。"剧务告诉我，刚才看到有人在这里拍了一下午的照片，询问后，方知就是我那届的同学，"文革"后恢复高考安师的第一届学生。闻言，又惹起我一丝斯人未遇的惆怅来。

拍完镜头，已经是六点半多。离开安师前，我在校门前逗留许久。剧务奇怪地问我："老师，你在干什么？"我说："这是我的校园，离别了三十年，现在我又要离开，我再看它几眼。"

车开出"小缺口"的一瞬间，我回眸望了一下暮色苍茫秋色里的安师校园。只见围墙依然、水杉树依然，就连通向肖浜汽车站的那条蜿蜒曲折的泥土小路，和通向安亭老镇老书场的泥土小路仍然三十年风霜不变。那两条小泥土路上啊，有我来来回回踏了千百遍的足印……

莫名地，眼眶一下子就潮湿了。

一份匠心，对得起岁月光阴

一

那年初月。

上海教育电视台编导刘依凝来嘉定找到我和老易。说是台里领导布置的任务，要为本届上海市教育年度新闻人物拍个短片。她说，本来是可以选另一位年度新闻人物曹鹏老师拍的。最终，她觉得曹鹏老师是上海市乃至全国家喻户晓的人物，可能我和老易的东西拍出来会有些不一样的地方。

一个80后，灵秀且雅致的女孩。

喜欢传统文化、更喜欢挑战。

她对我们说，有一则广告的风格她很喜欢，是李宗盛拍的。我们这部短片的风格可以往这个方向靠。李宗盛华语流行乐坛的地位堪比金庸在武侠文坛的地位。当年那首《霸王别姬》电影主题曲《当爱已成往事》已成经典。在K厅里，男人点得最多的应该是《真心英雄》，女人喜欢点的肯定会有《梦醒时分》。我记得，在滚石唱片30周年庆典十佳歌曲听众评比中，他20世纪90年代为张艾嘉制作的《爱的代价》名列第一。

刘依凝对我们说，这次李宗盛的广告《致匠心》，是2014年的，是为NB英产、美产系列产品拍的。只听得《致匠心》，我

就有感觉。这则广告,讲述的是 NB 工匠制作 NB990、李宗盛制作木吉他的"工匠故事",他的旁白特别打动人:

"人生很多事急不得,你得等它自己熟。我二十出头入行,三十年写了不到三百首歌,当然算是量少的。我想一个人有多少天分,跟出什么样的作品,并无太大的关联。天分我还是有的,我有能耐住性子的天分。

人不能孤独地活着,之所以有作品,是为了沟通。透过作品去告诉人家:心里的想法、眼中看世界的样子、所在意的、所珍惜的。所以,作品就是自己。所有精工制作的物件,最珍贵、最不能替代的,就只有一个字——人。

人有情怀、有信念、有态度。所以,没有理所当然。就是要在各种变数、可能之中,仍然做到最好。世界再嘈杂,匠人的内心,绝对必须是安静、安定的。面对大自然赠予的素材,我得先成就它,它才有可能成就我。

我知道手艺人往往意味着固执、缓慢、少量、劳作。但是,这些背后所隐含的是专注、技艺、对完美的追求。所以我们宁愿这样,也必须这样,也一直这样。为什么?我们要保留我们最珍贵的、最引以为傲的。

一辈子总是还得让一些善意执念推着往前,我们因此能愿意去听从内心的安排。专注做点东西,至少对得起光阴、岁月。其他的就留给时间去。"

李宗盛的旁白,像极了他写的那些歌词,也是他后来的人生。早在 1997 年,暂别一线歌坛的李宗盛前往因制作顶级手工吉他而闻名世界的加拿大,在那里,他遍访顶级手工制琴师,从设计到选料再到后期制作,潜心学习每一道工序。十多年来,他为了梦想一路坚持,就像一把原木吉他,任凭时光打磨,始终保持演奏最本色的音符。

在拍我和老易的短片中,刘依凝和她的团队同样颇具"匠心",前期的沟通自不必说,短短3分多钟的片子,用到了近百个镜头,更不用说拍摄的素材了。"匠心精神"是一门手艺,一种品质,一份专注,一份严谨,一种态度,是要将作品做到极致,自己与自己较劲的过程。对于制造"人"的教育行业来说,"匠心精神"更显重要。

二

嘉定有个钱梦龙。

就这七个汉字,足以让一部嘉定现代教育志熠熠生辉。

其实,真正的钱梦龙是属于嘉定之外的。在20世纪90年代的中国教育界,有"南钱北魏"的说法。钱是钱梦龙,南派"导读法"的掌门人。

1980年2月初的一天,上海《解放日报》《文汇报》都以第一版整版的篇幅刊登了新评出的全市三十六位特级教师的照片,这是"文革"后第一次以这样隆重的方式展示优秀教师的形象,报纸一出版,立即成了社会舆论的热点。因为这是新中国成立以来首次评特级教师,挑选特严,比例是三万分之一(三万名教师中评出一名)。

钱梦龙回忆说:"三十六位特级教师,大多在教育界早已享有盛名,只有名不见经传的我是个例外。'钱梦龙也成了特级教师?是不是搞错了?'一些稍稍了解我的人这样说。也难怪,仅有初中毕业学历的钱梦龙,即使作为一般中学教师也是不合格的,怎么会和'特级教师'这个标志着教师最高荣誉的称号扯到了一块儿?"

当时,上海郊区重点中学校长以及重点中学教导主任初识钱梦龙的,也仅仅是《愚公移山》《观巴黎油画记》两堂课而已。有人说,钱梦龙的机遇好,如果没有那两次市级会议的听课,他怎么可能脱颖而出。

钱梦龙说:"我所展示的虽然只是短短的两堂课,但为了上好这两堂课,我却准备了几十年!事实上,从我走上讲台、摸索适合我的教法的第一天起,我就已经在'时刻准备着'了。"

匠心予人。

虔诚的匠人往往相信,自己的作品里不光注入了能工巧匠的灵魂,里头还往往住着神明。

在钱梦龙心底,有一杆标尺——当一个像启蒙老师武钟英那样的对学生倾注爱心的好老师。这也成了当时对语文教学一窍不通、知识储备也远远不够的钱梦龙做一名好老师的原动力。

而我们亦相信,"没有理所当然"。

在钱梦龙的这两堂课背后,是他时时都在的虚心、恒心、细心、执着心,就是他努力"在各种变数、可能之中,仍然做到最好"的数十年磨一课的匠心精神。时至今日,依然见得天地、见得自身,依然"对得起岁月光阴"。

他的语文教学"导读法"已成经典。

三

在庆祝教师节 30 周年之际，嘉定教育局做了一件很有意义的事情。

教育局党委在全系统广泛开展了"嘉定教育发展 30 年优秀人物"的遴选活动，并且邀请了寓居嘉定的数十位作家来叙写嘉定教育优秀人物的故事。三十年的教育人生，三十年的峥嵘岁月。时间，可以改变许多东西，唯一不变的，是我们心中对教育的热忱和坚守的信念。

教育局党委书记王晓燕女士在《师者如歌》一书的序中写道："鹤发银丝映日月，丹心热血沃新花——教育因你们而发展。三十年，是中国教育改革发展的峥嵘岁月，是上海教育逐步领先世界的光辉历程，更是嘉定教育传承教化之风、推进教育创新的关键时期。南翔义务职业学校的创办、嘉定一中的薪火相传、上海市大众工业学校的华丽转变……嘉定教育的发展和进步，见证了一代又一代嘉定教育人的追求和梦想，深以为傲！"

打开目录，就如同打开了嘉定教育的"断代史"："张昌革铜像前的追思""花落春仍在""心的飞翔"，恰似璀璨的珍珠，让每一个人强烈地感受一种穿越时光、激励来者的精神力量；"钱梦龙老师""系着春天的犁""女苏霍姆林斯基"，像温暖的春风，拂过每一位嘉定教育人的心田，绵长深远；"三尺讲台展现人生精彩""艺术，让生命精彩""探索者"，正如一首首师者之歌，闪耀着师者的光辉，焕发着永恒的魅力。

许榕，生于教师家族。

他曾经在新疆支边 12 年。在乌鲁木齐以南 30 公里的戈壁滩上，他跟 264 个上海同乡一起挖了六年坑，种起树林，接着被调到当地的柴窝堡林场子弟学校教书，一教就是六年。其实，早在 1966 年，刚刚高中毕业的许榕因为出身不好，大学不予录取。前往新疆之前，他就曾在母校嘉定一中当过一阵代课教师。在这第一批学生当中，甚至有人年纪比他还大两岁。他与他们至今都保持着联系。

返城后，家里托人把他安置在商业系统。当时，营业员这份工作是很有吸引力的，"一是收入不低，二是还能优先买到一些别人不容易买到的东西，比如电视机、自行车这些紧俏商品"。后来，许榕受邀回到嘉定一中继续任教。

教书育人，对许榕来说，最大的乐趣就来自与学生之间的这种缘分。

从 1984 年被任命为嘉定城厢镇一中副校长，到 1989 年作为徐行中学校长走马上任，再到 1994 年回到嘉定一中，开始担任校长，直到 2007 年退休，在长达二十三年的学校行政管理工作中，许榕从来没有走下过讲台。问及原因，由于扩招而导致师资力量不足，是客观因素，但更重要的主观因素，则是他本人"喜欢教书"。

也许是嘉定民风的淳朴，造就了嘉定一中温和踏实的办学气质。回忆当年，许榕对一中师生之间的融洽氛围感到十分亲切和怀念。他说："不是我校长一个人的作用，这是师生之间相互的关系，同时也是来自学校传统的一种延续。"他总结一中毕业的学生"人际关系不是很在行，但是读书、做学问都很擅长"。提起这一点，他脸上洋溢着由衷的欣慰和骄傲。

夏月珍，嘉定特教艺术教育的"心灵舞者"。

她，依然记得二十多年前，第一次置身于那片沉寂校园；第一次教听障孩子们迈步、旋转、起舞；第一次教智障孩子们唱 Do Re Mi 的情景。面对孩子们清澈、单纯和充满信任的目光，她的心痛和自责感便油然而生。她默默地问自己："这些孩子的将来会是什么样啊？他们一直在未知的惶恐中张望着外面精彩的世界，我又能帮他们些什么呢？"

从此，20多年的光阴就在夏月珍和一批又一批特殊孩子的歌声与舞姿中如白驹过隙般地翩然而逝！凭着对孩子们的无私关爱，凭着对特殊教育事业的无限热爱，凭着对艺术的执着追求，夏老师用自己的真诚为这些残疾少儿开创出一个常人难以想象的艺术世界。

勤耕不辍之下必有丰收，20多年里，夏老师带领残疾学生们参加各类演出达400多场，当年轰动全国的舞蹈《千手观音》中就有她亲手培养指导的学生——陆懿。她亲自编排的诸多舞蹈更获得了市级乃至全国五十余种奖项，报刊、电视开始纷纷宣传夏老师的事迹。

回眸几十年的特教艺术教育之路，每一个足印都镌刻着夏老师当年踏上讲台的无悔誓言：让孩子们在艺术的园地里得到美的享受，让心灵的火花在美的旋律中碰撞，让生命的灿烂在舞蹈艺术中绽放！

金怡，一位年轻的幼儿园女园长。

仅仅用了4年的时间,就把一所新办的新翔幼儿园带入了上海市一级幼儿园的行列,让她的幼儿在上海的幼儿事业里"背负青天、皓日、白云,高高地翱翔"!而她自己,却再也没有能够"飞"起来……

"她是个懂得生活的女人,也是一个精致的女人,她喜欢喝咖啡,喜欢带着儿子去看画展,带着老师们去欣赏音乐会,每天打扮得很精神,很靓丽。她出现在校园里时,总给人以阳光般的明媚。她每天睡得很晚,入夜,她要梳理一下一天的工作,静下心来整理自己的心得体会,再看看听了老师的课哪些地方需要提一些建议,夜深了,通过邮箱传递出去……"

即使在癌症治疗期间,开了一刀,又开了一刀,化疗、放疗的日子里,只要她觉得精神还好,她会坚持来幼儿园看看她的孩子们,摸摸他们的脸;还会在老师们晚上的教研论坛上进行点评、指导;即使来不了,也会发短信、打电话,出谋划策;她躺在病床上,还关心着外面学前教育的动向。

当她在弥留之际,在意识模糊之时,教育局党委书记王晓燕带领班子成员给她颁发了"嘉定区教育模范"的奖状。有人轻轻地告诉她:"领导来了,给你颁奖来了。"她的嘴角流出了一丝的笑意,随后流下了两颗眼泪,晶莹地挂在了眼角……

当然,《师者如歌》只是嘉定教育改革和发展三十年里嘉定教育人的一个缩影。正如教育局党委书记王晓燕女士序中所言:"揣着希望,描绘着'品质教育'的宏伟蓝图,愿所有的教育人都拥有'震川先生'归有光一般的教育情怀,都能如凡·高一般,永远守望着嘉定教育的'麦田'!"

坐拥书香静阅书

一

我同样有过《情书》里藤井树那样当学生图书管理员的经历。

老嘉定一中图书馆里如阅兵式般排列开的硕大书架及书架上按部就班罗列的琳琅满目的书籍，以及弥漫其间的书香、纸香、墨香，不啻是我博览群书的城堡。身份的得天独厚，令许多死党羡慕不已。

图书传阅多了，难免破损。补书是我的工作之一，先要用白纸把破损的地方补上。如果碰到缺的是文字页，那就必须用钢笔字把缺的文字补白上去。我曾经用钢笔字补白过整整半页的缺漏。现在有时还会浮想，嘉一中老图书馆里，本人曾经补白的图书安在哉？乃至我如今轻轻翻开哪怕是新买的书，仿佛闻得到老嘉一中图书馆里弥漫的满架书香，偶尔还荡起一点怀旧的情绪和些许失落的轻愁。

那年代，我们都是捧着残缺不齐的杂书一页一页翻着读的爱书人。记得外语课上，我们就在课本上画梁山好汉，林冲的花枪挑着葫芦、青面兽杨志的朴刀和大朵红缨毡帽、日本鬼子的炮楼上三八大盖里射出的子弹是开着一朵朵扎眼的、革命样板戏《沙家浜》里的大片芦苇荡，杂迹纷呈，十足的混搭风。数学课上，我就在课桌肚里看长篇小说。有一次，数学女老师走到我身后，掏出我正在看的竖版繁体《钢铁是怎样炼成的》，自嘲地摇了摇头说："同学，你给我点面子好不好？"

那个年代，很少有人家有间书房。

记得初中时，四大古典名著的启蒙，是在我家楼上赖云青老师的书房里完成的。

当时，赖老师是嘉一中的语文老师，正宗的北大中文系毕业，中国作家协会会员。赖家的那个双拉玻璃门书橱里，满是线装书（我们叫"老法书"）。赖老师的儿子赖奔星是我儿时的死党，我们每天放学，就在赖老师的书房一本一本地读这些"老法书"。那时候，这些书还属于禁书，是不能拿到外面去看的，《三国演义》《水浒》《红楼梦》就是那个时候闭门偷偷读完的。

赖老师为两个儿子取的名字，一曰奔星，一曰抱阳。后来，真新小学邀我写校歌《真新童年》，我其中有一句歌词"憧憬那、憧憬那，奔星抱阳的感觉"，是向赖老师表示谢意的致敬之词。也是希望，现在的学生都能够有一间书房，安安静静地读点书，如同我在这首校歌里写下的"吟诵那，吟诵那，唐诗宋词的经典，想把那，想把那，万水千山都行遍"。

"直当花院里，书斋望晓开。"古人称书房为书斋。

用现在流行的话来讲，书斋是中国文人和读书人家里的传统"标配"，无论面积大小、无论藏书多寡。在我看来，中国文人的小小书斋承载着的是兼济天下的社会担当，涵养着的是独善其身的人格修养，吐纳着的是中西文学的经纬篇章。那天，祝郁在微群里转了一篇《在书房，培养气质》，晒的是满屏满眼的书房照片。正合我意。对教育而言，老师的书房无论如何是一个观察的地标。

我历来喜欢董桥的文字，一直想看看董桥的书房是怎样的气象。

后来，在《外滩画报》的"作家书房"栏目里，读到一篇《董桥的书房》，写道："几乎没有外人进过董桥的书房。他说他的书房很乱，不方便拍照，但是很乐意给人拍他的旧洋书。其实只要走进董桥的客厅，就能知道这是属于藏家的房子。墙上挂着董其昌、齐白石等人的字画，字画下面的樟木箱子里，放着父亲留给他的和他早年收的线装书。'线装书非摆在这种地方不行，不会蛀。'"

董桥喜欢收藏一些国外的旧书，专找一些封面上有皮质贴画的。这种书在外国也不多了，很珍贵，他看到好的、买得起的就收，几年间收了百余本，并在书房里为它们单独设了一个书柜。皮书很重，董桥收藏的皮书，每一本都很惊艳。100多年前的书，现在看来还是崭新的。

身为嘉定品质教育掌门的姚伟，也是个喜欢藏书的人。他的书房我去过，斋号"飞霞阁"。

后来，我在《东方早报》上看到记者郑诗亮的《飞霞阁中写真卿》，写的就是姚家的书房："姚家书多，书房也多。刚进门就看到客厅中立着满满一橱书，一半是姚伟女儿的，小姑娘还在读小学，看看童话故事书，正合适；剩下的都归姚伟，他好读人物传记、共和国史，那些书差不多全是。当然，这些只是姚家藏书的一小部分,上得楼来,别有洞天——二楼有一大两小三间书房。大的那间就是他的书斋'飞霞阁',足够宽敞明亮,容得下两张案几,供姚伟平时办公、写字用;小的那间,书之外,一沙发一灯而已,关上门,杂务琐事都给堵在外面,正好一头扎进故纸堆。"

姚伟的书法底子很好,是在童年时就打下的。作为多年的书法爱好者,他最得意的,还数自己收藏的字帖,尤其是颜真卿法帖,每见必收,竭泽而渔。书房中有一套天津人民出版社的《颜真卿书法全集》,要价四千多元,甫一出,他就托嘉定新华书店买了下来。

姚伟还有个习惯,每到一地,公务之余必去书店,他出差前必须先做好功课,到了目的地后,公务之余,就把我们几个书友拉上去当地的书店逛个痛快。最近那本颜真卿传记小说,就是这么买来的。姚伟恭恭敬敬地在书的扉页上写下时间、地点,盖上了藏书印——这是他一直以来的习惯,已经坚持了许多年。

我现在的书房比较特殊,把客厅兼作了书房。

装修的时候,就叫木工师傅在最大的那堵墙上顶天立地地建了一堵书墙。古玩、书画,杂然纷呈,自成风景。有时候,工作之余夜阑人静时,温一壶苦茶,在古籍善本中独饮千古别有一番洞天;也有时,在草长莺飞的春晨,沏一杯清茶,铺满桌洒金宣纸,饱蘸一管浓墨信笔而书《兰亭序》。一抹温煦的霞光斜斜地照在墨气弥漫的书案上,让人仿佛穿越时空,感受到几许东晋暮春之初天朗气清、惠风和畅以及古人寄情山水、怡然自足的人文气息。

在我的生命里，充盈着的始终是翰墨典籍的书香和中华文化的熏陶。这间客厅兼书房，既是待客之道，又是会友之谊。古人张潮说得好，对渊博友，如读异书；对风雅友，如读名人诗文；对谨饬友，如读圣贤经传；对滑稽友，如读传奇小说。只有在书房这个文化背景里，"友情的铅锤才能够落到我的心底"。

在这里，满架满桌满椅的藏书是我多年游历山水一本一册恭请回来的，而朋友也是大多经年山水相逢相熟相知的。在这里，朋友之间的家学渊源、社会背景、地位身份统统淡去，只有彼此的文化气息是相近相同的。对我而言，书房无论大小始终是我人生路上的一座风雨长亭。

如今，随着社会的发展、生活水平的提高，拥有书房的家庭也越来越多，当然其中不乏附庸风雅者。我觉得这倒无妨。丘吉尔就曾说过：无缘博读群书也不要紧，有空摸摸书翻翻书端详一本书也是清趣也是清福。我认为，对现代人而言，心志固然重要，但更难得的是心境。现在面临的一个新的尴尬恰恰是，家里普遍容得下一间书房、一张书桌，却很难安顿得了那种"云在青天水在瓶"的自在从容的心境。

二

沐浴焚香，泡一杯清茶。

伴着幽远的香气，翻开一本心仪的书，品读其味。

古人将读书看作一件非常神圣的事。读书前，先要净手，并将几案擦得一尘不染，摒除杂念，做到"正心诚意"，以恭敬肃穆的心态去读书。有人甚至读书前，先点上一炷香，以表对著书先贤的崇敬之情，勉励自己用心学习。在读书时，案头往往不杂他书，务求全神贯注、心无旁骛，这种虔敬、专一、用心的精神，是今人很难想象的。

中国古人，是把读书融入了天地春秋的情致的。

清代张潮在《幽梦影》里讲："读经宜冬，其神专也；读史宜夏，其时久也；读诸子宜秋，其致别也；读诸集宜春，其机畅也。"书有不同的内容、写法，阅读的方法自当有别。在张潮看来，经书简奥深邃，须平心静气，耐心咀嚼，冬季天寒，不思起动，人的精神易于集中，应该是读经书的最佳季节。史书纪事，兴衰治乱、人事纠缠，要前后观照，通盘把握，才能正确认识，夏季日永，时间充裕，读史正得其时。诸子百家风格各异，思想各别，需有海纳百川的胸襟、尘渣不染的心境，才能权衡其得失，吸收其优长，秋季天高气爽，云淡风轻，"秋水文章不染尘"，此时人思绪明净，显然是阅读的合适时机。春季万木复苏，生机盎然，是人情感最充沛的季节，读集部创作，不亦宜乎！

古人认为：读书是有境界的。

张潮用三个"月"字对读书做了诗意的比喻："少年读书如隙中窥月，中年读书如庭中望月，老年读书如台上玩月。"他讲的是"皆以阅历之浅深为所得之浅深耳"。任何书本文字都是人类文化知识的结晶，是作者对社会、自然、人生参悟领会的总结。读书可以开阔视野，陶冶性情，从书本上汲取营养。不同的人生阶段，对事物的理解、感受是迥然有别的。

所谓"隙中窥月""庭中望月""台上玩月"形象地说明了读

书的三种境界。随着人生阅历的不断丰富，读书的境界会愈来愈高。少年时，阅历尚浅，领悟能力有限，其读书，多就字面作解，恰如缝中窥月；到了中年，有了相当的阅历，其读书，可触类旁通，举一反三，如庭中望月，既见月轮，又见光华；人生也是一部书，老年人经历了人生的酸甜苦辣，其读书，不仅能解字外寓意，甚至对书本的理解，多超乎作者的命意，恰如月台观月，从容潇洒，所见至广。

读书，当然是赏心乐事。

张潮讲的读书乐指的是"读史书"。因读书的种类不同，人内心的感受自然也就不一样。"读史书喜少怒多""怒处，亦乐处也。"为什么？就是说，当你读到贤良被害，奸小猖狂，看到天下混乱，国将不国，你的心灵会受到震撼，书中的内容深深拨动了你的心弦，使你为之愤怒，有忧国之思，激发你爱国热忱。读史书，使你在怒多喜少的情况下，明辨了是非，陶冶了情操，培养了刚直正义的品德。史书的魅力充分显示出来，这也是一件乐事。

静心莫如读书。

诸葛亮在《诫子书》中说："学须静也，才须学也。非学无以广才，非静无以成学。"法国作家罗曼·罗兰曾说："一册美妙的书是一桩秘密，只应在静寂的心头细细体会。"古往今来，读书是人们修身养性的首选。读书可以使人自静，静中自悟，方可保持一种淡泊宁静的良好心境。

心静方可读书。

古人说："水静极形象明，心静极智慧生。"一个人在心静若水时，心力、记忆、灵感才会处于最佳状态，阅读才能达到最佳效果。在如今快节奏的社会中，更要学会用读书来静心。当我们静下心来读书，读出滋味时，会忘记世态的浮躁，心里会变得舒缓，心境会格外开朗，正如《大学》里所说的："静而后能安，安而后能虑，虑而后能得。"

1959年，联合国教科文组织宣布，将4月23日定为"世界阅读日"。阅读，以更加多样化的方式给予我们深度的精神享受。在如今这个"快餐"年代，教师和学生静下心来读些史书，汲取人类文化优秀传统，无疑是人的品质提升所必需的功课。

关关雎鸠婉转金色大厅

一

西人有唱诗班,中国人当然更有理由有自己的"唱诗班"。

不少欧洲的大教堂还都有自己的儿童唱诗班。但,那是带有宗教意味的,唱的都是教会礼拜日的崇拜唱诗。在记忆中,《圣经》里就有关于诗班的记载,诗班出现在大卫王的时代,教堂里的唱诗班往往都是由教会热心的信众组成。

中国历来是一个诗的国度,中国的传统诗歌本身就是用来唱的。

比如:《诗经》三百篇都是有乐调而配唱的,实际上本来都是歌词。在汉代,有一个掌管民间俗乐的叫"乐府"的机构,后来把在汉魏时代出现的一种新的诗歌形式也统称"乐府",意为"合于乐而可以歌唱的诗"。

可惜的是,诗词虽然通过文字流传了下来,诗乐却很少有见。嘉定人正在做的事就是:根据现代少年儿童的特点,把中国传统诗歌谱上曲,从小就让中国孩子吟唱。要让中国的教室里回荡唐诗宋词的歌声,要让中国的教室成为名副其实的"唱诗班"。

在嘉定,有一张唱片,就叫《中国唱诗班》。这张唱片的特别之处,不仅仅是因为获得过中国金唱片奖,不是因为登上过维也纳金色大厅,也不是上海市委宣传部、上海市教委在全市的推广,而是它延续了中国源远流长的诗教传统的血脉。

这张唱片,由词作家、教育局教育发展研究中心主任、《嘉定教育》主编王威尔先生精心选诗诠释,作曲家、教育局艺术教育办公室主任易凤林先生倾心原创谱曲,历时三年酝酿、筹备和试点实验,创作出了《中国唱诗班——中华优秀传统诗词"诗乐启蒙"(第一辑16首)》,由上海音乐出版社、上海文艺音像电子出版社正式出版发行。

这套《唱诗班》的演唱版CD也经过了非同一般的重磅精心打造。

由上海小荧星合唱团演唱,著名指挥家林振地指挥,并由"奥斯卡最佳录音师"获奖者陆晓幸亲执录音。《中国唱诗班》的出版受到了社会各界的广泛关注和高度好评。在2010年上海书展上,举行了隆重的中华传统诗词咏唱会暨新专辑签售仪式。受到了国内各省市的许多幼儿早教、中小学、音乐培训学校等的欢迎,其中很多学校都在自主应用这本诗乐教材,同时,该专辑还获得了来自新加坡、马来西亚等国音乐教育界的广泛关注和好评。

我认为,《中国唱诗班》不仅仅是写给学生的,也不仅仅是写给中国孩子的。无论来自哪一个国家,任何一个愿意亲近中国文化、愿意接触中华传统诗歌的人,都可以把《唱诗班》作为启蒙之读本和乐本。大家可以通过这些真善美最真切的声音,真正了解中国人的心灵,在诗意盎然和优美动听的旋律中,把优秀的中华传统文化保存、承接得更加完好。

《尚书·尧典》中曾记录舜帝说过的一句话:"诗言志,歌永言,声依永,律和声。"我国诗的历史源远流长,可以追溯到《诗经》。而诗教的传统,几乎和诗的传统一样悠长,它是中国文化最强劲的生命基因。"不学诗,无以言。"这是孔子的声音,尽管这个声音穿越了千年,但依然是那么明亮悦耳。

中国的先贤们十分看重诗教,有时甚至把它放到教育的首要地位。

孔子在《礼记·经解》中有几段很有趣的话:"入其国,其教可知也,其为人也温柔敦厚,诗教也。""温柔敦厚而不愚,则深于《诗》者也。"大致意思讲的是,如果你亲身到一个地方,那里的教育情况你马上就可以看出来。孔子给了我们一个观察指标:凡是老百姓温柔敦厚的,那便是诗教的结果;老百姓不仅温柔敦厚而且很聪明,那便是学《诗经》学得很深入了。

"在欧洲,作为古代经典最醒目的标志,是一尊尊名扬天下的雕塑和一座座屹立千百年的建筑。中国历史上毁灭性的战乱太多,只有一种难以烧毁的经典保存完好,那就是古代诗文经典。这些诗文是蕴藏在无数中国人心中的雕塑和建筑,而一代接一代传递性的诵读,便是这些经典连绵不绝的长廊。"这是余秋雨在《行者无疆》中的感慨,相信也是许多中国人的心声。

在现代,我们的诗歌教育不仅是为了孩子,也不仅是为了"诗歌"本身,更是为了一种语言和文化的未来。平心而论,现代社会的中国父母亲还是比较重视对幼儿进行诗教启蒙的。他们知道,身为一个中国人,是一定要能够背几首唐诗宋词的。所以,新华书店里销路比较好的书籍肯定包括古代诗歌的幼儿读本。学诗歌，一种方法就是诵读，这也是我们目前学校常用的方法。

但是我认为：中国古典诗词的启蒙教育或者学习，诵读当然是一种方法，但更好的方法是吟唱。其实，传统诗歌正是用来唱的。人类诗歌的发展从双声，四字到五字七字的发展过程，都和音乐有着密切的联系。唱片取名为《中国唱诗班》其实是教育者的一种宣言和期许。

配上音乐的诗乐启蒙，选诗是前提。

但问题是：这么多的中华传统诗歌该如何来挑选？

《全唐诗》《全宋诗》是没有多少人能够背得下来的，所以历朝历代的诗歌选本每每都很多。但问题是《唐诗三百首》《宋词三百首笺》等依然没有几个人能够背得下来。如何用科学的方法来选诗，就成了保存一个精华浓缩的诗词世界的首要任务。

首先我想说的是，在部分中国人心中历来有一种约定俗成的概念，对"著"评价较高，而对"编"的价值评判不够客观。其实，中国历史上出现过许多高水平的"选本"，诸如《唐诗三百首》《千家诗》《昭明文选》《古文观止》……在这些"选本"中，我们不难看到编者的价值判断、道德倾向、审美标准，甚至是个性特点。"选本"是一种去芜求精的筛选过程，"选本"是一种重新诠释的再创造。

当然，这是基于时代特征的、对古代文学经典的现代阐释。它是现代人对古人的诚恳理解，是现代人严格的取舍，也是现代人理性的判断。我记得1968年，川端康成在斯德哥尔摩发表的题为《我和美丽的日本》的诺贝尔文学奖获奖演讲。面对全世界，他竟然一上来就吟出道元禅师的和歌：

春花缤纷兮杜鹃啼夏

秋月皎洁兮冬日寒裳

接着,他慢悠悠地讲起了公元9世纪至12世纪的几位日本诗僧如明惠上人、一休、西行,等等。听众陌生,翻译也十分困难,但川端康成的感觉既忠实于日本古典文学,同时又是现代的、国际的。从这个奇特的演讲,国际文学也从根子上了解了日本和川端康成。

中华传统诗歌本身是一个系统,它涵盖了中国人的宇宙观、时空观,中国人的亲情、友情、爱情观,中国人的爱国主义精神、恬淡与旷达的风格、对劳动人民的同情、对祖国名胜的热爱和赞美,等等。我认为:选诗应该遵循一定的通用性、系统性、互补性的原则,挑选出来的诗歌最好还要有一些有趣的故事。历史上,伴随着诗经楚辞唐诗宋词流传下来的,还有许多脍炙人口的文人逸事,使中国人诗的王国里平添了许多生动和趣味。

《中国唱诗班》中选了16首古诗词,这是一个精华浓缩的诗词"小宇宙",自成系统。我相信,通过这些"以少总多"的选诗,应该使人对中国人的哲学观、思维方式、行为准则、审美特点等有全方位地了解。我在《中国唱诗班》里看到了曲作者曲子创作的用功。根据古诗词的内容、地域和情感特点,根据少年儿童的身心特点,用他们喜闻乐见的、容易上口且具民族音乐风格的音乐形式来进行创作,目标指向是对少年儿童音乐素养的培育。

二

那年，应文化部有关方面之邀由《中国唱诗班》里一首《明日歌》改编的少儿舞蹈，参加了纪念中奥建交40周年的第七届"文化中国·维也纳金色大厅青少年文艺晚会"，嘉定区实验小学的小舞者向外国友人展示了来自中国的少年儿童的艺术风采。

接到主办方的邀请，嘉定就在国内精心准备了演出的曲目、舞蹈、演出服，等等，并按照在国内表演的经验和形式专门录制了配乐用的光盘，届时小演员们主要负责舞蹈和诗词吟诵部分的表演，配上了音乐的旋律部分则利用音响效果完成。

结果，当演出前夕老师和小演员们兴冲冲来到维也纳著名的金色大厅熟悉场地时，最大的意外发生了——金色大厅的传统是不准使用扩音设备的。

作为维也纳也是全世界最著名的音乐厅之一，金色大厅有完美的声学设计。维也纳的专家们在协会大厦建成125周年的研究报告中指出："金色大厅"的屋顶为平顶镶板，两侧有楼厅和音乐女神的雕像。这些具有美学意义的装饰物使原本直接撞击到墙壁上的乐音有延长和舒缓的作用。"金色大厅"的木质地板和墙壁就像是小提琴的共鸣箱一样，使乐队演奏的声音在厅内振动和回旋，余音袅袅。

因此，在这个大厅里是完全没有话筒、音响等任何扩音设备的，更别提用影碟机来播放光盘做背景音乐了。

怎么办？由于签证问题，再从国内叫人来伴唱已经完全不可能了。

这时候，伴随小演员们一同前来的家长们，这一群年龄相当、气质温婉的东方女性自告奋勇充当了最佳的替补演员。为了孩子们首次登上世界舞台的演出得以顺利进行,妈妈们闻讯自然是责无旁贷的,二话不说就在宾馆里进行了紧急排练。

这个时候选诗和配乐的魅力或者说优势就体现出来了,这些普世的诗篇原本就是代代相传朗朗上口的,配乐的旋律亦是行云流水,即使妈妈们都是非专业人士,她们依然得以在很短的时间内就唱熟了歌词,配合得当,甚至还练出了一定的水准。

至于演出服装,这自然难不倒勤劳智慧的中国妈妈们,大家很快就从旅行箱里凑出了黑衣黑裙的统一行头,又灵机一动地把随团发给孩子们保暖用的白色围脖稍加改装,做成披风披在肩上,这样,一套简约、清逸又统一的"演出服"就配置成功了。

那一夜,金色大厅座无虚席。

那一夜,在这个古老的音乐大厅里,更古老的中国诗乐赢得了经久不息的掌声,征服了"音乐之都"里那些世界上最专业的耳朵。《中国唱诗班》歌舞《明日歌》荣获了演出金奖,小演员们荣获了"中奥交流小使者"称号,带队老师们荣获了"优秀辅导教师"称号。

有人说,提"唱诗班"可能会使人联想到宗教。宗教是什么?其实宗教就是一种信仰,一种教人向善的信仰。我们的信仰就是:将中国传统优秀文化的种子以歌曲的形式撒播在孩子的心里,撒播在希望的田野上。从这个意义上来讲,我们中国的学校需要中国的唱诗班。更何况,中国古代的诗歌最早就是用来唱的。

现在,我们只不过是在用真诚和努力,对接上了这个悠久的文化历史传统。

校歌,奇异的恩典

一

好多年前,香港流行着一首由圣诞音乐填词的歌曲《明日恩典》(取材于《奇异恩典》)。

这首歌不但歌词经典,歌曲的旋律也很优美,是一首广泛流传的好歌。现在,香港已有不少校长想把这首歌作为学校的校歌。对于此歌入选校歌一事,英皇娱乐艺人管理部回应道:"之前几位校长很有礼貌地咨询我们的意见,唱片公司也特别印制歌词卡,希望学生可以随身携带。将来我们会创作更多类似的歌曲,鼓励大家积极看待人生!"

《明日恩典》给歌者容祖儿带来了一连串的惊喜。她说:"最初做这首歌时,就是想鼓励大家珍惜眼前一切,最重要的是不要气馁。歌曲主要描述时间在流动,大家应珍惜目前所拥有的,每一天都是新的一天,就像吃糖果一样,应该以乐观和开心的态度迎接每一天。"

歌和校训、校旗一样,是学校办学理念的集中体现,更是一种文化精神的提炼和积淀。一首好的校歌更具有鼓舞士气、振奋精神,以及激励师生员工秉承传统、开拓创新、奋发向上,增强荣誉感、责任感、使命感的重要意义。

从这个意义上来讲，无论是今日或是明日，校歌对莘莘学子的励志成长都是"奇异的恩典"。

国有国歌，军有军歌……校有校歌。校歌是一种宣示，宣示着自己的立校宗旨和传统，也是一种号召和承诺。

中国早期的校歌，不少带有浓重的儒家文化色彩。比如《南京高等师范学校校歌》（该校首任校长江谦作词，李叔同制谱，今南京大学校歌，创作于1916年前后），就极为推崇万世师表孔圣人和儒家学说，歌词中写道："大哉一诚天下动，如鼎三足兮，曰知、曰仁、曰勇。千圣会归兮，集成于孔。下开万代旁万方兮，一趋兮同……"

1938年6月，南京国民政府教育部曾专门就校歌事发出训令称："音乐一科，为陶冶青年儿童身心之主要科目，自古列为六艺之一。现在各级学校教授音乐，取材虽未尽趋一致，但自编校歌，以代表各该校之特点，而于新生入学之始，则教之歌咏，以启发爱校之心，影响甚为重大。兹为考察起见，各学校应将所编校歌，呈送本部，以备查核。"

嘉定区普通小学是一所百年老校，创办于1901年，前身为嘉定私立普通学堂。创始人黄世荣（文惠）先生志在"要吸收普通人民子弟入学，让他们在平凡的岗位上做出不平凡的成绩"，所以学校取名为"普通"，曾经有两首校歌。

民国初期的校歌歌词是：国民资格如何成，思义更顾名，四育平均进，普通知识须广盈。公平诚实复勇敢，三色立之旌，应奎山在望，九仞一篑可为铭。帝制既摧民意固，责任令匪轻。大家努力兮，勉树国民之先声。

20世纪30年代普通小学校歌歌词是：红色勇敢黄公平，诚实色青青。在此校旗下，普通知识需分明。体育使我常强健，德育勤和诚，智育大自然，美育安慰我精神。用我脑力和体力，靠己不靠人，将来科学精，农工实业安我身。

嘉定区城中路小学也是一所百年老校。1904年诞生于江南名园秋霞圃内，原名启良小学。老校歌文辞和寓意俱佳：

"名园郁苍翠，灵秀此包藏。曾经沧海兴废，花木又芬芳。指点连云广厦，使我藏修游憩，弦诵乐相将。好鸟亦朋友，花落尽文章。播佳种，沾时露，附门墙。良知从此大启，扶助找明强。昔日径荒松菊，今已阴成桃李，休负少年场。愿学中流楫，努力挽澜狂，努力挽澜狂！"

嘉定的不少学校至今仍保留着老的校歌，并把它作为传承学校传统、激励学子的很好教育资源。

二

新成路小学是一所新建的小学。建校之初，学校就提出了"蔷薇精神"，把"蔷薇精神"作为学校精神的表征。"顽强、合作、进取、批判、成功"的"蔷薇精神"激励着教师和学生们执着地追求。学校把校歌取名为《蔷薇神话》，既体现了学校的精神和价值的追求，又有一种博大的宗教情怀。它的节律萦绕、弥散着新成路小学每一位学子心中的憧憬和梦想。

《蔷薇神话》是学校"蔷薇精神"的凝练和昭示：

"灼灼其华、历练醇香""成功花朵励志的神话"；"其叶蓁蓁、温情勃发""成功花朵感恩的神话";"一花一世界,一叶一神奇""每个生命都无比光华"。

《诗经》的意境、禅理的启示、儒学的道德启蒙尽在其中。感性的女校长带领学校创造了永远进取的不朽神话,而学校传统传奇的神话反过来又成为学校每一个人的精神寄托和庇佑之神。"你是永远守护我们的美丽神话"使校歌上升到了形而上的美好境界。

作曲家易凤林的音乐,更使《蔷薇神话》蒙上了一层宗教色彩,蒙上了一层令人无限向往的、向善向上的色彩,和歌词的意境浑然天成。在录音棚里,上海小荧星艺术团的那些小童星就像古老的欧洲教堂唱诗班的小精灵,把整首歌演绎成了无比圣洁的天籁之声,余音绕梁。我当时戏说:"如果再有管风琴作背景音乐的话,就更加完美了。"

美好的东西总是能感动人的。歌声似乎也打动了小荧星艺术团的艺术总监林振地老师,当场决定把《蔷薇神话》编入百首优秀少儿推荐歌曲一书。这也算是《蔷薇神话》诞生之后又一个有趣的插曲。

记得台湾艺人周华健有一首流行歌曲《有没有那么一首歌》的歌词写道:"有没有那么一首歌,会让你心里记着我。就算日子匆匆过去,我们曾走过。""有没有那么一首歌,会让你轻轻跟着和。牵动我们共同过去,记忆它不会沉默。"校歌,就是这样的一首歌。在无数莘莘学子心中永远的一首歌、永远拥有共同记忆的歌,除了国歌,一定是校歌。而且不仅仅是轻轻跟着和,更是大声地唱。

一首好的校歌，应该具有自己鲜明的特色，同时反映出时代精神和历史印记。

我认为，一首好的校歌应该做到几个方面：一是文字简洁；二是节奏流畅；三是雅俗共赏；四是诵读便易；五是文体应是学校文学的一个经典；六是精神上要能够激励人，体现文化传承、体现教化功能、体现学校特色、体现哲学力量、体现宗教情怀、体现中西方文化的博大精深。

迎园中学的校歌，一首写下"迎中"人"泪和欢"故事的歌，一首写校园蓝色生死恋故事的歌。

这个学校的办学理念是：禀受才智于自然，回复灵性以全生。（出自《庄子·寓言》）现代诠释为：大自然启迪了我的智慧，赋予了我才干，恢复了我原有的灵性和德行来保全自己的大性。因此在此理念导引下，"迎中"的全体员工将秉持真诚与信赖、慧心与创意使学生快乐学习，健康成长，追求卓越。

这个学校的校训是：博约兼资，文行并美。

"博约兼资"意为：师生应"博学"，能广泛地涉猎各方面的知识和信息；但又应以通"大义"（掌握其精髓）为主，"不取琐屑"；言语词章"以翔实尔雅为主，不取浮靡"。"文行并美"意为：师生语言表达和行为表现都要富有美感，"以廉谨厚重为主，不取嚣张"。该校训原文取自近代洋务运动名人张之洞的《张文襄公奏稿》中的"其大皆总以博约兼资，文行并美为要规"。

这个学校的办学质量标准是"四精"，专业精良、课堂精彩、管理精细、文化精致。

精良：教师的教学专业能力精致优良，十分完善。精彩："迎中"的课堂是水乳交融的，思维的火花不断涌现的，轻松愉悦的，有张有弛的。精细：学校管理责任具体化、明确化，每一个管理者都工作到位、尽职。精致：学校文化精巧而细致，优雅而美好。

这个学校的识别色是蓝色。

这个学校的校歌叫《蔚蓝迎中》。

迎园中学之南，跨过塔新路，是一片辽阔的田野，有四季青葱翠绿的苗圃，有清冽冽的小河蜿蜒流过。春天看得到满目金黄灿烂的油菜花，夏天听得到树上的蝉儿声声和水中的蛙鸣，秋天闻得到沁人心脾的稻花香……身处田园牧歌里的"迎中"人，对大自然更多了一份情感体验。她们向往着蓝天，向往着大海，她们对蓝色有一份独特的挚爱，她们把蓝天和大海的颜色融入校园。

"日出江花红胜火，春来江水绿如蓝。"这是白居易笔下的江南，也是迎中人每天可以看得到的风景。

蓝色，非常纯净的色彩。通常会让人联想到海洋、天空、水、宇宙。纯净的蓝色表现出一种美丽、冷静、理智、安详与广阔。由于蓝色沉稳的特性，就带有了一种理智、准确的意象。

蓝色，迎园中学的特有颜色，素雅、清新、自然。"迎中"人更赋予蓝色智慧、和平、光明的含义。蓝色还象征着年轻，在中国都有"青春"（青即指蓝色）一词。蓝色，是希望之色。

歌词作者王威尔对"迎中蓝"有一段评价："牛津大学的颜色是深蓝色，剑桥大学的颜色是浅蓝色。迎园中学的蓝色，是一种带有诗意、带有中国传统文化积淀而又有生命力的蓝。我更习惯于把中华传统文学比作是一条穿越古今、绵延不绝的河流。传统是一条河,它是从过去甚至是遥远的过去,流经现在、指向未来。在如今这个高度重视物质化的时代,这样的溯流寻源之举,有着非常的意义。你们要知道,蓝墨水的上游是汨罗江啊。学校和教师的任务之一,就是如何引导学生溯流而上,寻找蓝墨水的上游。"

王威尔也是个爱乐之人,他知道在音乐中蓝色是一个经常被使用的名称。许多乐队和歌名以蓝色命名。为人熟知的美国的一种音乐称为蓝调音乐(Blues)。在中西方文化的融合中,歌名呼之欲出:蔚蓝迎中。

歌词,是充满诗情画意的风格:

迎中之蓝,明亮而灿烂;迎中之蓝,是生命的礼赞。迎中之蓝,给每一个人以温暖;迎中之蓝,与学校每一个人同行同在。蓝色的校园生机盎然,蓝色的课堂风轻云淡。蓝色的梦里,有你共鸣,蓝色的花海,写下迎中人的多少泪和欢。

曲风。同样是抒情的。

曲作者易凤林曾经是迎中的家长,和迎中祝校长很熟,知道她欣赏哪一类曲风,所以驾轻就熟。但很少人知道,易凤林在这首歌里倾注了多少情感,甚至可以说是泪水。后来,王威尔也说过:"我见过不少校歌,也写过不少校歌,从来没见过校歌歌词里有写'泪'的。我自己也不知道怎么会写下'蓝色的花海,写下迎中人的多少泪和欢'这一句。"

但,就是这一句,触动了易凤林深埋在心底的悲伤和痛苦。

易凤林女儿易竹青，天资聪颖，开朗乐观，曾经在迎中就读，和老师、同学结下了深情厚谊。竹青，这两个字是易凤林在上海音乐学院求学时的受业恩师刘国杰给取的。"竹"是湖湘之地有名的湘竹，且竹是中国许多民族乐器的重要原材料，同时又寄托着中国传统文人对高风亮节的价值追求；"青"当然蕴含着"出于蓝而胜于蓝"的美好期许。刘老师为取名之事还写了一封长信寄来，易凤林至今仍然保留着。

十分不幸的是，易竹青被查出身患白血病。娥皇女英的泪洒在斑竹上，而花季少女竹青的泪是往自己心里流的，她不愿让所有爱她的人伤感伤心，她也对就读三年的迎中倾注了一往情深。在上海化疗期间，每一次回嘉定调养，易凤林总会让女儿竹青坐在车里带她到外面散散心。车开出之后，易竹青总是会让易凤林走墅沟路，为的是再看看母校。每一次，当易凤林把车停在迎园中学门口，易竹青凝望着生机盎然、曾经属于她的那个"多少泪和欢"的教室的窗口，默默地不说一句话。

女儿去世后，易凤林说："竹青心爱的苹果手机如今是我在用。我知道，每次我触摸手机屏幕，就是和天上女儿的天人感应。我余下的人生，是为她而活的。"在易竹青的追悼会上，每人会拿到一支黄色的康乃馨和一张印有竹青照片的纪念卡。纪念卡的封底，印着竹青写的一首小诗："16岁光阴，感念所有呵护我快乐成长的人。200天风雨，感谢所有鼓励我坚持的人。9次化疗，感激妈妈爸爸给我勇气和力量。"

这样的学校，是深受学生和家长喜爱的。甚至有不少面临毕业的学生不想离开这所让他们热爱的学校。

三

  我记忆犹新的，还有另一首校歌。这首校歌词曲的诞生，前前后后用了将近两年的时间。不同版本就录了三个，为了翻译成英文，翻译就找了三个……

  嘉定城东有一条参天梧桐树夹道的马路金沙路。

  没有考证过，不知金沙路是否因为附近的被喻为"文曲星的一支笔"的金沙塔（法华塔）而得名。在金沙路法国梧桐树叶的掩映之中，坐落着一所闻名全市的实验性示范性高中——上海外国语大学嘉定外国语实验高级中学。

  一走进学校，镌刻在教学大楼前那块巨石上的两个红色大字"超越"立刻映入我的眼帘。这不正是上外嘉定实验高中校歌的名字吗？现在，随着校歌《超越》的首发，"超越"这一凝聚全校师生的信念，正在进一步转化为学校文化建设和课堂转型的动力。

  上外嘉定实验高中的前身是创办于1998年的嘉定区李园中学。2004年4月，嘉定区政府在"办让人民满意教育"的方针指导下，与上海外国语大学合作办学，将学校更名为上海外国语大学嘉定外国语实验学校。

  学校通过不懈的努力和探索致力于将学校办成一所教育优质、特色鲜明的学校。从2007年起，学校经过三年"实验性示范性学校"的艰苦创建，学校的教风、学风、校风都在原有基础上有大幅度提升，学生中涌现出多位上海市十佳少年道德风采获得者,在学科类、科技类、体育艺术类获得国家级、市、区级各类奖项累计达1000余人次,学生的综合素质得到全面发展,教育教学质量连年实现跨越式提高,赢得了家长和社会的充分认可和好评。教育局在2010年发文,命名上海外国语大学嘉定外国语实验高级中学为嘉定区实验性示范性高中。

随后,上外嘉定实验高中进一步完善了学校章程,提炼了学校精神,强调培养学生的"五爱"(爱自己、爱他人、爱家庭、爱集体、爱国家)、"六气"(志气、骨气、才气、朝气、大气、洋气),使学生成为志向高远、人格健全、知识丰富、充满活力、处世大度、适应世界发展潮流的现代公民。

围绕"积淀校园文化,打造精神家园"的工作目标,大力推进学校文化建设,在建设物质文化和制度文化的同时,尤其重视学校的精神文化建设。在这一过程中,不少师生提出:我们还应该有一首校歌,让校歌成为激励师生奋进的精神能量。师生的建议与学校领导的想法不谋而合,校歌的诞生成了精神文化建设的自然产物。

然而,谁也没有想到,这首校歌的诞生,前前后后用了将近两年的时间。

在一个处处讲究快节奏、快生活的现代,的确显得时间有点长。2011年年初,学校开始了校歌的创作,先是校务会讨论校歌的主题、艺术风格,再征求全校师生的意见。然后把学校的构想与特聘的创作人员交流,形成初稿。由于教师们积极性很高,自发也写了一首校歌歌词,学校决定把两首歌词同时印刷下发,在全校师生中征询意见。

全校师生对两份稿子表现出了极大的热情,共收到400多条意见,有几个学生甚至创作了较完整的校歌。收到很多珍贵的建议:

歌曲必须体现出学校的精神内涵;专家版的校歌《后来居上》这首比教师版的内涵更深刻;在歌曲中应加入几句英文,体现学英语特色学校;《后来居上》这个校歌题目不好,等等。行政会专门研究了师生的意见,并将特别有价值的意见汇集起来,供专家创作时参考。

难怪这首校歌的词作者王威尔讲:"校歌是一所学校的精、气、神。这首校歌其实改了好几稿,是我写的所有校歌中改动最大的一首,应该讲是集体创作的,比较贴切。我只是一个执笔的。"

校歌的曲作者易凤林说:"校歌是一所学校的精神旋律,是每一个学生的青春记忆。高中生已算成年人了,思想日趋成熟,如果校歌不是他们所喜欢,往往会适得其反。国歌是一个国家的人都来唱的一首歌,奥运会会歌是全世界人民共同唱的一首歌,而校歌则是一个学校的人都会唱的一首歌。无论是国歌、奥运会会歌还是校歌,都必须有凝聚力,才会是一首好歌。希望无论多少年后,当再回首时,那些熟悉的校歌将牵引出青涩岁月里最灿烂而深刻难忘的回忆。"

最后,这首校歌定名为《超越》。

吴东仔校长说:"最后取名《超越》,是对'后来居上'学校精神的延续,希望上外嘉定实验高中的每一个人,在生活中认识自我,敢于挑战自我,战胜自我,超越自我,不断创造新的成就。《超越》这首歌不是一首简单的歌曲,就如同它的歌名所蕴含的那样,它包含了学校德育目标、学校精神、校训等学校文化的核心元素,是学校内涵的音乐化表述。"

超越,在本质上有生生不息之意。寓意学校薪火代代相传。

超越,在价值追求上,蕴含励志之意。引导师生积极向上,奋发有为。寓意学校江山代有才人出,不断发展创新。

超越,在精神上,激励人们要有勇于超越的品质,要有精神自觉、社会责任感和能动性。精神文化是文化自觉的最高境界,剑文化的最高境界是手中无剑而心中有剑,无剑胜于有剑。学校文化若发展到极致也是如此,这是我们不懈的追求。

词作者王威尔后来又进行了比较诗意的解释:"学校是什么?学校就是一个被人们称之为:由教师带领学生参与陶冶人性人格的文化传递的庭院和场所。学校教育的本质在于——薪火相传、生生不息。教师面对的是一代又一代的后来者、新生命;教师的责任就是从一个新的起点开始,激励后来者积极向上、奋发有为、不断超越。翻开校史,你就会明白学长和学幼前后之间互相灌溉、互相滋润的文化意义所在。校歌,就是我们学校这些精神的形象化展示和宣言。"

校歌,激励着无数上外高中的学子不断超越。

在歌词里,有两个地方王威尔是在向他所景仰的前辈致敬。

"今日校园发新叶,一朝芳草碧连天。"这里有李叔同《送别》里的词,"长亭外,古道边,芳草碧连天"。李叔同是"二十文章惊海内"的大师,当过老师。"芳草碧连天"用在歌词里,意境和心情是完全不同的,是向上的。而"送别迎新"则是相同的。一批又一批学长,在此地毕业;一批又一批新生,后来者在此地学习。"毕业季""入学季",这是学校每年最动情的时刻。王威尔特别喜欢《士兵突击》里的钢七连,特别喜欢许三多在高声报出他是钢七连第几千个兵时的自豪与豪迈。试问,我们现在的孩子知道自己是学校第几位学生吗?在他之前有多少位学长为学校增添荣光吗?似乎没有。

在副歌里,原来用的是英国历史上最有才华的抒情诗人雪莱的诗:"冬天来了,春天还会远吗?"征询意见时,学生反映在表达情绪上不容易接受,就改了。可谁能够盖得住雪莱?这又是一个新问题。面对曲作者易凤林这个湖南人,王威尔想到了毛泽东的那首著名的《沁园春·长沙》:"独立寒秋,湘江北去,橘子洲头,看万山红遍""恰同学少年,风华正茂,书生意气,挥斥方遒。"于是便诞生了"恰同学少年,激扬文字"。

曲子同样精益求精改了许多回。在录制过程中,光不同版本就录了三个,词根据要求改了又改,为了翻译成英文,翻译就找了三个,最后录音师推荐了歌手凌琪尔。她从小生活在国外,有良好的英语和中文基础,她自己唱自己翻译最适合。又如第一次录制时在副歌时用英文,听来听去觉得突兀,最后才决定用中文和英文两个版本。

正是有了这份用心,才有了现在的《超越》。

当初,校合唱队的同学听了两遍,就学会了这首歌,微博、博客中很多同学反映了对《超越》这首校歌的喜爱之情。学校英语节已经拉开帷幕,有多个班的学生自主选择校歌作为参赛曲目……校英语节闭幕式上,青年教师唱英文版、学校行政唱中文版，引起轰动，体育馆内师生齐唱（和），场面让人动容。

事后，易凤林讲了一件令人感动的事："学校的一个毕业生在听了学弟发给他的校歌后，特意打电话来，感谢为他的母校作了这么好听的歌曲；一个电视台的年轻导演在听了这首歌后，非常感兴趣，问能不能把这首歌放到网络上去。"

如今，"超越"这个词汇不仅仅刻在学校的大石上，更将深深刻在上外嘉定实验高中每一个教师、学生的心中。正如区教育局党委书记王晓燕说的："它不仅是音乐，更是心声，它能鼓舞师生的士气，给学子深深的教诲。"

四

嘉定是一个历史文化积淀比较深厚的地方。

随便找个地方，稍做考证，总能发现它的往世前尘和文化有点渊源。嘉定区青少年活动中心的前身是县少年宫，始建于1963年6月，当时的地址在嘉定镇南大街原来的秦家花园内。少年宫之前，在秦家花园这个地方的是县博物馆，从1959年成立一直到1961年易址孔庙。

秦家花园是个颇有来历的去处。据说最早是崇祯皇帝周皇后的娘家宅子，周皇后老家在嘉定娄塘，后来在镇上买了这处宅子，人称周家花园。李自成兵临京城，说是周皇后曾建议崇祯送两个儿子到嘉定避一避。晚清时，周家是彻底败了，花园姓了秦，秦家也是有来头的，祖上乃宋代诗人秦观，秦家出过兄弟翰林，十分了得。新中国成立后，秦家花园就由政府接管了。

词作者王威尔对儿时的少年宫有着很深的记忆。

在他的记忆里，20世纪60年代的少年宫是一个大园子，进门就见花草，古木森森，房屋有雕花栏杆的走廊。少年宫是无数嘉定少年心中一个美好的梦。因为，不是每一个孩子都有得去的。派到全县学校每个班级的大概只有几张类似现在的会员卡，我记得在硬纸卡的上方正中，是一个红色的星星火炬的图标。当然，老师是要挑好一点的学生给的。

有一天在课堂上，当老师叫到他的名字，到讲台上郑重地发给这张少年宫活动卡的时候，是可想而知的得意和满足。少年宫的大门也不是随便可以进去的，门口有两个老师，要检查你的卡，还要问你叫什么名字，核对了之后才放你进去。"小时候我还比较害羞，不习惯讲自己那个很难念的名字，往往都是同去的小伙伴代我回答的。"王威尔说。

这里，为嘉定培养过数不清的艺术和科技方面的人才。

能到这里教人的老师，一直是被学生认为有一技之长的很行的老师，用现在流行的话讲，是有许多"粉丝"的老师。在"名师工作室"的带动下，培训的质量稳步上升，由活动中心选送的节目和学员屡屡在国家级和市级比赛中获奖，为音乐学院、文化团体输送了许多优秀人才。此外，中心通过承办各类大型活动，社会声誉不断提升。

王威尔曾经是这里课外学校的外聘教师，对这里有着很深的感情。他回忆："在构思歌词的时候，活动中心的那些人和事，都曾经是最生动的色彩，与风雨艳阳一道，和光同尘。他们的精神和梦想，永远留了下来，成为支撑中心发展的源泉和动力。"

他想到了活动中心的小天使剧场的舞台,"这个舞台,浓缩了多少孩子童年的快乐和梦想。当年那个唱歌的少年已经不在,台上的灯光依然绚烂,在无声地诉说着那一个白衣飘飘的年代。这里的流水繁花弥漫着艺术的气息,这里的科技星空群星璀璨。那些鲜花,那些掌声和经典的画面,至今闪耀着光彩,就算时隔多年,仍然觉得心头温暖。"于是,就有了《星光灿烂》的歌词:

"这里的鲜花开遍原野,这里的鸟儿飞向云间,这里的世界点石成仙,这里的少年快乐无边。天使的舞台记住我的容颜,愉快的歌声唱出我的心弦,美丽的校园深藏我的眷恋,花季的春雨常在我的梦田。春风化雨、桃李万千;桃李万千、共创新篇;共创新篇、星光灿烂;星光灿烂、荣耀漫天。"

星光灿烂。

作为第 32 届"上海之春"国际音乐节的新增项目——首届校园歌曲征集评选活动,更是得到了全国各地音乐爱好者的热烈响应。最终,经过专家评审,在 475 首原创作品里评选出了包括合唱、小组唱(重唱)、独唱在内的 22 首作品(《星光灿烂》是其中之一),收录进《与爱同行——首届校园歌曲优秀作品集》(附 CD)中。

《星光灿烂》还参加了第 32 届上海之春国际音乐节校园歌曲征集评选"与爱同行"——优秀原创校园歌曲作品演唱会。词、曲作者王威尔、张家明出席了学生见面会,为学生歌迷签名、留影。青少年活动中心小天使合唱团出色地演绎了《星光灿烂》一曲。

星光灿烂。

没有哪一个词比"星光灿烂"更能概括青少年活动中心的功能和成就了。青少年活动中心是嘉定区教育局直属校外教育单位，承担着全区中、小、幼学校的艺术教育、科技教育、少先队工作的活动组织、指导、服务等任务，是青少年活跃身心、陶冶情操、锻炼体能、学习技能、施展才华的校外教育活动阵地，至今已走过了五十年光辉历程。

多年来，嘉定十分重视发挥校歌明责、励志、抒情、奋进的教育鼓舞作用，为充分反映办学者和教育者的理想、要求、愿望以及受教育者的感受、追求和成长心声，鼓励广大教师和学生拿起笔来为自己的学校创作校歌，还通过校歌评选活动和优秀校歌展演活动等来拓展"班班有歌声、人人唱好歌"活动，深入推进校歌唱响校园，激发学生"爱校、敬校"意识，培养学生人义精神。

野泉滴砚

一球当先，钟表匠胜在精确

那年夏天，是属于全世界足球迷的德意志之夏。伴随我的，除了荧屏就是每天一期的《足球报》和《东方体育日报》特刊。当球星们在绿茵场上用曼妙的弧线画出一次又一次进攻的创意图以及最终定格为一个又一个精彩进球的时候，足球文字记者们则用他们的那支生花妙笔在纸上重现着绿茵场上的达·芬奇密码。

画龙点睛，历来是国人文学艺术追求的最高境界之一。文章的标题，无疑是最考人点睛功力的。从精彩纷呈的足球报道的标题中，我们强烈地感受到了华语的优雅，华语的精确，华语的幽默，华语的妙不可言。

当小组赛乌克兰以4∶0大胜沙特阿拉伯后，《东方体育日报》的新闻标题是《高加索铁骑冲散沙漠骆驼》；瑞典以1∶0战胜巴拉圭后的新闻标题是《一球当先，钟表匠胜在精确》。美国队1∶1踢平意大利队后，《东方体育日报》的新闻标题是《"美国大兵"坚守德国战场》，《足球报》从另一个角度选题：《第一次美意战争》。其他有一个标题《星条旗下是非多》则显得指代不明确，逊色许多。

不少标题还充分体现了华文谐音双关的妙处。

法国队主帅叫多梅内克。法国队1∶1平韩国后，《东方体育日报》的新闻标题是《法国要多霉有多梅》，《足球报》的新闻标题是《法兰西高龄不胜"韩"》。小组赛德国最后时刻由替补诺伊维尔在伤停补时阶段打进波兰一球奠定胜局，《东方体育日报》的新闻标题是《91分钟一"诺"千金》，《足球报》的标题则较为凝重《德国魂和意志的胜利》。荷兰1∶0胜塞黑，鲁本评为本场最佳球员，除了进球他边路盘带突破给对方造成极大麻烦，《足球报》的新闻标题信手拈来《"本"不可挡》。阿根廷和荷兰一战，为了确保小组出线，双方就把八九名已有一张黄牌的队员雪藏，新闻的标题是《双方扫"黄"，阿荷无力硬碰硬》。

最有趣的是小组赛的日本队，日本守门员川口能活扑出了克罗地亚的点球，终于取得本土之外的世界杯上的第一分。但由于最后一个对手是巴西，他们出线前景黯淡，所以有了个调侃味十足的标题：《川口扑出历史，扑不住未来》。果然，接着一战巴西4∶1大胜日本，日本队黯然出局。更值得玩味的是阿根廷6∶0大胜塞黑后，《东方体育日报》的新闻标题《阿阿阿阿阿阿，阿根廷狂飙宇宙流，塞黑队惨遭泥石流》，有声有色如在眼前，而《足球报》的《魔幻阿根廷和阿根廷风暴》则略显平淡。

不乏带有历史厚重感的新闻标题。葡萄牙2∶0战胜伊朗后，《东方体育日报》的新闻标题是《葡萄牙两步跨越四十年》，因为这是他们40年来首次进军世界杯淘汰赛阶段的比赛。《足球报》的标题则是《一解四十年之痒》。在巴伐利亚首府慕尼黑科特迪瓦3∶2胜塞黑。这是塞黑最后一次在国际赛场亮相，最后一次身穿塞黑标志的球衣，给塞黑笼上了一层伤感的色彩，三场积分为0。新闻标题借用了徐志摩的诗意《挥一挥手，不带走一个积分》，透出的是塞黑人的悲凉和无奈。

英格兰与特立尼达和多巴哥八十分钟的平局,赛后有标题《利物浦"紧急抢救"英格兰》和《利物浦双星照耀英格兰》,指的是杰拉德和克劳奇立下了大功。而《东方体育日报》的一个标题《天堂开门十分钟》则又有一种俏活的宗教味。

中华文字境界追求的不但是瑞士钟表匠似精确的写实境界,更追求言于意外、可意会而不可言传的神韵天成的艺术境界。

世界之巅，一剑西来

月圆之夜。紫金之巅。

一剑西来。天外飞仙。

古龙笔下，白云城主叶孤城和西门吹雪两大绝世剑客有过那旷古烁今的一战。如同天上的明月，同样辉煌。但，明月只能有一个。

把酒论英雄，人生幸事。

公元2010年。北京时间7月12日2∶30。

南非。约翰内斯堡。足球城。世界之巅。

第19届世界杯足球赛今夜绚丽落幕，仪式之后，当今足坛两大高手对决，产生新的王者——第8个世界杯得主。

同样是夜，一剑西来；同样是天外飞仙，紫金之巅。

只不过，白云城主的白衣飘飘换成了橙衣军团的荷兰橙；西门吹雪换成了西班牙。无冕之王对决欧锦赛之王。

对于荷兰人来说，以往两次进入决赛均屈居亚军，哪怕是克鲁伊夫时期全攻全守、激情澎湃的剑法。目前的荷兰人，早已褪去了华丽打法，早已将胜利置于一切之上。小飞侠罗本赛前的一句话给决赛定了调："我已经厌倦了华丽的失败，我现在只追求丑陋的胜利。"如果说克鲁伊夫率领的橙衣军团是飞翔的"无冕之王"，那么如今的这支球队只能算得上是一支非典型荷兰队。

"小飞侠"罗本的确曾经有过两次单刀赴会、一剑封喉的机会:第62分钟,斯内德中场倒地前送入精妙直塞,罗本反越位成功单刀,大禁区内面对卡西利亚斯右脚推射,球被门将用右脚挡出底线;第83分钟,罗本利用速度过了普约尔趟球杀入禁区,卡西及时出击扑球救险。

对于西班牙人来讲,寄托了太多人对技术足球、艺术足球的渴望。荷兰人始终想把球踢到空中,西班牙人则希望回到地下,让球控制在脚下往前走。从欣赏的角度来看,球迷更喜欢看西班牙这样的球队,更有创造性也更好看,更能体现足球技术的魅力。

一剑西来。

西班牙。伊涅斯塔。

120分钟内仅有的一脚射门。一剑封喉。镜头回放:第116分钟,伊涅斯塔在禁区内接到法布雷加斯的挑传球,右翼禁区内将球卸下后,距门13米外右脚凌空抽射,球飞进了荷兰队球门的左下角。

高手对决,只出一剑。

天外飞仙,一剑已够。

国际足联提供的官方球员数据显示,伊涅斯塔还让荷兰队付出了4次犯规,其中一次造成了海廷加的红牌。70脚传球成功41脚,奔跑距离足足跑了14 028米,是他本届世界杯上的最长跑动。

足球令人感动的,不仅仅是进球。

伊涅斯塔在进球之后,脱下球衣,露出白色的内衣。全世界都可以看到内衬衣上写着"DANI JARQUE SIEMPRE CON NOSOTROS",译为:达尼·哈尔克永远与我们同在。

达尼·哈尔克是谁?达尼1983年出生在巴塞罗那,司职后卫,是西甲西班牙人俱乐部的队长。但是在去年8月8日却因心脏病突发猝死。作为曾同是西班牙青年队的成员,伊涅斯塔与达尼·哈尔克关系甚好,所以这一次,伊涅斯塔没有忘记这位好友,用进球、用胸前文字、用世界冠军缅怀了自己的好友。

在重情重义方面,西方的骑士精神和东方的侠士精神是何等的相似。西门吹雪也是个有血有肉的人,他可以单骑远赴千里之外,去和一个绝顶高手,争生死于瞬息之间,只不过是为了要替一个他素不相识的人去报仇申冤。是的,为了朋友,他们可以去做任何事。

进球之后,伊涅斯塔眼含着泪水奔向角旗边庆祝,而他衣服上的这些字母,更让全世界球迷为之流泪。哪怕是最后伊涅斯塔为这一次脱衣而吃到黄牌,他也要将这句话展示给全世界的球迷们。

我想起一年前,另一位西班牙球星劳尔,在新闻发布会上也曾经为哈尔克的死流泪。这些泪水,是好男儿重情重义的泪水,也是代表着整个西班牙人的泪水。此时此刻,伊涅斯塔的"哈尔克永远与我们同在",无疑更是全世界球迷的声音。

感谢南非世界杯。

尽管本届世界杯有许多被人"拍砖"之处,但,伊涅斯塔这个骑士和剑客的泪水,足以消融一切,足以使大力神杯散发出人性的熠熠光彩。

性感的足球和感性的足球

南非世界杯结束了。

但有关足球的话题远没有结束。

我认为：足球是属于感性的，而且完全是非理性的。足球的魅力来自感性，而不是理性。如果你是为了理性而看足球，那么，请你回书房去看康德，去看黑格尔，去看古典哲学。当然，喜欢足球的人都会给你讲理由。但问题是，理由不是理性，许许多多的理由恰恰是没来由的感性。

不少女孩子，喜欢上曼联是因为有贝克汉姆，喜欢小贝，则是因为长得帅，而不是什么圆月弯刀式的，如洲际导弹般准确的"穿过你的中场的我的斜长传"；喜欢上梅西，是梅西有着一张邻家男孩般阳光灿烂的脸；喜欢上意大利，是因为意大利队里清一色养眼的帅哥以及罗伯特·巴乔那蓝色忧郁的眼。

最逗的是成龙，有人问他预测哪个队有可能夺冠，大哥不假思索地讲："巴萨。"这话也不错，因为西班牙队里有7位是来自巴萨，就缺一个梅西。成龙大哥和"章鱼哥"有得一拼。最迷糊的是聂卫平，他的评球，纯粹是缺氧后说胡话的症状，但，感性得可爱。

我上回写的是西班牙和荷兰的王者之战，但恰恰是我没有看直播，因为这两个队谁输谁赢我都无所谓。我认认真真打足精神看的是三、四名乌拉圭对德国的比赛。要理由吗？有，因为，我希望德国输，希望乌拉圭为我报仇。

我和德国有仇吗？

有。且是深仇大恨。

本人最喜欢的英格兰和阿根廷都是被德国淘汰的。尽管我早就习惯了英格兰和阿根廷注定是"雾都孤儿"和"阿根廷，别为我哭泣"悲情文化的命运，尽管我也认为德国的国歌是最牛的国歌，用的是海顿《皇帝四重奏》的第二乐章。但，足球场上，我不喜欢德国，把艺术解构成了机械，把个人扼杀于团队。

因此，自从阿根廷出局后我就不再看球，直到德国被西班牙踢出决赛后，我才再看球。我希望乌拉圭击败德国。但那只章鱼和我有仇。这次世界杯，所有的球星里，我最欣赏两个人，除了梅西，就是乌拉圭的弗兰。

弗兰是谁？

曾经是曼联的一员，那年31岁，乌拉圭的灵魂，人称"乌拉圭的齐达内"。在对德国一战中他打进一球，总进球数是5个，其中三个远射破门精彩绝伦，是金靴奖的有力争夺者（此处，按捺不住要损一下阿根廷的伊瓜因，这个银样镴枪头，中看不中用）。最让人嘘唏不已的是，是德乌比赛的最后一分钟，乌拉圭获前场任意球，这是弗兰留住乌拉圭最后的机会了。但，精准有力的射门重重地砸在门框上，金靴奖和胜利也同时擦梁而过。

天道酬勤。

北京时间7月12日，国际足联官方宣布，乌拉圭球员迭戈·弗兰获得世界杯金球奖。

弗兰在本届世界杯共打进5个球，并带领乌拉圭队获得第四名的佳绩。更有价值的是，弗兰也成为世界杯历史上首个无缘决赛的金球奖获得者。我们可以看到，获得前三名的球队无一不是依靠团队的精神，因而也淡化了球星的作用。而在前四名当中，只有乌拉圭队几乎是凭借弗兰的一己之力杀入了半决赛。

从这个意义上，我感谢南非，感谢布拉特，感谢所有支持弗兰的人。毕竟，南非世界杯这个奖是公正的，是实至名归的。从这个意义上，熬夜看这届世界杯，值了。

当然，离开了球场，人毕竟还是要回归理性的。

最后赞几句德国。

德国队的可怕之处就在于他们把感性的足球踢成理性的了。

德国的可敬之一是尊重裁判，在足球场上裁判具有至高无上权力的"皇权"，他们不会受裁判的误判影响发挥，永远如机械般按程序运转。德国的可敬之二是尊重对手，能踢进你三个球，绝对不会为节省体力而进你两个球，这是高手过招对对手最大的尊重，他们永远战斗到最后一分钟。德国的可敬之三是不功利、不虚荣，人至上。克洛泽进14个，本来完全有可能追平或超过罗纳尔多世界杯15个进球的纪录。由于背伤的原因，德乌之战没有上场，留下了终身的遗憾。

我不由得感慨：如果克洛泽是中国球员，那么会怎样？一定是，你不上场吗？祖国不答应，人民不答应，你必须得上！（刘翔就是个例子）。

这里，可能不仅仅是文化的差异。

满城争说世界杯

四年复四年,从终点到原点。

2014年世界杯在巴西隆重揭幕。近一个月来,数以亿计的名为"球迷"的这样一个群体,进入了日夜颠倒的癫狂状态。

在绿茵场上,足球只有一个;而在场外,球迷应该分为两类:真或伪。

对于那类"真"的来讲,世界杯最大的看点当然是足球比赛本身,这群人无 例外不是技术控。但是,如果这场盛会只是关于足球,那么恐怕很难成为全民狂欢的节日。因为,更多的人都是属于"伪"的那一类。但是,他们或她们都是热爱生活、深爱拥有桑巴和热带雨林的国度之人。

在看球之外,大家还想看到的是男神的腹肌、女神的飞吻。有时一个进球的热度,也许根本比不上"思考人生"的巴洛特利,比不上C罗的刘海和佩佩的卷毛,比不上克洛泽的"后空翻",比不上英格兰球星们豪华的"太太团"的风头……正是有了这些红男绿女的话题,才让整个世界杯变得活色生香、变得楚楚动人。

我倒是对足球解说员的解说感兴趣。

你分析,中国的足球解说大致可以分为三大流派。先说说"激情派":

足球是一项热血运动，看球需要热闹、激情的气氛，激情解说是球赛的最好调味料。当然，激情应该有个度，在我国歇斯底里就落下风了。还记得那个叫黄健翔的吗？"你不是一个人在战斗！""伟大的左后卫！""灵魂附体！"……已经成为无数球迷心中无法磨灭的记忆点。

当阿根廷1比0绝杀伊朗，由于适逢梅西生日，而在最后时刻，梅西用一个绝杀帮助阿根廷完成胜利。这让央视解说员段暄情绪一度失控："打门！球进啦！球进啦！！！梅西的进球！！！梅西的进球！！梅球王！！！顽强的伊朗队他们防线走到了最后一刻，梅西的进球让伊朗人的努力化为泡影，这是一个绝杀，太漂亮了！！！这还不是最佳状态的梅西，但就这么一脚射门，就足以让对手致命！让我们提前祝梅西生日快乐吧！跟那些桀骜不驯的阿根廷球员相比，梅西很低调甚至有些娇羞，但他在场上就是这么可怕，他是一个杀手，这个杀手不太冷！"

再说说"学院派"。

智利和西班牙那场球，面对西班牙最终惨遭败局，央视解说员刘建宏解说道："天要灭西班牙，这个王朝已经在瞬间坍塌。"《豪门盛宴》主播张斌表示："西班牙是输给了岁月。"在巴西队对以1∶7惨败德国队后，名嘴董路对于斯科拉里的战术提出了质疑："苍白的战术＋错误的战略＝巴西惨败！"解说员詹俊表示震惊："世界杯历史上有过不少难以思议的赛果，但其震撼性恐怕都很难与这场比赛相比。上半场只有一支球队在踢球，第11分钟角球不盯人，第24分钟开始6分钟内连丢4球，这些都太业余了。"

最后来看看"诗意派"。

央视解说员贺炜素有"贺诗人"之称,自从亮相央视以来,其解说风格的独特就吸引了大批球迷粉丝。还记得"一川烟草,满城风絮,梅子黄时雨"的宋词吗?因此佳句宋朝词人贺铸人称"贺梅子"。老贺家基因里流淌着诗意,贺炜借足球发扬光大而已。在2010年解说德国对英国的八分之一决赛而一战成名,从此被网友赠以"贺诗人"的称号。

当时,英国被德国淘汰之后,贺炜的一段解说第二天在互联网上立刻爆红,引起巨大反响,那段话是这样的:"我们想想吧,此时此刻,可以想象,在慕尼黑,在汉堡,在科隆大教堂外,无数的德国球迷兴高采烈地庆祝;在伦敦,在曼彻斯特,在泰晤士河畔的小酒馆里,无数的英格兰球迷黯然神伤。但令我感到温暖的是,在这个精彩的人生节点,我与亿万球迷一同度过,这是我的幸福,也是大家的幸福。我是贺炜,观众朋友们,再见!"

本届阿根廷1比0战胜比利时杀入世界杯4强,贺炜在自己的微博上说:"突然发现,自己还是喜欢将脱臼的胳膊绑在身上继续战斗的德国,喜欢行云流水的阿根廷,喜欢如混凝土般坚韧的意大利。世界变平了,我们却再也找不到发现未知的惊喜。人只能活在属于自己的时代,有什么关系?已经有太多知音。最后,迪斯蒂法诺,愿上帝保佑他。"

世界杯,让我们有太多的惊喜,当然也可能是老人面对新人崛起的无奈。

《赤壁》的笑场

随着《赤壁》的上映，网上爆笑声与非议声齐飞，煞是热闹。然而，究竟是吴宇森该笑，还是该被吴宇森笑，这是个问题。

有例为证。

镜头一：一东吴小兵跑来，大叫"不好了，不好了，难产了……"周瑜随之疾步而去。观众皆以为小乔难产，结果跑到近前，看见的是小乔抱着周瑜的战马"落月"，然后是诸葛亮为"落月"接生，小乔为小马取名"萌萌"。（笑声一片）

《三国志·诸葛亮传》："诸葛亮字孔明，琅邪阳都人也。亮躬耕陇亩，好为《梁父吟》。"电影里，诸葛亮说"以前替母牛接过生"，也不是什么不可能的事。本人插队落户时就曾见过老农为母牛接生的全过程，也略知接生的关键点，更何况当时家家户户"躬耕陇亩"，牛的数量越多，接生的概率就越高，接生也就成了农家小技，本不足为奇。

至于吴宇森为何在战争千钧一发的时刻宕开一笔，描写"接生"的细节，其实是有他文化底蕴的，没有产生共鸣的只不过是笑场的人。

老子《道德经·第四十六章》写得明明白白："天下有道，却走马以粪；天下无道，戎马生于郊。"稍微翻译一下就是，"社会有道，天下就会太平，连战马都只能用于耕田播种；社会无道,天下就不会太平,连怀了孕的母马都要上阵参战,以至于不得不在战场上生出小马驹。"电影里,小乔要求周瑜这匹小马以后不要做战马,这样的暗示够清楚的了。你想,现在不少人连老子五千字的《道德经》都没读过,笑场也就不足为奇了。正常的笑场,应该是"拈花一笑"式的会心一笑。

至于小乔为小马取名"萌萌"也没啥可笑的。根据《新华词典》:"萌"指草木发芽,及比喻事物的开始和生长。"萌"字在三国时早就使用了,张飞大战马超的地方是"葭萌关",郝萌、赵萌都是有名有姓的战将。只不过"萌"字在现代白领们"萌"的《漫友》里更火罢了。简单说来就是说某东西很让人感到激烈地欣赏加喜欢,推而广之地运用,就是你如果被一个事物迷上了,就萌它了。

镜头二:周瑜和诸葛亮初次会面。周瑜:"这么冷的天还扇扇子?"诸葛亮:"我需要时刻保持冷静……"(全场爆笑)"羽扇纶巾"是中国人约定俗成的古代谋士、名士的形象,如同中国文人、书生手中的折扇一般。司马懿初见诸葛亮"素衣纶巾,手摇羽扇,端坐四轮车"不由得赞叹:"真可谓名士矣。"诸葛亮的"素衣纶巾,手摇羽扇";周瑜的"羽扇纶巾,英姿勃发",等等,在中国人眼中是如此这般的天经地义,以至于我们熟悉到根本可以忽略出处。

据说:这羽扇是水镜先生给的。当诸葛亮遇到难题心里烦躁不安的时候,只要用那羽毛扇轻轻扇两下,就会顿觉神清气爽,心头豁亮,布阵行兵,只要羽扇一摇,便可计上心来。还有说羽扇是诸葛亮的岳父黄承彦送的,说是"鹅性最机警,一有风吹草动，它便知动静。你将鹅毛扇带在身边，便可时时提醒自己冷静、谨慎"。这些中国人流传的故事，老外们不知道。吴宇森着眼的是海外市场，老外们不明白为什么诸葛亮这个中国人手里时时拿着把鹅毛扇，他们需要一个理由。谁来解释？吴宇森借片中诸葛亮之口告诉了老外们一个说法。

镜头三：关羽不再耍大刀而教起童子"关关雎鸠"来；张飞在练毛笔书法；刘备织起草鞋。且不说《三国志·蜀书·先主传》写得明白："先主少孤，与母贩履织席为业。"关羽自幼熟读《春秋》，尽管《三国志》没有写关羽授课童一事，但也并非没有可能。至于张飞留给我们的"猛张飞"形象，完全是我们受《三国演义》的影响太深而不能自拔的缘故。"园谢红桃，大哥玄德二哥羽；国留青史，三分鼎势八分书。"这是诗人流沙河游了张飞庙后写下的名联，评价张飞是个文武兼备的英雄。汉时的隶书叫作"汉八分"，对联里提到的"八分书"就是指当年张飞镇守阆中时留下的书法佳话。在20世纪60年代，北京出版了一本《标准习字帖》，此书《编后》中讲："我国书法家并不限于文人，武将中亦不少，如张飞、岳飞等。"这些都是有据可查的，真不知我们笑从何来。

走笔至此，需要说明的是：第一，本文不是影评。第二，吴宇森的《赤壁》没那么多可笑的地方，观众，也没有那么多高明的地方。

说一回四海兄弟赴盟约

新版《水浒》电视连续剧最近在各电视台轮番热播,一如水泊梁山聚义厅前英雄比试武艺,煞是热闹。

这是一件好事。

至少,它又唤起了几许中国人尤其是中国男人心中潜在已久的英雄侠义之气;至少,它能够唤起几许青少年重温中国传统名著的热情;至少,现在坊间茶肆朋友见面抱拳作揖行礼寒暄的多了起来,"为师""愚兄""贤弟"之类的称呼流行起来了,一派温良恭俭让的传统礼数;至少,茶余酒后我又重新翻看一下《水浒》。

此处,要特地说明的是:重新翻看的是老版连环画《水浒》,回归到了儿时阅读的本原状态,那种草莽英雄启蒙少年侠义情怀的状态。

当然不否认1998年版《水浒》是经典。

但是,对李雪健演的那个浑身上下没有丝毫英雄气概的宋江,洒家颇有微词。直至今日,新版《水浒》里张涵予演的硬派宋江一登场,就觉得对路。更为传神的是,张涵予的宋江神色之间隐隐有一种悲情色彩,这和整个《水浒》的大气氛是一致的。

其实,《水浒》最后招安导致"奸贼阴谋害善良,共为谗语惑徽皇"的悲惨结局在宋江诨号里就已经命里注定了。从民间流传,到《水浒》的作者给宋江安上"呼保义"这个绰号,显然与塑造这个人物的性格有关。宋江自呼"保义",实际是说宋江十分自谦,把自己说成是奴仆之流,而不像有些农民起义领袖那样,动辄就称王。况且"保义"还有保护赵家社稷的忠义之意。《水浒》第九十回写宋江征辽功成后,"加宋江为保义郎",表现的是朝廷对忠义之士的肯定。

起初,我最不满意的是新版《水浒》的音乐。

因为刘欢大侠的那首主题曲《好汉歌》太深入人心了,"路见不平一声吼哇,该出手时就出手哇,风风火火闯九州哇"。歌声里,全是《水浒》里写的"天性由来太恶粗,江州人号李凶徒。他时大展屠龙手,始识人中大丈夫"黑旋风李逵须眉倒竖、板斧圆抡的影子。

看到后来,渐渐入巷,越发觉出新版《水浒》音乐的好来。

新版《水浒》的音乐走的是以柔烘托刚的路数,听到动情处不知不觉中你会泪湿青衫。我最喜欢的插曲,严格意义上其实算不上插曲,也没有歌名,只有"啦啦啦啦"一个重复的汉字,由青年女歌手刘依朵如泣如诉地吟唱,加之琵琶的背景音乐,一声声打动你内心最柔软处。特别是在水泊梁山后期,每当兄弟生离死别之时,"啦啦啦啦"女声音乐烘托而起,很好地诠释着梁山好汉的侠骨柔情、忠义悲情。网上有好事者取名为《风中月》,有不少网民把这段音乐下载为手机的铃声,可见只有动情的音乐才能打动人。

如此,《自从你走后》这样走柔情路子的插曲出现在新版《水浒》里就一点也不足为怪了:"只怕自从你走后,铁狮子一哭会生锈。夜风吹透小轩窗,星星月亮全变瘦。只怕自从你走后,心里肚里太难受。牵挂月月又年年,无眠半宿又一宿。何日再相逢?哪天再聚首?当面诉别情,花间一壶酒。喜鹊连声叫,黄狗轻声吼。古桥新流水,蓝天大日头。"

毛阿敏婉约的片尾曲《四海盟约》和刘欢大侠的完全是两种路数,甚至和她自己的老版电视剧《三国演义》片尾曲《历史的天空》的风格也完全不同:"江山非画美如画,豪杰壮士影叠叠。侠义如酒浓于酒,男儿豪饮情烈烈。山寨如家胜似家,挑灯把酒三军悦。兄弟非亲心更亲,前生来世总相携。可爱的草莽英雄,原来是群星下界。寻常的瓦舍评书,暗藏着救世秘诀。人间恰似水泊,情义兰舟通彼岸。"

片尾的歌声里那种悲怆情愫,如三四月间的"淫雨雨霏霏"一般,慢慢地、不经意间地会弥漫你心头的。低首沉吟间,不由得你不生出"千古蓼洼埋玉地,落花啼鸟总关愁"的怅然与感慨。

静听家祭的乡音

马英九的羊年致词,勾起了我感同身受的一缕家愁。

马英九在对台湾民众的羊年致词里,开篇就讲:"对英九来说,今年跟往年不一样。今年,英九没有机会再陪妈妈买年菜了。想到唐朝大诗人王维的名句:'每逢佳节倍思亲',就触动我内心深处对母亲的怀念。(注:马英九母亲于 2014 年 5 月过世)在此想请各位乡亲在这个阖家团圆的时刻,不要吝惜对最亲爱的家人说出心中的爱与关怀、感谢与祝福,因为只有家人的爱与信任是永无止境的。"

同样地,我那年也跟往年不一样。

那年,我已经没有也不再有机会听到母亲在斜阳柔光里对陈年往事的诉说了。不由得心里感慨:民国好女子,真的是走一个少一个啊!

平常过于忙碌的我们难免会忽略了身边的亲人,除夕夜团圆的意义就是提醒我们:要更重视家庭的价值。而家祭,则是一种慎终追远、继往前行、凝聚家人亲情关系的仪式。据台湾"中央社"报道,台湾地区领导人马英九连续 16 年在大年初二回苗栗马家庄祭祖、发福袋。

母亲在的时候,每到岁末,总是会提醒我们兄弟几个,"凑个时间你们回家一趟。再忙,老祖宗要祭一祭的"。我有时候工作一忙,总是在心里想,有必要祭祖吗?不就是一个形式嘛,这是你们上一代的事情,现代人应该没有什么必要这么隆重地来祭拜祖先吧。但为了不拂母亲的意,总是尽可能去的。

在母亲走的那一刻,我突然感觉到有一种家族责任压在我肩头。母亲用离别,给我上了最后一堂家族伦理课,使我顿时体会到了久违的成长的感觉。

为什么除夕要祭祖?

祭祖,是中国古人在家庙内祭祀祖先或家族守护神的礼仪。唐代即有专人制订家祭礼仪,相沿施行。宋代陆游《示儿》诗中有这么两句:"王师北定中原日,家祭无忘告乃翁。"就是为了告诫今人:我们的一切来自祖上、来自逝去先人曾经的哺育、教养与恩惠。特别是要告诫年轻一代:感恩是为人的本分,报答是做人的责任。正是在祭祖这一时刻,人们面对先人做出内心宣示与共同勉励:感激所有施恩于己之人,怀念所有对家庭与社会做过贡献之人,立志做一个不负先人厚望、奋发有为、德行高尚之人。

那年春节早晨,我微信上看到了嘉定作家楼耀福老师晒出的在家里祭祖的照片,倍感亲切和温暖。在海峡那边,女作家龙应台女士说:"家祭时我听到一个长辈用最古老的楚国乡音唱出凄切的挽歌。我才深切地感觉到这个70年之后以骨灰回来的少年经历了怎样的中国的现代史。"

她在《目送》一书中写:"我的父亲15岁那年,用一根扁担、两个竹篓走到湖南衡山的火车站前买蔬菜,准备挑回山上。刚巧国民党在招宪兵学生队,这个少年当下就做了决定:他放下扁担就跟着军队走了。我的父亲1919年出生，2004年，我捧着父亲的骨灰回到了湖南衡山龙家院的山沟沟，乡亲点起一路的鞭炮迎接这个离家70年、颠沛流离一生的游子回乡。在家祭时，我听到一个长辈用最古老的楚国乡音唱出凄切的挽歌。一直忍着眼泪的我，那时再也忍不住了。楚国乡音使我更深刻地认识到父亲一辈子是怎么被迫脱离了他自己的文化，过着不由自主的放逐的一生。"

中国人对祭祖仪式也是有一定之规的。

据嘉定《王氏创建祠堂缘起并祭规三条》碑刻中记载：

一、祭期：春则清明，秋则重阳，不改期。族人居远者，先一日至。

二、祭品：无过丰，用时物，荤六、蔬果各四，香烛、楮帛如常仪。

三、祭礼：先五日诣祠告祭期。祭之日，辰刻设祭，长属率幼诸神前。平身，拜，兴；拜，兴；拜，兴。读祝文，酒三献。上饭，进茶。焚祝文，焚帛。午刻祭毕，拜如前。彻俎。合族会食，无过饮、喧哗。

嘉定区教育局掌门人姚伟先生在《王氏创建祠堂缘起并祭规三条》碑刻跋中写道：

"据碑刻记载，王氏乃普通农人，发迹后，比忘先辈，营建祠堂。王氏感恩先人，传训子孙，详细规定祭祖之法，其茕茕之心，跃然金石。此碑由乾嘉学派望新人氏钱大昕之侄钱坫（清代书家，精训诂，明舆地，尤工小篆）用隶书写成，艺术及文物价值甚高。钱氏书法古朴苍厚、入石三分，二百余年来，石碑饱受侵蚀,而金石法书振铄有声。甲午(2014)正月,余辗转得知此碑为嘉定朱明清先生珍藏(今陈列于嘉定镇南下塘街潜研堂),遂请收藏家蠹云堂主周嘉先生拓印,两先生决意将拓片捐于嘉定望新小学。余见此拓片回归桑梓,补壁学堂,故欣然抄录碑文,并依《嘉定碑刻集》标点,以襄建学校敬贤和文化传承之津梁耳。"

如今,这碑刻拓片及姚伟先生手书跋置于嘉定望新小学教学楼门厅。

乡音不改。家祭依旧。

平安夜白天的葬礼

也算是经历过许多次的生命无常。

但是,当在微信群里收到朱建明老师去世的消息,依然惊愕。

两个多月前,我们还刚刚见过面啊!那是嘉定庆祝建党95周年原创音乐会,保利大剧院门口,朱老师一如往常地精神饱满、热情洋溢,说现在还经常运动的,每个礼拜跳两场舞,打打小麻将……

言犹在耳,恩师已去。

告别大厅里,凝望着朱老师遗像风华正茂的脸庞,中学时代点点滴滴的记忆一下子就回来了。

20世纪70年代。北大街长长的石子路、沿街低矮的白墙黑瓦民居;嘉一中校门口越墙而出的玉兰树上白白紫紫的繁花,那矮墙上至今留着我们黑白照片里的影像。一踏进校门,解放楼与和平楼先声夺人,很有气派。和平楼的教室宽敞明亮,解放楼的实验室奥秘无穷。大草堂,茅草铺顶,冬暖夏凉。虽然它和学校的其他建筑略显不协调,但这里除了是集会的场所,还曾经是嘉一中"舌尖上的大草堂"学生的就餐之所。

朱老师为了带运动队而常常废寝忘食。记得有一天早晨,朱老师把宿舍的钥匙交给我,嘱咐去他的宿舍拿饭盒找米袋到食堂蒸饭。在那间屋子里，正值青春年华的青年体育教师留下的荷尔蒙气息至今不忘。

朱老师是部队退伍之后来校担任我班的班主任。

是他嘹亮的军人哨声，把我们从梦中惊醒，在茫茫的夜色里参加紧急集合野营拉练或寻找藏匿在某处的密件；是他带领我们农忙的时候去仓桥农村体验农民的生活，在堆放过黑黑煤球煤饼的生产队仓库里打地铺同吃同住；是他和我们一起在秋日暖暖的阳光下窝在稻草垛上，说令人向往的军营故事。

我有一个习惯。

每次参加完亲人或友人的葬礼之后，会很自然地把那块黑纱从衣袖上轻轻地取下来，铺平，叠好，小心翼翼地安放在自驾车的车兜里。这一次，当我把朱老师的那块黑纱放进去的时候，突然发现车兜里的黑纱已经累积有蛮厚的一叠了。

这一叠黑纱，沉淀着多少流年、多少的人生故事啊。

葬礼当然是一种礼。

但更多的是一份真感情。

按照惯例，一个学校已经退休十多年的退休教师葬礼上的悼词，一般都由学校工会主席出面。而在朱老师葬礼上宣读悼词的，是由刚担任少体校校长不久，曾经也是体育教师的年轻校长陆校长。我坚定地相信，在陆校长的成长经历中，一定受到朱老师人格魅力的感召和很多无私的扶持及帮助。一定是这样的！朱老师女儿在家属答谢词中说"爸爸热心、乐观、乐于助人"正是最好的注解。

悼词当然是一种评价。

但更为可贵、更为真实的评价在于人心。

我当然参加过不少长官和名人的葬礼。也是这个永恒厅,也是满满的人。我一直认为:要说到公平,在如今的中国至少有两样是公平的:一个是雾霾,无论你是达官贵人还是贩夫走卒,无论你愿意不愿意,尽管不同命运但必须同呼吸;还有一个就是葬礼。

特别是平民百姓的普通葬礼,是完全不靠行政指令的,是完全靠人们自发自愿的心口相传,甚至是漂洋过海都要来看"你"的。

参加朱老师那天葬礼的,相当一部分是学生,无论是现在"优秀的"或是当年"浑不吝"的"桃李"。而且年龄跨度也特别大,除了几位比我年长的,74届以下,72届的、80年代的,甚至90年代毕业的学生都有,甚至连学生的家长都有赶来献花圈的。

每一次葬礼,就是一堂最生动的人文教育课。

真的是该反思自己了。我们这些人,赢了全世界又如何?往往会输了最普普通通的人伦亲情、师生深情、同学友情。龙应台说,人生由淡淡的悲伤和淡淡的幸福组成。走出葬礼,步入尘世,唯情永恒。

生命要往前走。

"两字平安三生愿,万家心愿一炉烟。"这个平安夜,除了祈福平安,莫忘珍惜当下,珍重人世真情。

李白的月光和我的泪光

"花开在眼前,已经开了很多遍,每次我都是泪流满面,像一个不解风情的少年。"这是歌手韩磊在歌中唱的。

我曾见过老师在课堂上流泪。男老师。

那是我插队落户考上师范后的一堂语文课。我们的语文教师姓金,写一手漂亮的粉笔字,繁体,行书。金老师把我们震住的最大本事,是他讲课中常常脱口而出的大段大段的古诗文,而且还习惯一边吟咏一边用粉笔书写在黑板上,传统私塾从上至下、从右往左的旧式写法。那种画面,那种老派文人的范儿,犹在眼前。

后来,我们打听到,金老师十分坎坷的人生经历和感情生活。那是他那一代的老派知识分子所共有的生存状态和宿命。那天,课上讲的是诸葛亮的《后出师表》。照例,先是金老师的吟咏:"臣受命之日,寝不安席,食不甘味""然不伐贼,王业亦亡,惟坐而亡,孰与伐之?""凡事如是,难可逆料"。金老师的声音越来越哽咽,直到读出"臣鞠躬尽瘁,死而后已"时,我看见他眼中已然是热泪盈眶。

我知道,诸葛亮"鞠躬尽瘁,死而后已"八个字一定是打中了他心里最柔软的那个地方了。

这就是中国传统人文经典的力量。

龙应台，这位离乱中出生在台湾的华人作家，经历了同样的事。她在《关山难越》里，讲父亲当年让她朗诵李密的《陈情表》，"你不知道为什么，但是你没有多问，也没有反叛"。父亲独自坐在日式的榻榻米上，听《四郎探母》，弦乐过门的时候，哼着伴奏，交叠的腿一晃一晃打着节拍。《四郎探母》简直是她整个成长的背景音乐，但是，等候了四十年后，才真正明白其中的意思。

两岸恢复正常交往后，在父亲魂归湘楚老家的葬礼上，"司仪的每一个音，都像父亲当年念《陈情表》的音，婉转凄楚，每一个音都重创你。此时此刻，你方才理解了他的灵魂的漂泊，此时此刻，你方才明白他何以为《四郎探母》泪下，此时此刻你方才明白：他是真的到家了"。龙应台，是流着泪写下这段文字的。父亲的思乡情结"四十年后，才真正明白"。

最近，依然是课堂，依然是有人流泪。

那天，是老易名师工作室的汇报展示。新成路小学。女教师。教唱的是李白的《夜思》。老易的名师工作室正在做一件十分有意义的小学生"诗乐启蒙"的事，根据现代少年儿童的特点，他们要把中国传统诗歌谱上曲，从小就让中国孩子吟唱。老易名师工作室汇报展示有一个十分大气的标题"中国'唱诗班'"，他们要让中国的教室里回荡唐诗宋词的歌声，我们要让中国的教室成为名副其实的"唱诗班"。

眼前，是一年级的学生。

蓝紫色的短袖衬衣、蓝紫色的短裤短裙。

眼前，是年轻的音乐女教师。

蓝紫色的长袖衬衣，袖口是白色的镶边，蓝紫色的一步中长裙，黑色的长发分垂两边，内敛、质朴、干净、秀气。望去，师生们淡淡的蓝紫色，仿佛晕染上了静夜里那薄薄的一层李白诗中的月光，素净、雅致。

课开始了。伴随着老易原创的音乐，女教师开始轻声地讲："床前，洒下一片皎洁的月光。迷离恍惚的心情中，让人以为是地上铺了一层白霜。抬起头望去，天上是一轮明月。渐渐地低下头来，心中思念远方的故乡。"慢慢地，女教师开始和着音乐唱了起来，很纯很净的声音："床前明月光，疑是地上霜。"

望着那些开着的蓝紫色的花儿，我眼中叠印出来的，是《城南旧事》小英子教室里传出的"长亭外、古道边，芳草碧连天"的歌声，是金老师读的《后出师表》，是龙应台父亲念念不忘的《四郎探母》和《陈情表》。当年轻的音乐女教师唱出"举头望明月，低头思故乡"时，想到故乡的一切，想到家里的亲人，黯然低头乡愁点点滴滴上心头。

我顿时泪水夺眶而出，掩面而泣。就这样，李白的月光和我的泪光在一个小学教室里，在一位年轻音乐女教师纯净的歌声里，交会在一起了。

中国人那一份思乡的温情，一定会长久弥漫在历代世人的心中，永恒不散。

伊豆的舞女花未眠

《伊豆的舞女》和《花未眠》都是川端康成的作品。

《伊豆的舞女》是他的成名作,《花未眠》则被选入普通高中课程标准实验教科书语文课本。我用这两本书的书名连起来,说说日本的大地震。

2011 年。3 月 11 日。下午。2 时 46 分。

这一次日本的地震,真正可以称得上是大地震,里氏 9 级地震。众所周知,日本是地震多发国家,日本俗话所说的四件最可怕东西是"地震、火灾、打雷、老爹",地震居首。仅在 20 世纪的一百年里,日本造成死亡人数在 1000 人以上的地震就高达 10 次,其中 1923 年的关东大地震和 1995 年的阪神大地震不但分别造成了 10 万人和 6400 人死亡,更进而改变了日本的历史。

岛国,多发地震。自然环境使日本人产生了"自然无常"之思想。其后又随着佛教的传入,"自然无常"思想与佛教中的"无常"思想相结合,最终形成了日本人独有的无常观思想,即在消极悲哀地感叹世间无常的同时,又不停地在无常中寻求生存。日本经典大片《日本沉没》反映的正是日本人心态中最常见,也最脆弱的一面——"岛国将要沉没"。

就拿川端康成来讲,写了那么多的小说与散文,但写来写去,都是在对眼前的风物,内心已驻的悲哀、伤感、风物的姿态、荣枯与涨落的动感情状诱发出来的情绪中辗转反侧，从而在物我之间产生一种物我两忘，至上至消、至渗至透的情绪之流。

我对日本人的情绪其实很纠结。

喜欢日本的樱花飘零和枯禅山水的庭院艺术的风格，自从二十年前那晚上恰逢南京大屠杀纪念日看了《南京大屠杀》影片后，对日本，对日本人，就一直喜欢不起来。尽管，还是看川端康成的书，还是欣赏他在诺贝尔文学奖颁奖典礼上的演讲《我在美丽的日本》；尽管还是对《血疑》里那个幸子的慈祥的父亲形象有好感，还是对《东京爱情故事》里铃木保奈美那若邻家女孩般阳光灿烂的笑容有怀念；尽管还是在用三宅一生和三菱的东西，但是，永远抹不去我心底对日本的那片阴影。

日本人对核这个东西其实也很纠结。

福岛核电站核爆炸、核泄漏事件更引发了这种情绪。在日本，核电站是无处不在的，虽然该国是人类历史上唯一的核爆炸国（广岛的原子弹心灵创伤依然），许多日本人对核这东西有抵触的反应。这次核电站爆炸对普通的老百姓造成巨大的影响，因为东京电力，日本最大的电力公司的核电站已经爆炸，很多功能在停止，水、电全都是暂停状态。电视上，菅直人哭了，你可以想象，因为日本人是世界上唯一遭受过核武器打击的，他内心应该有这个集体记忆，这个核阴影。

日本人对震后的新闻媒介也很纠结。

尤其是在灾区的老百姓，他们拿不到最准确的信息，比如说这个核电站泄漏怎么着，会影响到我们人身的危害吗，政府说没有问题，东京电力说有可能有问题，媒体说大有问题，那我们老百姓真的不知道，那些有关核专业的知识有多少人能够懂？外国的专家包括日本国内的专家，他们都各自发表各的说法，但是普通日本人不知道到底哪个是权威、准确、靠谱的。人们虽然不相信日本政府坚守在东京频繁发布的信息，但是说实话，又有多少人知道真实情况如何？

菅直人哭了，伊豆的舞女也哭了。

震后去过伊豆的《锵锵三人行》的嘉宾加藤嘉一讲，伊豆的舞女都在等水喝。可以想见，那些日日夜夜，那些花未眠。

村上春树霜竹路

前些日子，微信群里满屏满树的樱花云蒸霞蔚，撩起多少人一缕缕翩跹的绮思。终归无奈朝雨浥轻尘，"樱花七日"匆匆谢了春红。花瓣雨随风缓缓飘落时，仿佛听得见那一声声轻而悠长的叹息。

人花皆叹。云霞过眼。我心中却始终蜿蜒着江南深处华亭村间那条柏油马路以及和马路一起蜿蜒的那两排夹路绿树。

路，是霜竹路；树，是水杉树。

当然，法国梧桐参天蔽日的衡山路也是很好的。但衡山路就如同20世纪二三十年代大光明电影院里的黑白电影，光影斑驳里终究离不开老洋房的故事和古典而摩登的老上海历史，以它繁华、时尚成为人们怀旧的背景。

古疁城怀抱华亭村间的那条霜竹路，仿佛是深闺中的小家碧玉，不施粉黛、自生清丽。在如今嘉定处处高楼、车水马龙的都市里，很少有这样一条绵延数公里、夹道水杉森然林立的柏油马路。依稀记得多年前驾车初次撞入霜竹路的那一刻，霎时间迷失沉醉于这一路绵延不绝纯粹的绿色，一路绵延不绝纯粹的水杉林的气韵里，有一种无法表达的愉悦。像这样的地方，像这样的日子，几乎是我平时常常梦到和念起的。这路、这树、这绿，是深藏于内心隐秘的投影。

那时，雨后初晴。

"鹊声穿树喜新晴。"缓缓行驶着的是美式黑色道奇城市越野车，在这草色遥看近却无的米家水墨长卷般的乡村风景里，却上心头的诗句竟然不是陶元亮、不是王摩诘、不是孟浩然，而是东瀛芭蕉的俳句："倏然而新／青叶若叶／日之光。"放眼望去，在若隐若现的日光里，绵延数里水杉树上初生的羽状绿叶正被阳光渲染着，散发着晶莹微光，倏然新绿濡湿了旅人的心绪，明媚而愉悦。

清少纳言《枕草子》的开篇写"四时的情趣"。此地的夹路水杉亦有此情趣。车行霜竹路，如果是春天的早晨，两旁的水杉树鹅黄嫩绿、青翠欲滴；夏天的午后，水杉树满目的郁郁葱葱，霜竹路上凉风拂来，令人暑气全消；秋天则另是一种风景，夕阳的柔光辉映在金黄色的水杉树上，洒下斑斑驳驳的日影在柏油路上闪烁跃动，仿佛车行荇藻之中，惬意无比。而一到冬天，树叶落尽，偶尔可见树梢枯寂的雀巢在寒风中飘摇，别有一番野趣。微微泛白的柏油马路上，阒无一人，空空荡荡像极了秋收后冷月笼罩下的打谷场。北风过处，有谁家何处的腊梅幽香袭人。

霜竹路两旁，清冽冽的小河蜿蜒流过。葱翠的苗圃，金黄的油菜花，映着天光的水田，蝉声蛙鸣稻花香……白墙青瓦，是《早春二月》里江南的风情。家家户户门前四季都植被丰富，绿色的茑萝、紫色的扁豆花、黄色的丝瓜花。还有村民用藤蔓盘绕搭建起来的凉棚，随处可见马路两旁现代化农业的塑料暖棚。路边的水杉树下，凉棚里悠然自得的是自给自足卖葡萄和卖蜜桃的村民，一派田园牧歌式的慢生活、真浪漫。

在这里，是最适宜停车驻足流连的。春溪鸟鸣、花间蜂蝶，落在池塘里的片片桃花，一如李易安书房案桌上几行"芳草池塘"的水红色印花笺。乡野间，我偏爱独自造访霜竹路旁的农家小院。"日长篱落无人过，唯有蜻蜓蛱蝶飞"，透过疏篱，见已铺满苔藓的小径、新翻泥土里冒出的蔬菜嫩芽，白墙边斜放着的竹柄铁锄和随意倚靠的老式自行车。脑海里浮现的是清晨有露珠的时候，主人脚踩泥土在小院里的劳作，这才是实实在在的接地气，与天地为邻。

在这里，是听得到乡音的。走在霜竹路上，不时可以碰到几个身着蓝印花布的农妇，发髻绾起的古意质朴无华。安坐在树阴底下藤椅竹凳上，一边拾掇着手中的女红或是含饴弄孙，一边聊着家常话语，随微风飘过来漾过去，华亭唐行的乡音真的是徐缓有致。她们的生活，延续着几千年从未失落的从容淡定与安详宁静。就这样，野静似古，日长如小年的农家时光，也一天天留在丰子恺的画里留到永远。

在这里，有没有牧童与晚笛的点缀其实都已不重要。在这样的年景里，个人命运的起落沉浮一下子都变成了无足轻重的事。反倒是平时被我们所忽视的纯粹的、简单的细节，才是生命中最值得回味和依恋的东西。都说人有两个故乡，我想应该是一个在脚下，一个在心里。

在这里，两个故乡不期而遇。

桃花酿醉到华庭

莺初解语。微雨如酥。

都说一年最好处在春天。不说别的，就是雨水、清明、谷雨……这些春之节气的名字，就令人陶醉在"春雨潇潇柳轻垂，轻踏河边泥土香"的春和景明中。

水杉夹路。野渡舟横。

都说嘉定最美的风景在华亭。不说别的，就是那原生态湿地浏岛、鹊声穿树喜新晴的霜竹路、毛桥村的千年桃树王、宜闲游宜品尝宜亲近的华亭人家，这一岛一路一村一人家的华亭旅游观光胜景，就足以让人流连忘返。

然而，华亭的历史厚重美、自然生态美、人情风俗之美，是需要你沉潜心灵慢慢品味的。朋友说，华亭"醉华庭"的桃花、清明时节的梨花开得很盛了。如果现在不去的话，再来一场春雨花落满地，赏花乐事就待明年了。

呼朋唤友驱车前往。

霜竹路依然蜿蜒绵长。两排夹路水杉林虽然未到青葱之时，但已鹅黄嫩绿，"草色遥看近却无"的初情也有些许撩人。车行约十分钟，沿"醉华庭"指示牌拐进乡间水泥小道，两边的隔岸垂柳、星星点点的陌上油菜花、桃花三两枝已令人心旷神怡。

车再拐了一个弯。首先映入眼帘的是一处高大的建筑，白墙黑瓦，马头墙翼然，屋旁有修竹环绕，阳光下"醉华庭"三个绯红的大字仿若桃花。好有诗意的名字，令人联想起的是宋代词人写在词牌名"醉花阴"里"人在翠阴中""红尘紫阳春来早""蟠桃结子知多少"的这些词句。华亭自古花事盛。难怪老辈人说，"华亭者，花亭也"。只不过，此地的红袖招把花荫换了花庭而已。

"醉华庭"其实是一个自然生态庄园。

一个集旅游、观光、美食、主题乐园于一体的新农家庄园。这里的女主人是本地人。原来从事旅游职业，阅遍了祖国的青山绿水。后来，家乡情结促使她在美丽华亭的土地上扎下了根，深耕一片桃花阡陌午鸡声的田庄，让更多的人回归田园牧歌的诗意生活。

左桃右梨。

伸展开来的田埂两边，是占地近60亩的桃树林和梨树林。

桃花红，梨花白。花事正盛。花丛中，游人入画。令人联想起柳如是"垂杨小院绣帘东，桃花得气美人中"的诗句。正合此情此景。

灼灼桃夭之下，到处可见散养的鸡在四处觅食。

记得广州有一道美食"荔枝鸡"。因厨师烧的时候，把干荔枝当柴火而得名。荔枝鸡上桌，犹带三分荔枝清香，令人食欲大开。

可想而知，"醉华庭"桃花树下日日得气桃花中的放养鸡，且又不时啄食如雨洒落的桃花瓣，"醉华庭"的"桃花鸡"自然远胜荔枝鸡。如果袁枚在世，一定会把这道美食列入《随园食单》的。

"桃花鸡",完全应该注册一个美食商标。主人还自豪地告诉我,她这里栽的梨是蜜梨,名为"翠冠梨",也称"六月雪",果皮细薄、肉脆汁多、味浓鲜嫩、汁丰味甜。这可是从外地引进的高科技水果产品,如果榨汁的话,如白玉在壶,清洌甘甜。真的,想想也是先醉了。

莫待春回。颠倒红英间绿苔。

"醉华庭"的自然美,除了那百米"紫藤廊""葡萄廊",一水环绕的油菜花小岛,最让大城市游人感到兴奋的是那连绵起伏的小土坡。坡上,小草青青,野花杂树,鸟声啁啾。主人说,春雨过后,坡上遍地是野生的红梗菜,游人可以拿着篮子随便去土里挑。回家洗一洗,切碎,拌上红豆腐干沫子,浇上几滴麻油,就是一道开胃的凉菜。除了红梗菜,还有荠菜,上海人最喜欢的荠菜馅馄饨里,竟然揉入了辛弃疾"春在溪头荠菜花"的诗意。

她们家的咸菜也是自己腌制的。与众不同的是食材用的娃娃菜,又嫩又鲜,炒竹笋丝、炒毛豆、炒蚕豆,皆是开胃美食。田埂边的本地蚕豆已经开花,气微香,待上市之时又是一道带着田野气息的家常美食。

绿杨阴里,三三两两垂钓者。

说话间,见一游人自河中钓起一条大鱼,在盆里活蹦乱跳的。主人上前说,你们今天晚餐的一道菜不用再买了。遂关照大厨,把鱼拿去后厨。她向游人推荐的晚餐果汁是鲜榨草莓汁,也是自家大棚里的,酸甜可口。

最让我感到应景又充满诗意的,是主人说的"桃花酿"。细问，原来是取新鲜桃花，清洗干净，用盐水浸泡10分钟左右，取出，沥干。把适量冰糖铺在瓶底，然后再放入适量桃花。密封，放在阴凉处，半年左右时间就可以开封。爱美的女士可以每天小酌一杯，有美容养颜之效。

这里的水面不是一览无余的开阔，但自有"绿水人家绕"的缠绵。河中有皮艇，有儿童游乐设施。河边，有野营烧烤，是白领一族的最爱。隐隐有笑声传来，循声过去，见十几个小白领烧烤正欢。闲谈间得知，都是附近公司的哥们姐们，双休日常来此地的。

几串烧烤、数瓶啤酒、一树绿阴，谈笑无还期。年轻真好，生活原本就是如此简单。他们告诉我，中秋月圆之时在河边草地上赏月是极好的。

身边走过一个灰衣长发明眸的背包客。说是成都人，天府之国的。去年朋友介绍她来过此地，感觉很不错。今年就约了更多的朋友，来了一场说走就走的旅行。觉得这里又有了许多变化。

"醉华庭"真的变化了吗？在阳光风雨前厅的原木书架上，摆放着女主人自家书房里的各种书刊。我信手抽出一本，封面上几个大字《麦田里的守望者》。

人生几度醉华庭。

醉了时光，慢了生活。

一围流水老烟波

每个人心中，一定有一条河。

"一条大河波浪宽，风吹稻花香两岸……"耳熟能详的红色电影《上甘岭》插曲《我的祖国》，乔羽乔老爷子的歌词，满满的民国范儿。相信许多人不一定记得住歌曲的名字，但一定会对"一条大河"这句歌词印象深刻。

有一次，乔羽老爷子接受电视台采访时"解密"说，他在第一稿里写的是"一条黄河"。黄河，当然够分量。后来想，志愿军战士来自五湖四海，许多人毕竟不是生长在黄河边啊，从接受美学上来说有些"隔"。而"一条大河"就不一样。因为家家门前，都会有条河。这条河，是根脉是血液是人们魂牵梦萦百转千回的感情。后来，乔老爷子的"这条大河"，随着中国第一颗探月卫星嫦娥一号，远上白云间走向银河。终于，自家门前的"一条大河"有了一个更加遥远、更加璀璨的归宿。

嘉定人心中的这条大河，首选应该是练祁河吧。

练祁河是充满诗意的。在这一带如练的云影波心里，不舍昼夜流淌的无疑是嘉定文人的"诗心"："片帆初落渡头船，东望微茫接巨川""三江烟水接溟濛，最好东吴更向东""练祁秋涨接空蒙，望里微茫是海东""点点沙鸥宿暮烟，练江波影碧于天""犁头春雨黄牛健，祁上秋风赤鲤鲜"……至今读来，家乡练川农耕时代的乡情风物宛在眼前。尽管隔着岁月的烟云，诗人凭水临风吟咏清歌的飘飘衣袂不染半点尘埃。

如果说山是眉峰聚，水是眼波横，那么，嘉定文人的眼波里潋滟着的是"最好东吴更向东"的远方。这个远方，一个在脚下，一个在心底；一个在时间，一个在空间。无论山水迢迢，无论道阻且长。嘉定人以这条河流为生命的起点，越过"山丘"，无论是亦仕亦隐在万卷经史中俯仰沉潜的一代大儒钱大昕、王鸣盛，无论是算命先生嘱咐离开出生地越远越好，堪称时代华表的外交家顾维钧。嘉定"十字加环"水系的那一围环城河，从来都是嘉定人生命跋涉的加持。

一座城池。一围烟水。

城谓城垣，池谓城河。远古先民皆喜欢"逐水草而居"。有水就有"人家尽枕河"的集聚，集聚的人家多了就自然会形成集市、市镇乃至城市。护城河的作用，顾名思义就是"护城"。古人绕城挖凿，引水灌注，形成风水学上"玉带围腰"的人工河流。这一围玉带，作为城墙的屏障，一方面维护城内安全，另一方面可以阻止攻城者或者动物的进入。由此可见，古人对水之功用的匠心独运，也注定了护城河从一开始就带有几分沉郁之气。

素有"南船北马、七省通衢"之称的襄阳古城护城河，据史料记载，早在宋代，它的平均宽度就超过了180米，最宽处达到250余米，堪称华夏第一城池。我国名气最大的护城河莫过于紫禁城。紫禁城护城河建成于明代永乐年间，条石垒砌驳岸，坚固陡直。紫禁城内，从护城河分水经紫禁城西北角城垣下地沟流入大内的内金水河，以表天河银汉之义。至清代，河中遍植荷莲，夏观风荷举秋听残荷敲雨。至于莲藕的岁收,尽供宫中使用,余者卖出,得银存奉宸苑备用。

对嘉定人来说,如果把练祁河比作是母亲河,那么护城河自然就是守护母亲之河。

先有护城河,再有嘉定城墙。翻开《嘉定县志》,在"大事记"南宋嘉定十一年(1291)下,有这样的记载:"建县学,筑土城。县署竣工。"寥寥10个字,没有一个字提到护城河。这,其实是受制于当时经济状况的特殊之处。嘉定人先把挖掘护城河的那些泥土堆起来,夯结实形成高于地面的土坯,再在土坯外面包有砖石,古人称之为"甃以甓"。唐诗人杜荀鹤曾有"古寺拆为修寨木,荒坟开作甃城砖"之句。另一次提到护城河的是元至正十八年(1358):"张士诚遣部将用砖石改建城墙,加阔城河。"古老的嘉定护城河,想必不会有映日荷花没有莲叶接天碧,河上常见的风景,想必是霜冷长河烟笼寒水万户砧杵捣征衣。特别是明朝时期,倭寇猖狂入侵东南沿海,护城河和城墙在抗倭斗争中功不可没。顺治二年(1666),嘉定"前后被害2万余人,史称'嘉定三屠'"。

当然,这是志书上的护城河。尽管我在嘉定生活已有五十多年,但年少时认知的这条河从来就算不上"一条大河",眼中的护城河也仅仅是离家不远处北城河桥下的那段不算清澈的河水。

但也就是一小片流水,带给我童年生活的欢愉却丰满绵长。那些年,夏日午后与小伙伴赤膊在河中游泳嬉戏时呛入口中的河水,踩着河底棱角分明硌脚的碎石,都是小城少年与护城河难忘的肌肤之亲。那些年,北城河上傍晚时分渔人双桨欸乃点起河水的酒窝,往来舟楫片帆上的夕阳余晖温暖至今。北城河上动静最大一次,应该是20世纪70年代近千名农民运动员在河上浩浩荡荡的5000米长游。越明年,这些农民游向了淀山湖,游向了黄浦江,游向了长江。

直到近年,才晓得这条不起眼的小河,其实颇有可观之处:在讲究天圆地方的古代,它的近乎圆形的玉带是一个独特的存在;让人感到惊奇的是这围玉带圈出的嘉定古城面积约为3.1415平方公里,这是一个接近圆周率的数字;它更是上海目前唯一保存完好且依然发挥功能的河道,也是全国不多见的古代护城河遗址。

近日,见到周嘉兄收藏的那张泛了黄的黑白照片:逼仄灰暗的北城门洞上方涂抹着青天白日图案,城门两旁书有"大道之行,天下为公"的大字,窄窄平铺着的北城河木板吊桥上践踏着侵城日军小队战靴日军士官的马蹄。其下,注有一行小字:"1932年4月,通过嘉定北城门附近的日军机关枪队。"顿时唤醒人对那个并不遥远的残暴与血腥的记忆,触目惊心避无可避。

潮起潮落间的这座城池啊,老了烟波,换了容颜。

如今,六公里多长的环城河步道借水造景、依水建绿,串联起十余个公园绿地。漫步其间,不时邂逅劫后的古城墙、古水关多处历史文化遗址警醒世人,嘉定不仅仅有错金镂彩令人赞叹不已的文化奇观,也有燕赵"风萧萧兮易水寒,壮士一去兮不复还"的壮怀激烈。入夜,驳岸边灯火点点,步道上人影幢幢。这些脚步,丈量着小城的历史,叠印着嘉定人生命跋涉新的足迹。

河水去还。

冷月下的万户捣衣声,留在心里留到老。

一场雪，邂逅一个园

江南的雨向来是出了名的。杏花春雨江南，这是诗人说的。当然，还有那隔着一树梧桐直滴到晓的秋雨。

江南的雪向来是要叫人望眼欲穿的。魔都，已经十年，没有下过雪了。1月24日，上海天气预报有一条播报惹起满城"雪思"："上半夜起将转雨夹雪或小雪。"我们心心念念的雪，当真要十年下一回吗？"一夜北风紧，开门雪尚飘……"雪，是能够让《红楼梦》里那个凤辣子也顿生诗句的。总算是天遂人愿，这个雪，妥妥地落到了实处，不紧不慢不大不小，没有给环卫工人太添乱，但给魔都的"追雪族"添了话题和美拍，恰到好处两相宜。

那就踏踏雪去吧。

正是严冬天气，彤云密布，朔风渐起，却早纷纷扬扬卷下一天瑞雪来。早就听说离办公室不远有一个新建的园子。雪中园子的风景，想必是极好的。一路冲风冒雪，一路脑子里浮现的是中学课堂里唐养申老师讲授"林教头风雪山神庙"的画面："那雪早下得密了。林冲雪地里踏着碎琼乱玉，迤逦背着北风而行。那雪正下得紧……"老师最后点评，"雪从'密'到'下得正紧'，再到'正下得紧'到'越下得紧了'，最后是'雪越下得猛。'脉络清晰，很好地诠释了施耐庵本章的题诗：'若非风雪沽村酒，定被焚烧化朽枯。'"这样的课，令人记忆了大半辈子，如今的课堂里何处寻得。

还是寻园要紧。

柳湖路尽头缘碎石铺就小道西行，过石桥，见一湾河水玉带围腰般护着一个园子。感觉园子外围的工程仍在建设，见三两个建筑工人身影，点缀在白茫茫雪地之中。青砖照壁正对着的园子门楼，高大开阔，黛色重瓦下的门与柱皆为本色老红木，古朴典雅、精致细腻，使人在园子外就能够感受到苏州园林隐逸氛围中的书卷之气。

令人稍觉意外的是，虽大门洞开，而门楼上尚无匾额，更给这雪地里的园子平添了一份"赏心乐事谁家院"的神秘感。

园子很大，感觉应该算得上是嘉定最大的一处苏式园林。园内以太湖石堆叠的假山石为背景，山前凿有曲折水池，山水之间以一条曲折的弹格路相连。落雪无声，鸣禽声细，园林愈发静寂。踏雪信步，亭榭堂庑，嘉树美竹，移步换景，好一处充满诗情画意的文人写意山水园林。

因树为屋随遇而安，开门见山会心不远。对中国古人而言，庙堂似乎属于"礼"，园林则是属于"乐"的。士大夫理想中的园林，应该是人与大自然交谈的场所，应使人有丘壑之心、林泉之志。日常的生活与哲学，应该在庭园里融为一体。难怪古人评价一个好的园子"须可行、可望、可居、可游"。心想，这个园子的主人须得有深厚的美学功底，高超的艺术匠心，方能建造出这样一座花木扶疏、亭榭翼然，充满江南文化气韵、苏州园林风格的园子。

不久，一个机缘认识了这个园子的主人，嘉弘实业老总。

他从小生活在江南著名园林古猗园边上，很早就有一个"园林梦"。师心造园。他用了十多年的时间酝酿、准备；又用了四年多的时间组织施工建设。他告诉我，这个园子秉承、延续了苏州古典园林的造园理念和典范，又在工艺、方法、用材等方面大胆创新……我知道，这个园子不仅仅是圆梦之作，更是嘉弘人为了回馈社会，为子孙后代留下一份精美社会财富的诚意之作。

中国造园专家、国务院津贴获得者过汉泉老先生是这个园子的总顾问。他连续四年吃住在工地，精心指导造园工作。过老先生告诉我："苏州是有不少园林，但是苏州的园林风格都差不多，特别是在用材上不太考究。这个园子的选材用料极其讲究，每一处施工精益求精，每一处造景都有故事。"

最具匠心和工艺创新的当数"梅花亭"，在国内独一无二，老先生如数家珍。海派苏州评弹传人高博文和新任市政协委员、青年评弹演员陆锦花在此地演出后都说，这个集古典与现代于一体的江南新园林，是最适合江南风情的戏曲在这里演出的。

雪后初霁。这个园子，隆重举行了"丰德园"挂匾仪式。"时和岁丰，以德为先。"我明白，这是嘉弘人一贯倡导的价值观。

踏雪寻梅。这个园子，无疑又是嘉定一处独特的文化新地标。

有朋如是

孔庙斜阳下的身影

20世纪80年代后,有二十多年的时间里,一直听朋友提起唐惟藻这个名字,惜乎从未曾谋面。

只晓得他是一个画油画的,中央美院的高才生,教过许多嘉定的孩子,有的现在已经当上了教师,或者从事了美术职业。朋友们提起这个名字的时候,无一例外地都是褒扬。

我从来就不是一个喜欢交朋友的人,也从来没想过要去认识一下他,因为我一直觉得人生的许多事随缘最好,心仪即可。中国古代文人初次见面的那句"久仰,久仰",绝不是客套话。小时候读《三国》《水浒》以及后来的武侠小说,对描写那些英雄豪杰侠士们初次见面"滚鞍下马"的标配场景颇为向往。

没想到的是,当我有机会"久仰,久仰"唐惟藻的,竟然是他的遗像和遗作。

那天,关伟聪老师来找我,说以前给你提起过的唐惟藻,病逝差不多有五年了。老唐这个人很不错,我们这些老唐过去的朋友、学生自发地想给老唐办个画展,出本画册,了却心愿。出画册和办画展的经费都是由老唐过去的学生和朋友捐款的,张建伟那边负责排版印刷,前期准备工作都差不多了,想请你给老唐的画册写一个序。

在关老师、张建伟他们的身上,有一种东西打动了我,让我有一种冲动，提笔为唐惟藻的画册写序。

打动我的这种东西是人情和人性。

在唐惟藻身上有，在关伟聪老师和那些朋友、学生的身上也有。我一直在想，这个社会无论科学技术如何的进步，但如果缺失了友情、亲情、爱情将会是一个冰冷的社会，一个无情无义的社会。我们所说的教化，说到底，是人类的精神和生命在一种文明层面上的代代递交。我们传递的，应该是真情真性的文化人格学。

我在唐惟藻的生平和他的朋友、学生们身上见到了这种如今正在渐渐失去的东西。我的序，并不指望改变什么，仅仅是想唤起我们对逝去的某些美好东西的记忆。

唐惟藻，1942年出生在嘉定。

唐家在嘉定历史上是有名的书香门第，可谓家学渊源。可以上溯到明代以诗文书画名噪江南文坛的嘉定"四君子"之一唐时升。据说，传至近代，唐惟藻祖上曾太太也能画一手好丹青。文化血脉的流泽和耳濡目染，使唐惟藻从小就酷爱绘画，具有极其惊人的艺术感悟力和艺术天赋。

唐惟藻四岁那年（1946）就已经上学。

学校是嘉定老城里的私立企云小学。

至今给朋友印象深刻的是，在天寒地冻的小镇冬天，年少的唐惟藻经常会在结着冰花的玻璃窗上用手指拨拨画画。我们可以想象的是，江南古镇的小桥流水、石桥长街边普通民居里的那位普通少年，在玻璃窗晶莹剔透的冰花上那些普普通通的随性涂抹，竟然成了唐惟藻一辈子从事艺术工作和无数幅绘画作品的原点和起点，这真的是一件十分有意思的事。

1952年9月，唐惟藻考取了嘉定知名学校嘉定一中，遇到了他的艺术启蒙老师朱育和，勤奋学习素描和油画。朱育和，毕业于解放前南京中央大学美术系，油画功底很好。唐惟藻的刻苦好学和对美术独有的感悟力以及朱育和的专业指导，使他打下了扎实的西画底子，特别是素描的功底。

这里有一个小插曲。

画家徐增老师曾经告诉我，由于唐惟藻家里穷，买不起油画颜料，所以常常是别人画油画，他比较多的是选择画素描。有时，在油画布上正面画好了，反面再画。然后，把正反两面的油画颜料洗掉，再画。或者就是土法上马，在纸上涂上草白漆，制成简易的油画纸来画画。这种情况一直持续到他后来中央美术学院学习期间。

唐惟藻在他16岁（1958）时，以优异的成绩同时考取了中央美术学院和浙江美术学院。在朱育和老师指点下选择了中央美术学院油画系。唐惟藻在中央美院期间，师从艾中信、吴作人、韦启美、林岗、詹建俊、戴泽等大师。那时，他是中央美术学院院长"吴作人创作室"（第一工作室）的成员，毕业作品是描写江南丰收景象的《江南大熟》，并以多幅优秀作品成为留校作品。

1963年，唐惟藻以优异成绩毕业，被选送至福州军区。先在空军高炮105师连队当兵，后在福州军区政治部工作。1965年，到江西临川长芩公社参加社教工作。后来，随军赴前线作战。凯旋后不久，调任空军政治部美术创作室负责人。

唐惟藻在部队的创作，是和几个共和国历史上波澜壮阔的大事件紧紧联系在一起的。

1967年到1968年，唐惟藻随空军部队执行重要军事任务，并在此期间加入了中国共产党。那个时期，他以冒着生命危险、随时为国家献出宝贵青春的代价，创作了一大批优秀作品，成为鼓舞战友的精神食粮。

在那个特殊的十年期间，唐惟藻在空军政治部创作室，朴素的无产阶级革命感情和对党和国家领导人的无限忠诚，以写实的风格，创作了大量反映时代的作品。他的领袖人物画和其他写实画，为我们研究那个特定的时代历史，和那个时代特殊的创作风格留下了一笔弥为珍贵的遗产，具有很高的艺术史料价值。

1976年8月，唐山大地震发生后，唐惟藻立即随部队去唐山一线抗震救灾。其间，他顶着余震和生命的危险，创作了一批反映解放军灾区抢险和灾区人民重建家园的写生作品，栩栩如生。我们今天读到这些作品时，依然能够强烈地感受到那个非常时期温热的脉搏和作者高昂的创作激情。

1982年，唐惟藻转业回到嘉定。

在嘉定文化馆从事群众美术教育工作。回嘉定的这20年间，唐惟藻全心全意投入艺术教育的普及指导工作，为嘉定地区及各类艺术院校培养输送了一批又一批的美术人才。他把中央美术学院学到的一套正规方法，加上自己的改造，深入浅出地教给学生。

那些年，文化馆的画室晚上总是灯火通明。

唐惟藻的画室是正规格局的布置，在细节上力求严谨。他还常常用自己的工资为学生提供写生素材。唐惟藻的办公室，是一个十分低矮的楼梯间,个子稍微高一点的人都要低了头才能走得进。他在门框上写下"低头做人"四个字,既反映了他革命的乐观主义精神,又体现了他"俯首甘为孺子牛"的为人品格。

第三届上海市农民画展《江南之春》创办前,唐惟藻到江桥乡设点教学。他的学生回忆说,那一年正值隆冬时节,天寒地冻、大雪纷飞。江桥美术小组人员认真地围在唐惟藻的身旁聆听他的讲评,每个人竟没有感到一丝寒意。我们现在依然能够感受到那个纯真的艺术年代里的人们给我们带来的暖意。

难怪有人说,嘉定每一个画画的,几乎都得到过唐老师的教诲和指点。

唐惟藻以呕心沥血的实践为延续教化嘉定的文化命脉尽到了自己的责任。他回嘉定后,也画过一些油画、国画作品,少数参展,多数留在民间,有时用笔名唐微。唐惟藻有一句话,"人没有精神,画不好画"。这也是他人生追求的真实写照。

嘉定孔庙的小河边,人们经常能够看到他的身影。

唐惟藻总是在夕阳西下之时,默默地思考。孔庙是嘉定教化的发源之地,荷花是唐惟藻的精神寄托。落日的余晖中,这小河里的荷花曾饱尝过孕育的艰辛,也感受到生命的快乐。荷花以一种惊人的力量展示着生命的顽强与美丽。人生也是同样如此,没有长期的努力哪有丰收的喜悦。

唐惟藻是一个很重师生情谊的人。

他和恩师艾中信之间也有一段感人的小故事。1963年,唐惟藻毕业后,艾老特从北京寄了20元钱到嘉定,资助唐惟藻生活。1998年,唐惟藻自己都已近五十的年纪,依然惦记着从前的恩师

艾中信。他在给艾老的信中这样说:

"去年我在电视上见过您。望您常到绿树成荫的地方去坐坐,最好是水边,有风的时候,可以散心。您已经为美术学院操劳了几十年了,该潇洒一些了。生活在现代社会,要守住老祖宗'神闲意定'的家法是很难的了。在吴作人艺术馆我看到了吴先生水墨画的印刷品《流清》,那骆驼,那淡淡的几笔,如同一杯淡酒,后劲还挺大呢。

"前几天遇到张自申,我又对他谈起,常常想到模式口,想到那里的阳光、白皮松、葡萄园、水库……先生不是在寒假带了孩子,同我和阿不多拉曼去八大处玩吗?

"我相信先生的头晕是会好的,也许过了今年健康情况有会好转,我想争取秋冬之间到北京看看,看看模式口的白皮松……"

句句朴实。句句真情。每一次读这封信,我都忍不住有泪在眼眶。

唐惟藻是一个很爱学生的人。

他特别喜欢孩子。曾经有一个农村孩子,在学画的几年时间里,几乎是吃喝睡都和唐惟藻在一起。嘉定的弹格石子路老街上,经常可以看到他的那辆老坦克自行车载着学生,骑来骑去。我们知道,唐惟藻是在用这种方式,希望这些孩子能够延续嘉定文化传统,能够延续他自己的艺术生命。

2002年8月底,唐惟藻不幸被医院查出患了晚期肺癌,两个月后病故。

在唐惟藻住院后,几乎每一天都有一批批他所带过的学生来看望。为此,医院护士不得不出面干涉。在他的病床上方,悬挂着许多学生折的一串串千纸鹤,这是学生对他早日康复的良好祝愿。

在唐惟藻从事美术工作整整四十五年间,从未放下过画笔,留下了许多作品。无论寒暑春秋,唐惟藻每天都要练笔、写生。感人至深的是,我见到了他在病床上的最后的一幅练笔作品。画面上画的是一轮将要落山的太阳……连唐惟藻本人都不会想到,这幅画竟然成了他人生的封笔之作,也成了和朋友们、学生们的诀别之作!

从沿街小窗上晶莹冰花上的随性涂抹到临终病床上的黄昏落日,两幅画的中间,竟然是横跨异域异国的空间和他整个六十载生命的时间,以及他这种从通达人生中凝聚起来的,保持内心平衡,执着追求真理信念的漫长的心路历程。

值得欣慰的是,《唐惟藻画册》已经出版,2007年7月5日"唐惟藻作品展"在陆俨少艺术院开幕,观者如堵。嘉定,已经迎来建县800周年。近日,又有朋友提起唐惟藻。回家翻开自己曾经写过的旧文,依然感慨。

是的,虽然有些人已经走远,但我们依然不时记得。

非关笔墨

关老师和我，少说也有四十多年的交情了（关伟聪，朋友都叫他阿关，而我却一直习惯叫他关老师）。

我曾经为三个画画的人写过东西。

一个张峰。为张峰写东西是因为激情。另一个是唐惟藻。为唐惟藻写东西是因为感动。关伟聪是第三个。按理说，认识他这么久，是早应该要为他写点东西。但是，我一直听坊间传关伟聪要办画展、出画册了，而到末了总是没了下文。所以，我的那些文字也不得不总是处于酝酿之中。

那天，刘海蓉对我说："我到了青少年活动中心之后，首先要把阿关的画展办起来。然后，每年推出一个品牌教师。"领导如此的远见和胸襟，对普普通通的老师来讲，真是功德无量的事。我为关伟聪画册写的序题目就叫《非关笔墨》。

我一直认为，嘉定这个地方是有一种文化气场的。

这个气场，首先源于南宋嘉定首任知县高衍孙上任后的第一个文化事件"立孔庙建县学"。从此以后，只要是嘉定人，无论他走得有多远，心中都会负载着一个虔诚的文化圣殿，它就是"孔庙"。

"教化嘉定"的美称虽然是邻乡别邑对嘉定人重文重教敦厚民风的一种整体性文化精神上的认可和仰慕，但同时，也就成了嘉定人意识甚至是潜意识里的一种伦理性标杆,一种宗教性情思。

所以,关伟聪所带的每一批美术班学生,去孔庙、汇龙潭写生,是必修的功课。我知道,在关伟聪潜意识里,这或许更多的是一种"仰高"的艺术化仪式。嘉定的气场,还在于它如诗画的写意般徐徐铺排开来的小桥流水,深巷庭院,这是嘉定人骨子里所追求的人生哲学。无疑,会影响到关伟聪的画风。

阮仪三曾说江南六大古镇从先天条件上来看,没有一个是比得上嘉定的。古代留下的城市格局相当完整,其人文价值不是一个古镇可比的。练祁河北面的西大街可以说是嘉定城最早最繁华的地方,早在梁代天监年间已成集市,其时在西门外建了护国寺,又在寺前造了香花桥。此后,庙会盛行,人烟聚集。

关伟聪的童年,就是在这条西门老街上度过的。

练祁河的温水柔光和西门老街的深街幽巷、驳岸石桥带给关伟聪的不仅仅是单纯、宁静、温暖的童年回忆,更深远地影响到了他的画风。我们隐约地感受到,在关氏水彩晕染开的唯美、抒情之中,始终有一种浅浅的、诗意的怅然。

20世纪80年代初,关伟聪是嘉定少年宫"文革"后恢复期的元老。他和周正、顾鹏鸿三人,因画画、小提琴、戏剧各善胜场,故人称少年宫"三剑客"。南大街少年宫的所在地秦家花园是个颇有来历之处。据说,此地最早是崇祯皇帝周皇后的娘家宅子。周皇后老家在嘉定娄塘,后来在镇上买了这处宅子,人称周家花园。李自成兵临京城,说是周皇后曾建议崇祯送两个皇子到嘉定避一避。晚清时,周家是彻底败了,花园姓了秦,秦家也是有来头的,祖上乃宋代诗人秦观,秦家出过兄弟翰林,十分了得。新中国成立后,秦家花园就由政府接管了。

那条南大街,是连接着法华塔、孔庙、汇龙潭的,这无疑是一条老嘉定的文化命脉啊。

据说,古时嘉定的读书人屡试不第的人很多。于是,有人别出心裁地提议在嘉定两条河流的交汇之处建一座塔,取名为"法华塔"。意思是让读书人像佛一样的智慧。后来,有一位风水先生说,法华塔是文曲星的一支笔,还少了墨、砚。因此,嘉定人又在孔庙的南边筑起一座土山,取名叫"应奎山",意思是为了"储灵气而宣人文"。又在"应奎山"的四周开凿一个水潭,取名"汇龙潭"。后来,又在汇龙潭的东面建了一个"魁星阁"。就这样,笔、墨、砚文房三宝齐备。嘉定的山川大地应该是文人骚客恣意挥洒书写的笺纸。

关伟聪在此地教学、创作,得以与天地灵秀对接、与风月长在,经久地受到传统文化的滋养浸润,法华塔、孔庙、汇龙潭,不只一次地出现在他的作品之中。

一次,我到关伟聪创作室,一眼就被迎面的一幅《法华塔》水彩画所吸引。他告诉我,这幅画是 20 世纪 90 年代创作的,曾经参加过上海市《上海之春》画展,"你喜欢的话,就拿去挂在你的办公室"。我说:"哪一天等你开画展,我把这幅画贡献出来,'完璧归赵'。"到过我办公室的不少外地和市里的朋友,都会被这幅《法华塔》所吸引——这无疑又是一种气场。朋友说:"这幅画现代和传统结合得很好,带有很强的装饰性,但骨子里的东西,是传统的。"

这次出画册，关伟聪提议用这幅《法华塔》做画册的封面，我心领神会，立刻就写下了以下一段文字："法华塔的清晨湿润迷蒙而古意盎然。风水先生说，法华塔是文曲星的一支笔。若如此，家乡的好风好水和关伟聪泼彩染彩的水韵天成就又有了某种奇妙的关联了。"

关伟聪是上海市区人。

他的奶妈是嘉定朱桥人（那张《椿米的农妇》画的就是对奶妈的深情记忆）。所以，关伟聪的婴幼年是在嘉定乡下度过的。淳朴的乡风、民风深远地影响到了关伟聪日后的为人、为画。关伟聪不只一次提到了在朱桥乡下生产队的打谷场上排开各家借来的桌子、椅子，邻村邻里都有不少人赶过来吃面条，给他过周岁生日的景象；他也不止一次动情地对我叙述他四五岁的时候，奶爹、奶妈摇着农村里罱河泥的小船从朱桥乡的小河浜把他送到老西门香花桥边外婆家的情景。

关伟聪对我说："这次出画册，要把从朱桥乡下《摇向外婆桥》（香花桥）这张画，放在最前面。"特地的，他连夜写下了自己的创作感慨，我原文抄录如下：

"在西边朱桥乡下通往嘉定西门外的水路，奶爹，头戴草帽的男人（50年代）摇着船橹，两边河岸的景色徐徐向后移动，只听到吱吱的橹声和翻卷的水声，我与奶妈坐在船中，那时我5岁不到的光景。记得早上八九点钟。"江南的流水和水做的江南啊，是这个小镇最根本的从前。河水慢慢流，船橹慢慢摇。朱桥乡下的橹声波影，承载着关伟聪的童年记忆悠悠荡向练祁河深处的外婆桥。

嘉定镇。老西门。香花桥。

这是关伟聪心中永远温存的外婆桥。对童年美好时光的记忆影像，就仿佛是朵云轩染色宣纸上的那些敷色的五彩，光影迷糊却又如此真切。古风犹存、淳厚朴实的西门街坊小街，令人有隔世之感。弹格路上，深深浅浅地烙满了关伟聪的童年脚步。在此生活过的人都知道，小街和老街比起繁华大街，更富有人性或人情味。

从西大街的东头走到西首，一个个故事从老屋里翻起。护国寺、西水关、西城墙、登云桥、女桥、南庙、唐家弄、上林春书场、铁匠铺……是关伟聪心中一个又一个的温暖记忆。我始终认为，如果一个人的童年或少年在一条幽静的弄堂里度过，环境的单纯、和平、静穆会影响人久远。关伟聪告诉我，他的水彩画创作处女作品是《西城河》，在20世纪90年代这幅画参加了上海市《上海之春》画展。

关伟聪的那幅《南水关》写生画的故事更带有戏剧色彩。

1984年，关伟聪陪同上海市区的画家朋友到嘉定来写生。那天画的是嘉定南门水关。夏日。午后。正逢一阵雷雨后，树叶上的水滴闪着光亮，空气清新，心情也格外爽朗。关伟聪泼彩如风，一气呵成。画毕，端详片刻，觉得没有画出自己心里原来的效果。于是，关伟聪就把这张画稿随手扔在河里。

这时候，一直在旁边看他画画的一个上海画家嚷道："别扔，别扔，太可惜了。这张画感觉很好啊，气势相当大气。"旁观者清，这位画家的一句话，使这幅《南水关》起死回生，从河水里捞起的画稿越发显得水彩淋漓、气韵生动。

关伟聪骨子里是一个比较怀旧的人。

夕阳下,看鸟飞云散,炊烟袅袅;晚风里,听乡间短笛,那是关伟聪那一代人的集体记忆。当年的知青生活,如今已凝成一种情结。他不止一次对我说:"一片白雪,一条小船,把我送到乡下。我的知青生活就是这样开始的。"他的那张茅屋、白色蚊帐、简陋家什取名为《窗前的沉思》画的就是当年的真实景象。我明白,在关伟聪饱含感情的色彩里,是对青春年华的眷恋。

竹林扶疏间,我们依稀可以看见白墙黛瓦的小屋里灯火昏黄。一灯如豆,灯下,关伟聪视为母亲般亲的女生产队长在寒夜织布。这是一幅多么温馨、质朴的画面。水汽氤氲的农家灶披间;午后"鸡鸣桑树巅"的农家小院;小土坡、绿竹林、田埂上守候家人晚归的农家妇女;农家的猪棚;河边的水车;打麦场上高耸的金色麦垛,这些都是当时农村里经常可以看到的景象。青葱翠绿的秧田里的女社员和田间手握锄把的农人背影,姿态各异,用关伟聪的话来讲是"不知是画画的缘故,还是钟情于看她们熟悉的人影,好像要从中发现些什么,也许是年轻人对感情的一种冲动"。

知青生活无疑是艰苦的,但是随着时光的流逝,洗去了很多灰色的痕迹。现在回忆起来,在时间的每一个刻度里,虽然挤满了生存的艰辛,但同时也涂满了生活的色彩,都装满了青春的畅想,都充满了生命的顽强。对关伟聪而言,一次阅历是一份积蓄,一番感悟是一段华章。

"生活如禅。"哲理就在每一份经历和我们的记忆当中。

关伟聪为人其实极其单纯、极其真诚。

唯其如此,他的画才那样的干净、唯美,令人能够看到他内心如水彩般的透明。画如其人,名如其人。"伟岸"自不需多言,"聪明"在他身上却是有多种艺能可以印证的。

关伟聪是一个至情至性的人。

让我记忆犹新的是那一次他们那些人自发给病逝差不多有五年了的唐惟藻开画展,出画册的义举。那件事,使我突然更深刻地理解了我原来所说的"嘉定气场"的内涵,那是一种文人虽淡如水却重情重义摒弃了任何的功利性的东西。这种"气场",是能够永远地凝聚起人心,能够永远温暖人前行的。我们老师通过画画所传递的道,不正是这种真情真性的文化人格学吗?

在这个社会里,单纯的人已经越来越少了。

所以,有时候几个朋友会善意地调侃一下他的单纯。朋友会说:他的单纯在于二十多年如一日的,把教孩子画画当作一种乐趣。现在嘉定地面上有些脸面的成功人士的小孩,蛮多都是在关伟聪这里得到过画画启蒙的;他的单纯在于把朋友喜欢他的画为最大的满足,从没想到过要经营一下自己已经颇有造诣、颇受业内行家好评的水彩画;甚至,他的单纯体现在连他的个人感情生活都不擅打理。

其实关伟聪的画,上海的画商早就垂青过。

但他从来没有当过真,我总是听他拿着照片讲"这幅画谁拿去了,这幅画在谁的家里,这幅画谁要了"之类的话。关伟聪的丙烯画其实也画得很好。早在20世纪80年代初,他的丙烯画《故乡的新船》在上海市《江南之春》画展上得过一等奖。

后来,有一次朋友要开店,关伟聪画了一幅丙烯画《和风》

挂在店堂里，是用整两大张三夹板切割成四块画的，深深浅浅的赭石底色、青铜剑、白色宽袍吹箫的乐女的背影和侧面，背景是孔子周游列国的马队，一派温文敦厚、雍和儒雅的古风，我也相当喜欢。

后来，朋友的店关了，关伟聪就把这幅画拆下来放在办公室。一次，我去看见，关伟聪知道我一直心仪这幅画，就说："你家里要是放得下，就拿去"，还特地帮我搬上车。这幅画，占了整整一堵墙，至今仍然挂在儿子的房间里。尽管我后来搬了两次家，依然不变。很久，我电脑的桌面用的就是这幅画的照片。

时隔多年，有一次关伟聪在我电脑的桌面上看到了这幅画照，尽管他知道我历来是守旧、守信的老派人，但仍然有些出乎意外感慨地说："没想到你一直保存到现在，这幅画的颜料应该旧了，啥时候我去给你补一补。"

君子之交，唯其淡，才悠长悠远。

这次出版画册，关伟聪很郑重地对我和张建伟说："我这本画册，有你们操办真是放一百个心了，你们负责为我把关，一切根据你们的设想来，我没意见。"让我们再一次地感受到了他的纯真和对朋友的信任。我和张建伟知道，在关伟聪送过画稿的同时，无疑是把他自身的精神劳作和对我们的信任的双重传递。对我们而言，因为朋友是熟悉的，音容笑貌也是熟悉的，这样，画稿阅读就和人生的阅读连在了一起。

"非关笔墨。"

我的第一种含义是近似于吴冠中所说的"笔墨为零"。这种境界，其实不是否定"笔墨"，而是否认没有生活积淀、没有感情内涵的玩弄笔墨技巧。"六七分笔墨，如溥心畲，是手高；三四分笔墨，如傅抱石，是眼高。手高靠功夫，是可求的物质；眼高靠修养，是不可求的精神。"关伟聪的单纯、平静使他的画多了一种难能可贵的精神气韵。

我的第二种含义是指在这本画册里可以看到关伟聪的求新求变，而非关伟聪原来的笔墨。他的黑白系列的老照片风格的画、三联画都是和他原来的风格有所不同的。

当然，"非关笔墨"并非真正无关笔墨。

我个人认为，关伟聪的水彩画已经达到一个"人剑合一"的高度。何出此言？大家都知道，从水彩画的基本特征来看画面大多具有通透的视觉感觉和绘画过程中水的流动性。关伟聪二十多年为学生写生示范的历练，使他的画在极短的时间内一气呵成的淋漓酣畅和水流动性的自然洒脱达到了高度的统一，也使水彩画这种流动的艺术真正达到了"水韵天成"的境界。

古渡波心荡简斋

一

十多年前,我就在不少书画展和朋友的厅堂里看到张波的横批直条扇面手札。

正如古人所言的"字里千秋",未见其人,就已经被他书法里所蕴含着的儒雅、温润之气所吸引。张波的字,我是心仪很久的,可惜无缘得见本尊。后来,有缘相见,果然一袭青衫、风神翩翩,儒雅温和,蔼然使人如沐春风。

几年前,我写母亲的那本书《婉维》出版。"后记"中有段文字倾注了我对母亲的怀念:"文字很短。记忆很长。遗落下的年华芳华,还似母亲婉维在那往昔老屋里意绵绵静日点起的檀香,白烟袅袅地随风散去;也像是远年夏日里母亲婉维府绸白衬衫衣领下系着的用细丝穿成对的白兰花,被微风一拂,荡漾出的隐隐幽香飘过岁月而去;更仿佛是常熟老宅昏黄日色下木板楼梯上无处可寻的白丝袜和绣花鞋的踪影。"

心中怀想,如果这段文字能够用书法书写出来,挂在办公室里日日品读,那是极有意义的事。眼前立刻浮现出张波书法温雅隽逸的气韵。那时因尚未谋面,遂托佩华兄把《婉维》转给张波,求书法一幅。没想到半月有余,一个清晨,张波就把裱好的书法装上镜框后，亲自送到我办公室。

晨光里，张波的手书字字栩栩如生，犹如清水生白莲。笔墨浓淡相宜、笔致摇曳多姿，分明灌溉了前朝的余绪，流动着典雅和清朗，顿时满室弥漫书香。不少朋友见到后，都感慨："这幅字，可谓是书文合一、书情合一、书人合一，柔波荡漾间呈现出一种绵长流远的韵律感。"有很长一段时间，这幅字也成了我的电脑屏保，日日如晤亲朋。

后来，张波书法作品集《书为心画》出版。果然，十年间静心潜修书艺精进。

十年一剑。

在如今这个崇尚物质的时代，在一个远离了古朴遗风的时代，虽然学书法的人越来越多，但很少有人像张波这样真正能够甘于寂寞、沉潜墨海十数年如一日。张波说："我读书时正值'文化大革命'，十六岁工作，后来补读的大专、大学。又自学了有关书法、哲学、美学方面的知识。"

窗竹摇影书案上，野泉声入砚池中。只有在书房里，张波才可以暂时远离尘世的喧嚣，可以找到他久违的恬适与安详。我们也能够在他扎实凝深的书法里，始终感受到那种与众不同的清逸俊朗之气。

书见其人。古代文人的衣衫步履、谈吐举止、居室布置、交际往来，都与书法和谐相宜，他们的生命行为，整个都散发着墨香。清刘熙载说："扬子以书为心画，故书也者，心学也。"（《艺概》）梁漱溟讲中国人的人生是"向内用力的人生"。中国人的书法审美哲学，讲究的是回归到人的自身，看重的是人的品格性情。后来,张波对我说:"王老师,你那段文字的亲情感情,我是有感觉的。我反反复复读了多遍,体会了多遍,写了多遍。"这句话,可以看作是张波温良恭俭让的人品以及朗润圆通集"法、艺、道"于一体书品的价值追求,更是他《书为心画》书法作品集内涵内力的注解。

张波别署"勤能补拙"。"拙"是他的自谦,"勤"是他的自勉。

用过工夫,才见功夫。晋葛洪在《抱朴子·遐览》里说:"艺文不贵,徒消工夫。"张波对历代碑刻法帖的临摹自然是下过功夫的,"古墨轻磨满几香,砚池新浴灿生光"正是他心无杂念、摒除浮躁的真实写照。古人说,临千碑乃是体认多样不同的内心世界。临摹功夫是了解别人,更是修炼自身,在一笔一画间可以沉潜心灵。所以,康有为要求学者把中国文化史温习一通,把中国文艺流派的各种风格意趣涵泳在心,陶冶为自己的血肉,酝酿为蜜,锻炼为金,落纸为云烟,而呈现出个人的神采气象。张波的书法,正是以对中国传统文化的诚恳理解为深厚底蕴的。

张波的学养修为,滋养了书法气象。

在我看来:读书法作品一味地追踪其中汉隶、北碑、章草的纹路,那是书论家的事。品读书法,我们不妨忘掉一切师承,专心欣赏那幅字带给人的感觉和感情,如同面对一片片不同风景。所以,欣赏书法美的最高境界应该是唯观神采气韵,不见字形。观张波书写,更是一种享受,方寸之间运肘,呼吸提气,吐纳精华,运气为用笔,心身合成字,以助书卷气。明代项穆在《书法雅言》里指出:"书有三要:第一要清整,清则点画不混杂,整则形体不偏斜；第二要温润，温则性情不骄怒，润则挫折不枯涩；第三要娴雅，娴则运用不矜持，雅则起伏不恣肆。"张波书法深得古人"三昧"，书道烟云处、泚笔纵横间，满纸清芬、满目淡远。

我以为：张波书法的内力在于"圆"字。

中国书法，以毛笔锋画圆、挥洒运腕圆、字体笔势圆，三圆结合，太极生发，可谓纸上之太极。张波的"圆"字在于中锋的功力。清代书法大家何绍基感慨："如写字用中锋然，一笔到底，四面都有，安得不厚？安得不韵？安得不雄浑？安得不淡远？这事切要握笔时提得起丹田工，高着眼光，盘曲纵送，自运神明，方得此气。当真圆，大难，大难！"由此可见其对中锋的高度重视和深刻理解。林散之亦有同感："凡作字，宜圆转平稳。圆则不扁，平稳则不滑，不尖。尤宜枯而能腴，重而不浊，习之日久，自能领会。"

好一个"圆转平稳"四字真言，和张波淡泊疏朗、和平敦厚、贵和尚中的为人心境是完全一致的。

近年来，张波的中楷、小楷颇具特色、独树一帜，衣袂一飘净是书卷味。

张波最早的工作的复建纸箱厂坐落在西门桥边，对嘉定西大街有一种特殊的感情。得知我正在写《印象西大街》后说："西大街，我熟悉的，有交关事体可以对侬讲讲。"张波反反复复看了我写的六章初稿后，欣然在灯下铺开古意盎然的染色宣纸和洒金扇面，一灯如豆，笔意绵长。我尤其喜欢他写的"华灯初上，练祁河埠头边停靠的渔舟商船上炊烟袅袅……"扇面，"圆转平稳"的小楷间净是西大街白粉墙、小青瓦、波光潋滟的气息,是历经岁月潜沉后的宁静平和,观之暑气全消。不少朋友把玩后皆称为"逸品",今年长夏,我全赖这把"逸品"度暑消夏。

张波平时不是一个健谈的人。但是言及书法篆刻,每遇会心之处,则妙语入珠,颇多见道之言。这么多年来,张波对书法教学颇有心得。《书为心画》的"砚边随想"里,有关教学、临帖、创作,以及墨法、章法、抚古等论述均有独到之处,当是他多年的积学所致。

嘐城张波,是他的落款。

我忽然联想起同样是"风日晴美,笔墨精良,方欣然染翰""和平安雅,以真朴胜人"的嘐城先贤书法家娄坚。应该神似。

二

"古渡之人"是张佩华的别署。嘉定黄渡人。

佩华的许多朋友都在等我给他写点东西。嘉定话讲,伊这么有劲的人不知道侬写出来是不是依然有劲。

然也,佩华是一个很随和有情趣的人;同时,佩华又是一个很难用某个标签或符号去界定的人。有一点可以肯定,尽管他笔下淡远空灵有些许禅意,但我认为他还是在红尘生活比较滋润,暮鼓晨钟青灯坐枯禅心向往之就足矣,红尘不风尘这才是佩华的生活境界。

说到随和,佩华和任何人都比较投缘。

老少咸宜，何论男女。当然，女粉丝的比例可能会多一点点。这里面有几个原因：一是他对一切美的东西都有特殊的感悟。用他的话来讲就是：女人是美的化身（注：和贾宝玉女人是水做的，异曲同工）。二是他的为人和作品很少侵略性，比较通达。《易经》贲卦里讲：贲。亨。译文就是贲，通达。阴柔文饰阳刚，因此"通达"。刚柔交错、刚柔融合使他的作品受众面比较广。

说到情趣，佩华是一个比较家乡感情朋友感情的人。

微信署名"古渡之人"。黄渡，这个地方曾经是历史上闻名遐迩的千年古渡。据传说，春申君黄歇受命伐秦救赵，人们后来把黄歇率军渡江的地方，称为"黄歇渡"。他的画里，多的是渡口、烟水、泊舟、鹭鸟；他的州桥画院，坚持立足于嘉定本土。他可以在酒酣耳热之时，一本正经和朋友争论黄渡和娄塘成陆孰先孰后孰为文化古镇名镇之先声，趣味盎然于席间。

佩华对美有一种天生的亲近感。因此，他在书法、绘画乃至器乐领域均涉猎广泛、兼容并蓄。以画而论，山水画、花鸟画、仕女画、小油画各擅胜场。

我还是比较喜欢他随性、率真的山水画。

山水画在中国历史上留下来的大家绘画比较系统，原因就在于山水更适合画抒发人的性情，更适合于体现中国毛笔的特色和使用性，也更适合于表现人的内心感受以及中国画发展的审美意识的形成。中国画寄意于自然，玄远淡泊、追求超越是中国艺术的主基调，也是传统文化对人性之常和自然之常所持的文化态度。

佩华的山水画，不一定是自然的再现，而是他心中的山水。

尽管佩华也写生，但绝不是那种对景写生的写生派，更注重的是在大自然中寻求心灵感知。他的小幅水墨山水尤见性灵，逸笔草草境界全出，很少有"其术近苦"的院体画家的匠气。"先师古人、后师造化"，在他的笔墨里，可以看到董其昌的影子。董其昌提倡"以画为寄、以画为乐"的文人画意趣，反对的是"精工之极"士气画。董家山水追求的笔墨高度是古淡天真的艺术境界，也是追求生拙、简淡的笔墨技法与心道合一的境界。

佩华送给我的第一本画集，就是水墨山水画集。

也是我给他写的第一篇序《笔墨开玄》。再次阅读这些小品，依然耐看："佩华的画，寥寥几笔，已是满纸月华白露、光阴往来，充沛着天地间的清淑之气。笔法老拙却不枯寂，墨气润淡，气韵圆和，于景于情浑然天成。读来，只觉比才子佳人的迎风待月、隔墙花影更觉意韵悠长。

"对着画，就是对着朋友那种简漫而恬悦的人生境界。可以让人心安，让人清素，让人珍重一点心思。其中可以不涉艺理，不涉法度，但都想'进到这日月山川里去'，岁月不惊的过上今生来世。颇像是一缕琴音，虽然音淡而声稀，而那境界却是逸远而深微。

"佩华的画，带有很强的中国传统文化基因，弥漫在纸间。点墨运笔处有无相生、空色相济，极具阴阳变化。我的观点是，中国画如果单是技法之美，流传不了千年。佩华的可贵之处在于将传统文化予以现代的诠释，且将自己内心深处的东西自由地呈现出来。"

佩华作画论画，有他自己的理论，那就是"气息论"。

无论是他的山水、花鸟，首重气息。古人讲的画有六法，六法中气韵生动最不可学。我们一般讲一幅画很耐看，比较多的是在言说画的局部近景中景远景如何如何，线条笔墨如何如何，其实是不自觉地站在西方学理的角度在分析。不管用什么学理，第一眼感觉到的气息是很重要的。对中国画来讲，那扑面而来的感染力是最重要的东西。难怪潘天寿先生说："艺术之高下，终在气韵和境界，我们中国画玩的是这个。"

用佩华的话来说："延安采风，首先在心理上对我而言是一种挑战。这是由于我的美学观点而导致的。多年来，我一直强调画一定是有气息的，这种气息和天地人极其相关。去之前我做了点功课，试图从前人的笔墨里找找西北风的感觉。"

那次深入延安生活，佩华画了十二幅延安山水的创作画，景各有姿，风格别样，很有创作的心得。黄土地的速写一上手显骨显势，笔姿都压在山骨上，渲染之后很有一种宽宏感，与他画惯的烟云江南全然不同：

"黄土高坡在夕照逆光的映衬下凝重如墨，气场厚重，我用长线条抒情着'二王'的笔姿，更用赭石和墨晕染，画面沉稳黝墨；画宝塔山时，浓重的墨色将大半画面渲染，塔身更见巍峨，一派现代的表现；画延安的窑洞时，画幅上留白鲜亮，春光明媚，笔姿轻灵生姿，巧妙地把文人画韵味融入其中。"

近期，由于州桥画院开放式教学培训女教师社团的需要，佩华重操花鸟画。有朋友戏言："今后州桥画院是否准备改名为花鸟画院、仕女画院？"古人云：莺花繁茂而山浓谷艳，总是乾坤之幻境。水木落而石崖枯，才见天地之真吾。作为朋友，我并不关注佩华画的是什么画，看重的是他的画里还有没有属于他的那种独特的"气息"。

佩华说得好："其实，说到底也不仅仅是为了画。我还是那句话，说来说去画是为了自己在浮华中求一种解脱，沉在陕北的大山大水里是一种解脱，笔下山水花鸟仕女也是一种解脱，珍重和修为自己更是一种解脱。"

三

"简斋"，是杨祖柏的书斋名。

斋号，是中国一种历史悠久的文化现象，或言志、或明愿；或寄情、或自勉……词隽意远、见人见性。我一直认为，要真正了解一位艺术家的心路历程，不妨于斋号处探微。

蜀中军人，是杨祖柏引以为傲的一段戎马生涯；海上刀郎，是杨祖柏寓居上海后的艺术名片。十数年来，杨祖柏治印不懈、获奖无数，传统文化与现代审美情趣完美结合，熔炼成个人简法肃穆颇具"汉魏风骨"的书法、篆刻、刻字三位一体的艺术风格。

"一刀一世界，一章一菩提。"我认识杨祖柏的时间虽然不算长，但他化繁为简、以文御印的艺品和古道热肠、德音不瑕的人品深得我心，引为知己。2015 年，他荣获"第五届上海市德艺双馨文艺工作者"可谓实至名归。

印章一道，始于殷商、兴于秦汉、盛于明清。印章一方在手，我们从表面上、视觉上感受到的是一枚枚朱红的印迹，但它不但集中了中国书法、印学学理、特殊材质等诸多内容，更体现了中国传统文化博大精深的审美精神与情感以及艺术家个人的创作才能和独特魅力。

以篆印艺术的鉴赏而论，宋元以前以时代论风格，明清以后以流派论成就，重在个人风格。"明月一壶酒，清风万卷书"，在杨祖柏的篆印背后，是深厚的传统文化底蕴和人文关怀取向。他深知诗书画印其实只属艺术、技法层面，有内涵的治印必须在方寸之间体现出强烈的人文意蕴。

2008年，他面对"以乾隆八年久旱无雨，文人杭世骏为民上疏《时务策》遭革职，清咸丰年间民众为纪念其才学与磊落而建的'河渚塔'"的命题，以多年积淀的文化功底激发创作灵感，在方寸之间、限时之内独具匠心地完成了这枚打破常规、颇具残缺美的"河渚塔"印章，寓历史人文内涵于充满张力的字变之中，使观者产生心理感应的共鸣，在西泠印社近乎苛刻的"海选"中从全国各地250名篆刻高手中脱颖而出。

我以为，这可以视为杨祖柏异于旁人的大道至简、文以治印的"文人印"艺术取向被更多人认可和欣赏的开端。（注：中国传统书画一直有"文人画"的说法。书、画、印本就为一体，在中国现代印学里应该可以有"文人印"的概念，这也是一个有待我们深入探究和诠释的概念。）从这个角度说，我这篇文章可以视为继承中国传统"诗话"风格的文人谈印的"印话"之言。

杨祖柏国学素养深厚，多年精习诗文金石，尤擅篆隶。他的隶书以汉碑为基、汉简为面，以临摹做阶梯，以才情做表里，向背疏密、用笔迟速皆为积学所致。他的汉隶刻工精深刚健，无论朱文白文一笔不苟，刀刀精致毫不漫漶，刻印刻木雄健醇厚、沉郁老辣间真气弥漫，但始终不脱碑帖神韵，不失文人气息，亦临亦摹亦见自家运笔。

言为心声、书为心画、印为心神。

篆印艺术向来为中国历代文人墨客所钟爱,或自篆自用,或馈赠文友,钤记落款、观赏把玩几相宜。在杨祖柏的篆印里,看得出性情出身,年龄荣枯与人格修为。我见过他的一方闲章:"2006老转"。所谓"老转"是坊间流行的对转业军人的尊称,他2006年从部队转业并以此印纪念告别26年军旅生涯。

几年前,杨祖柏为我的"侠客居"治印一方,朱文,大片留白,线条极简若剑气纵横。朋友观之,皆云仿佛所见一个衣袂飘飘的侠士独行于茫茫雪地之间,耳边似有金庸武侠片《雪山飞狐》的片尾曲"雪中情"的音乐隐隐飘过。沃尔特·佩特曾说"所有的艺术都在不断地向着音乐的境界努力",我相信"侠客居"的创作过程一定唤起了杨祖柏曾经金戈铁马的军旅记忆,以及他川人忠肝义胆的豪情,且相当巧妙和谐地融文学性与音乐性于一炉。

"毫发无遗憾,波澜独老成。"诗书画印同宗同源,古人论诗历来有"波澜"一说:"诗卷熟读,治择工夫已胜,而波澜尚未阔;欲波澜之阔,须令规模宏放,以涵养吾气而后可,规模既大,波澜自阔;少加治择,功已倍于古矣。"近年来,杨祖柏的篆刻印章愈见游刃余地、运斤成风,求新求变求理求趣:有的如幽燕老将大刀阔斧、气势纵横;有的如庙堂气象方正雄浑、骨气清穆;有的如古树着花、凝重古朴,更有的如洞庭始波、木叶微脱;高秋独眺、霁晚孤吹……

特别值得一提的是,杨祖柏十分重视边款的创作。

他的边款，集印和边款为一体，穿"杨"于篆刻、诗文、书法之"三叶"，以白文入印，刀法刚劲老辣，篆法新颖独特、章法奇正相倚，恰如他"蜀道古柏"的别署，老树森森、骎骎入古、苍茫成趣。岁月的累积沉淀下来的正是"化繁为简"的本色，一种返璞归真的境界。

我以为，一方好印还需"好玩"，杨祖柏深得我心。这里有个小插曲，不久前上海州桥画院的首展为杨祖柏和两位书画朋友的"学术提名展"。展上，我有意收藏一幅杨祖柏的篆书作品，遂问："祖柏兄，你认为自己哪幅作品最有感觉？"答曰："这幅作品，我自己觉得'有点意思'。"一问一答间，虽非有意"参禅"，但已经涉及一个人们往往忽略的审美境界了，杨祖柏说的"有意思"就是"好玩"。在艺术范畴里，"有意思"比"有意义"好玩多了。

桃李春风暖煮一杯酒，江湖夜雨守护一盏灯。

"简斋"，无疑是杨祖柏至简至纯之诚的精神所在的一方天地。这么多年来，他在这小小的四方之间一统天地，挥洒灵感和自由，不计较日月与春秋。每个艺术家都有自己独特的生活状态，杨祖柏崇尚的是中国传统文人般的生活状态，一种布衣简食把酒桑麻的简单生活。这，在如今这个喧嚣的现代社会环境中显得尤为可贵。

在中国人的哲学里，人生到了最高的境界就是至简，深入浅出。所以，"简斋"之名，不仅仅是因为杨祖柏祖居蜀中简阳，更是他多年艺术美学追求和艺术哲学的最好诠释。

张波的书法，佩华的画，祖柏的印，予皆惜之。

一缕檀香悠远

一

我从来就不是一个信佛的人。

但是,这一点都不妨碍我对佛学智慧的接纳。经常有人问我:"什么是佛法?"曰:"佛法就是智慧。"所谓学佛,就是学智慧与大悲。从这一点上来看,和我们教育的主旨没有什么差别。

那天,朋友来访,说起一段因缘:无锡那边有一个寺院,不久将有一个开光仪式。他是该寺的居士,和住持是好朋友。问我有没有兴趣一起去看看。我还没有回答,友人从包里取出一份大红请帖,郑重地递到我手中,"该寺的住持盛情邀请你去,连请帖我都给你带来了。"

展开请帖,只见几行手书黑墨水钢笔繁体字:

"诚意邀请:王威尔先生。参加:文殊、普贤菩萨开光仪式。地点:无锡市东港镇东升同福寺。邀请人:常辉。"帖上,还盖着寺院大红的印章。

盛情难却。

但我还是声明:"寺庙礼佛的程序什么的我一窍不通,怕坏了规矩。"友人曰:"都不用。心诚则可。"我顿时想起《金刚经》里有一句"应无所住而生其心"。讲的是,人应该随时随地无所住,坦坦然,物来则应,过去不留。相传禅宗六祖惠能大师就是听闻这一句而见性,所以流传极广,就连我辈方外之人都知道。

至此,如果再不去,按佛家所言,也未免太"着相"了。乃成就一段因缘。

好一个无锡。

"太湖美呀太湖美,美就美在太湖水。水上有白帆哪,啊水下有红菱哪,啊水边芦苇青,水底鱼虾肥。"这首《太湖美》一定要用无锡话唱出来,才软糯甜美、宛转悦耳。记得在2008年,无锡获选中国最具幸福感城市。颁奖词是这样写的:"这是一座继承千年泰伯故里的荣耀,延续百年工商名城的辉煌。太湖之滨的明珠,正以江南锦绣繁华地的身姿,舒展尚德务实,和谐奋进的水袖,演绎一场关于幸福和感动的千古传奇——无锡。"

好一个灵山大佛。

在佛教里有"五方五佛"的说法,以五佛配五方。中国佛教协会前会长赵朴初曾经用现代观念来重新解释和演绎"五方五佛"理论。他认为:神州大地上东、南、西、北、中五个方位分别有五尊大佛——东方灵山大佛、南方天坛大佛、西方乐山大佛、北方云冈大佛、中央龙门大佛。

灵山大佛就在无锡。赵朴初曾经称灵山大佛的建造是中国佛教史上近百年来最大的一件盛事,在世界佛教史上具有划时代的意义。2009年,备受世界佛教界瞩目的,以"和谐世界,众缘和合"为主题的第二届世界佛教论坛在无锡隆重举行。全世界50个国家1200多位佛教界领袖及学者参加了此次盛会。

好一个同福寺。

"无锡锡山山无锡。"相信读书人一般都熟悉这个上联,相信许多人会通过这个上联,留下无锡这个地名的记忆。锡剧里有唱"锡山惠山高又高",同福寺不在锡山,在惠山脚下。同福寺古称观音殿,相传杜牧的"南朝四百八十寺,多少楼台烟雨中"的诗句中,就有这个同福寺。

同福寺的全称应该叫无锡市东港镇东升同福寺。东升村的地理位置比较特殊,地处无锡锡山与江阴、张家港、常熟三市的交界之处,远离闹市,是一个极妙的修佛理禅清静之地。东升村是个颇有名头的乡村。就是这个小小的乡村,据它的村史上记载,党和国家领导人华国锋、温家宝、彭冲、荣毅仁等都来过此地。

在沿村主干道占地 200 多亩的村级工业集中区内,近百家工业企业在这里扎堆发展。东升村田野里,有一片千亩林果基地和精细蔬菜园。绿色是东升村最耀眼的亮点。已相继被评为"全国绿化千佳村"和"江苏省生态村"。村里的同乐园,园内假山流水,亭台楼阁,垂柳依依,鲜花怒放,充满诗情画意,已成为锡山区最美丽的乡村公园。

同福寺,地处其间。在一般人的印象里,佛门圣地都是黄墙封闭、刹门长掩、佛殿深深的地方。同福寺,最大的特点是没有围墙,完全是开放式的,寺院的草坪上,是提供给村民锻炼身体的各式健身器材。离大雄宝殿几步之遥,是东升老少活动中心、残疾人康复中心,还有东港镇关心下一代委员会以及东升村中心辅导站。大楼两旁的对联写的是:"和谐东升全村共建,健康长寿老少同乐"。

村寺合一。

同福寺，尽得改革开放天时，又得东升三市通衢之地利，更得东升村民人心向善之人和。在此地，宝相庄严的佛，离红尘世俗很近，宝相庄严的佛，更令人感到可以如此亲近。同乐园、同福寺，在对人生命完满的精神追求指向上，在建设和谐乡村家园的用心上，是何其的相似。

二

住持，是佛教用语，是指久住护持佛法的意思。

住持，也是佛教的僧职，是掌管一个寺院的主僧，还可称为方丈或住职。《圆觉经》里有"一切如来，光严住持"的句子。据说佛教传入中国后的几百年间只有师徒之间以佛法相授受，并无住持一职，直到唐代，禅宗兴盛，门徒日众，百丈怀海禅僧始立住持制度，以维持寺院秩序。

常辉，是同福寺住持的法号。

常，应该是指常字辈的。如同《西游记》中孙悟空是悟字辈的一样，"祖师道：我门中有十二个字，分派起名，乃'广大智慧真如性海颖悟圆觉'十二字"。常辉的名字和同福寺一样，亦佛亦俗，很容易令人亲近。不似我们平时在书上看的那些空闻、空智、渡厄、渡劫、法海、慧能等佛教特征很明显的法号。

常辉是江苏东台市人，17岁时就开始学佛。原来，我是想要一份常辉的简历的。后来，就没有要。为什么？按照佛学智慧来讲，常辉是谁，来自何方，去到哪里，种种表象的东西都不重要。重要的是，他做了什么。如果我向他要简历，按佛家所言，也是"着相"了。

同福寺,是一个人气很盛的寺庙。

我为什么不用香火很盛四个字,是有道理的。我认为:一个寺庙如果香火很盛,完全有可能是冲着菩萨来的,比如观音送子殿肯定是常年香火不断的。而一个寺庙如果人气很盛,那除了菩萨,一定有住持的人格魅力在里面。

据此地的居士和香客告诉我,同福寺是个老庙,先前叫"天王殿"。"文化大革命"的时候,红卫兵把大殿的房子毁了。所幸,有当地的村民先一步把庙里供的菩萨拿回家藏了起来,"文化大革命"结束后,才拿出来又重新供起来。

中国人的善良之心是相通的,在嘉定发生的例子就有。我曾经询问过嘉定博物馆的一位馆长,嘉定孔庙石栏杆望柱头上的72只神态各异的石狮子为什么在"文革"中竟能幸免于难?回答是,"文化大革命"刚刚开始,嘉定人在石栏杆四周用砖石砌成矮墙,并且在上面大书革命标语,所以这些石狮子得以保存至今。

在常辉之前,天王殿有过几个住持。当地的村民用淡然的语气告诉我:"住持和信佛的人里面,也有居心不良的人。常辉以前的几个住持,不是想如何把寺院搞好,只想借佛之名敛财。之后,卷了信众捐的钱财都走了。"

常辉来此地的时候,寺庙百废待兴。

常辉的艰苦,更在于当地村民观望的态度。

同福寺在常辉之前来来去去几批师父,都没有搞好。常辉刚来,是什么路数,当地人当然持怀疑态度。后来,常辉靠自己的坚持和努力，赢得了信众。用他自己的话来讲，就是"佛家要以诚取信众人"。

常辉坚守以慈悲之心渡人，以虔诚之心感动人。终于有了回报，在常辉化缘集资建大雄宝殿的时候，当地的企业家蒋士忠和蒋士洪各捐了十万元和八万元。在当时当地，这是一笔不小的钱，更重要的意义在于，这个善举是对常辉本人和同福寺的莫大信任。

同福寺大雄宝殿募集净资预算及募集方案都是公布于众的。我见过募集文本这样写：

"因近年弘法事业的拓展及基础设施的扩大，同福寺现有储备资金已所剩无几，独立承担建造大雄宝殿工程十分艰难，唯有仰仗佛菩萨加被，凝聚十方善信之力，方克完此建造大任。"然后具体列出的是募集大梁、支梁、琉璃瓦、大门等数量明细。

后来，有几次机会，常辉可以去别的寺庙，条件比同福寺好许多。但是，常辉选择留下来。村里的干部和村民都看在眼里，常辉经常对人讲，"东升村对同福寺，是有很大恩德的"。

在同福寺，我有缘和一位上海来参加开光活动的居士聊天。我问他："你是上海人，上海有名的寺庙有很多，怎么会大老远跑到无锡东升村这里的同福寺来？"

我的话，引出了一段故事。

这位居士告诉我，他和常辉认识，完全是机缘巧合。他家住上海市区，信佛许多年了，天南海北走过不少寺庙。一次，在昆山参加一个法会。正巧，常辉那次是被昆山寺请去做法会的师父。两个人就聊了起来，常辉身为住持，一点都没有架子，而且对佛学十分精通，更有自己独到的见解。这位居士感慨："我这生到过不少的寺，见过不少住持做法事。常辉是正宗的科班出身，念经文从来不偷工减料，唱念做打样样俱佳。"

在常辉的同福寺，常辉信奉的是来者是客。常辉给人的印象是客气、随和。常辉的人品和同福寺的人气是联系在一起的，来的人多了，寺庙自然香火盛，自然蒸蒸日上。

寺庙，对我们这些方外之人来讲是一个宝相庄严、香烟缭绕的神秘之地。暮鼓晨钟，是我们这些方外之人对佛家弟子修行行为的刻板印象。同福寺是远近闻名的园林化寺庙，寺内由原中国佛教协会副会长茗山长老题写的寺名，寺前山门高18米，宽26米，气势雄伟壮观。

"万里长空淡落辉，归鸦数点下栖迟。满城灯火人烟静，正是禅僧入定时。"同福寺的暮鼓我是在远处听闻的，只觉暮色中，有声声梵唱透过松柏苍竹传来，一阵阵敲打着恍如隔世的寂寞；同福寺的晨钟，则是我亲历的。

朋友告诉我："你仅仅从文字上是不一定能够全面了解佛学的，必须亲身体验才行。"接着又讲，"僧人早课是很早的，你必须早起，早晨五点钟我会叫你。"在我的记忆里，近十年来总共才有过两次早起经历。一次是和友人到郑和下西洋的浏河口看日出，一次是为了看天安门广场上的升国旗仪式。这次早课，应该是我第三次早起的体验了。

细细想来，这三次仪式之间似乎隐约存在着某种关联。

看日出，象征着自然人对大自然的敬畏、感恩和朝拜，是人和大自然的仪式；看升国旗，象征着中国人对祖国无与伦比的情感，是公民家国意识的仪式；而去看寺庙早课，则是文化人对多元文化的认同，对另一种文化应有的尊重，是方外之人和宗教文化信仰沟通的仪式。暮鼓晨钟，对僧人来讲是功课，对我们来讲是礼仪。

三

第二天早晨还是起得晚了一点。从旅社驱车到大雄宝殿，远远地，已闻梵唱一片。好在佛家是讲与人方便的，早晚无碍，心诚则灵。进得殿来，只见灯火明灭，香烟淡荡。五六个身穿姜黄色袈裟的僧人两队排开，各司其职，诵声、唱声、磬声、木鱼声，混成一片。真个是：高僧罗列诵真经，愿拔孤魂离苦难。

在如来佛像的两旁，站着参加晨课的排列整齐、身着黑色海青的居士。有年过花甲之年的，也有年纪尚轻的，但一个个虔诚庄严、神态肃穆，都随着僧人一起吟诵。此时此刻，尘世间的一切功名身家，所有的年龄代际和浮华风流都已隐退而去。只有一个身份，那就是信众。我知道，在这些人心中应该都深藏着习静归真、参禅果正的良好愿望。

所谓居士，在中国古代把有德才而隐居不仕或未仕的人称为居士。我们所熟悉的，李白别号青莲居士、白居易别号香山居士、欧阳修六一居士、苏轼东坡居士，等等。《礼记·玉藻》："居士锦带。"郑玄注："居士，道艺处士也。"但是，在今天中国的佛教界，已经普称一切信佛教的在家佛教徒为居士了。

同福寺有专门为接待居士来寺修行的居士楼。

所有居士可以根据自己的实际情况，定期或不定期地到寺里来修行。所谓的修行，其实也就是每天参加寺里的晨课和晚课，为寺里做做义工而已，一切都是随缘和自愿的。我去的那天，因为第二天是寺里开光大典的大事，所以居士楼里都住满了人，准备随时为寺里尽点绵薄之力。

我从常辉那里得知：做早功课是为了供养佛。

早课念的是《楞严咒》。《楞严经》的主体，咒中之王，也是咒中最长的。来源于其因缘为阿难被摩登伽女用邪咒所迷，在阿难的戒体快要被毁坏时，佛陀令文殊菩萨持《楞严咒》前往救护阿难，阿难才被救醒归佛。佛经上说"这个咒关系整个佛教的兴衰。世界上只要有人持诵楞严咒，就是正法存在"。有时，也会念《大悲咒》或者是《心经》，祈愿的都是和平、风调雨顺。晚功课敬的是施食，佛称回向偈，令我联想起电影里老和尚双手合十的那一声"施主"。晚功课分农历单双日，分别念的是《弥陀经》和《大悔文》，表示不忘人间施舍者和感恩。

早课完毕。

出得殿来。

天色还没有大亮。晨曦中，见一扫地老僧在打扫殿前空地。恍惚中，脑子里闪出金庸《天龙八部》的那段文字："一个身穿青袍的枯瘦僧人拿着一把扫帚，正在弓身扫地。这僧人年纪不少，稀稀疏疏的几根长须已然全白"。难道同福寺这扫地的莫非也是武林高手？转而不禁哑然失笑，同福寺又不是少林寺、天龙寺，哪里会有武僧？

但是，同福寺扫地老僧对我讲的一段话却和少林扫地老僧点化慕容博、萧远山的那段话一样，对我辈方外之人同样具有点化意义。同福扫地僧告诉我："出家僧人的生活其实是很清贫、清苦的。早起晨课，傍晚晚课，晚上还要读经，只有中午以后稍微有点时间休息。如果碰上寺里有大小法事，常常要到深夜。我在寺里，除了扫寺，其他只要是寺里的事，都会干。"

开光大典，对任何寺庙来讲都是大事。

佛教的开光典礼类似于我们的揭幕典礼，只是形式和程序不同而已。这次同福寺是为文殊菩萨和普贤菩萨开光。在佛教里，有四尊菩萨象征了人类四种人格：一个是观世音菩萨，代表慈悲；一个是文殊菩萨，代表智慧；一个是普贤菩萨，是行的象征，也就是我们现代人说的实践；一个是地藏菩萨，是愿的象征。这对我们教育研究和实践都是有启发意义的，我在《十年一觉》"学校科研创新的七种武器"和"智慧之神是高贵的"两篇演讲里都谈到过。

开光大典在大雄宝殿举行。

在佛教寺院中，大雄宝殿就是正殿，也有称为大殿的。大雄宝殿是整座寺院的核心建筑，也是僧众朝暮集中修持的地方。大雄宝殿中供奉本师释迦牟尼佛的佛像。大雄是佛的德号。大者，是包含万有的意思；雄者，是慑服群魔的意思。

开光那天，真个是仁风轻淡荡，化日丽非常。大雄宝殿前面空地上，散缀着罗汉松、马尾松以及扁柏，彩旗无数迎风飘荡。首先是殿外仪式，介绍来宾，地方佛教协会领导、地方领导的贺词，住持常辉的致辞。然后是殿内的仪式，礼佛、梵唱、洒净、开光。只见大雄宝殿内五叶莲开，古檀香袅，时新果品砌朱盘，奇样糖酥堆彩案。僧人、居士、信众济济一堂，好一个"道场开演无量法，云雾光乘大愿龛"。

住持常辉一袭大红描金袈裟，禅心朗照，宽袍两袖清风。

我特地记录下了常辉那一段开光法语，如下：

秋风吹拂百花香，东升同福瑞霭赅。塑造金像妙庄严，巍巍端坐紫金台。

恭维

无锡市锡山区东港镇东升同福寺常辉率两序大众，发心募化，四众弟子共襄义举、慷慨布施，建造同福道场。新塑婆娑教主本师释迦牟尼佛阿难、迦叶、二弟子文殊普行、十八尊者哀悯有情，光临道场，居斯莲座。

仰祈龙天护佑、道俗蒙恩、风调雨顺、国泰民安，常住兴隆、海众和合，若也如斯会德。即今开光一句又作什么道？天上天下无如佛，十万一切亦无比，世间所有我见见，一场无有如佛者，同福寺里坐莲台。

执巾：佛开万动尘，现出清静身；众生明佛性，澈见未能人。

执镜：照见众生界，功德随愿成。

执笔：国泰民安风调雨顺，弘宗演教广度群伦。点眼光，慈眼园洞法界。点耳光，寻声救苦观音力。点鼻光，五浊恶世闻妙。点舌光，遍复三千宣妙法。点身光，分身现相度有情。点意光，悲心慈意最吉祥。开！开！开！

随着住持常辉的这声"开！开！开！"整个开光仪式达到了最高潮。如果是以前说评书的人讲到此处，那肯定是会大声礼赞道："一天瑞气，万道祥光。"我的理解是，所谓"瑞气""祥光"云云，无非是借助吉祥的语言文字把人们由信仰而产生的主观心理感受和良性心理暗示诗意地表达出来罢了。

事后，有人告诉我，在开光仪式上精神饱满、梵音嘹亮的那个住持常辉，竟然是几小时前亲历了一场车祸、劫后余生、强忍伤痛的人！

住持常辉已经养成了习惯，只要是外地的居士到同福寺礼佛，他都必须开车去车站迎接到寺里来的。开光仪式那天早晨，尽管大礼在即，他依然坚持随寺里的车去车站接几位来寺的居士。驾车的是寺里的年轻僧人。连日来由于准备开光仪式劳累过度，当前面一辆集装箱大卡车突然停车时，年轻僧人来不及刹车，车子直接钻进集卡车肚里。据交警事后讲，看车子损坏的程度，按照一般情况，车里的人生命肯定难保。奇迹是：常辉尽管受了伤，依然能够主持开光仪式。年轻僧人骨折，尽管当场送进了医院，但生命无忧。

听了这个故事，许多人一定都会相信这是佛力的加持佛主的保佑，从而引发出做人一定要多多行善的感慨。

我真的不知道世间究竟存在不存在超力量或者是超能量，但我们如果能够把慈善行善作为和谐社会的普遍信仰，则是应该倡导的。正如同印顺导师在台湾把寺院学院化，使寺院成为一种教育文化的地方，弘扬善的地方。

四

相由心生。

那天,同福寺一位居士告诉我:"我是当地东升村的村民,每天都要到庙里去一次,亲近菩萨的。有一天,由于事情多了,到了傍晚才有空闲,我准备要去庙里了。我刚刚想到菩萨的时候,突然闻到一阵檀香,从同福寺的方向传来。"讲到这里,居士看着我认真地讲,"这是真的,你说奇怪不奇怪?菩萨和我们是心灵相通的。"

我明白,在这个故事里,无疑是人的心香催生了悠远的檀香。

教育何尝不是如此呢?

孔子在《论语·卫灵公》中鲜明地提出了"有教无类"。孔子坚信:无论是贩夫走卒、引车卖浆者流,人人都可以接受教育。或者说,人在教育之前是有类别的,有贫富,有贤愚,但是教育之后就没有了这些差别。在现代社会,特别是20世纪后,教育成为全体公民的需要和共享的权利,教育的全民性和普及型显得更为鲜明充分。教育的"人人可以成才"和佛学的"人人可以成佛"在本质上是一样的。

要离开同福寺了。

竟然也有了忽闻得一缕檀香的体验。

那是住持常辉忍着伤痛从医院赶来送我们,带着歉意说:"真不好意思。原来你们来的时候,我是准备自己开车来嘉定接的。因为要主持一个新居士入佛门的仪式，所以不能成行。现在，又不能够亲自送你们回去了。"

当住持常辉从袈裟里掏出我要的他那篇"开光法语"递到我手里的时候，很奇妙，我也闻到了一缕淡淡的檀香。我明白，这并不玄妙，或许是他胸前那串檀香木佛珠的香味，抑或是在香烟缭绕的氛围中熏陶久了自然而然举手间会散发出的微香。

这缕檀香已经深深地在我的记忆中，绵长而悠远。

阅读老人的感觉

一

张昌革，老校长。

在嘉定的教育界，或许很少有人不知道张昌革这个名字，特别是在南翔镇。镇子上的好些人家的祖孙三代都曾经是张昌革的学生。

在认识张昌革的过程中，我总有一种阅读感。每读一次，就会有一种新的感觉。这种感觉究竟是什么，很难用语言说出来，总之，是使我对"人"这个字有更多感悟的感觉。

第一次，是从别人那里听到有关张昌革的故事，很零碎。记忆中，依稀是老校长；张昌革，管理上以人文见长；很有人格魅力的一些片断，如此而已。

第二次，是在《嘉定教育》的封面上看到张昌革的彩色照片。给我的感觉是老人很精神，红光满面；老人很洋气，头戴一顶深色的法国式无檐绅士帽；老人很书卷气，金丝边眼镜透出儒雅的学者风度，只觉得有一股老派知识分子的气息扑面而来，感觉好极了。

第三次是我召开的一次教育科研分管校长会议。离会议开始还有半个小时左右，同事到我办公室告诉说："你去陪一下，第一位校长已经到了,是张昌革。"就这样,我有幸第一次走近这位慈眉善目的长者。可惜,没有深谈。

第四次,是接受教育局党委的任务,采访张昌革,能够从从容容地,面对面地阅读这位对教育事业倾注了"殷殷半世情"的老人,有幸触摸到一颗博爱的心;有幸寻索老人半个世纪的办学心路历程。

张昌革出身于一个教育世家。祖父张砚饴先生是上海南洋女子师范学校的国文教员。父亲张浩如先生曾担任过圣约翰大学实验学校的校长。张昌革的童年是在嘉定的乡下度过的,后来到父亲身边上了教会中学,毕业后考上了圣约翰大学的农学院。

农学院毕业后,他欣然接受嘉定黄渡乡村师范的聘请,做了乡村教员。上海解放那年,他受黄渡乡师委派在带有慈善色彩的南翔怀少教育院中学部任职。由于经费的原因,董事会决定停办中学部。眼看许多穷学生面临着失学处境,张昌革毅然召集几位志同道合的年轻朋友,借镇上一处破败不堪的李姓祠堂,创办了南翔义务职业学校,教员全部实行义务授课。

张昌革的校长生涯就从那个时候开始了。

1953年,政府将义务职业学校改为公办,更名为南翔农校。1956年,南翔农校又更名为嘉定二中,成为一所全日制的完全中学,后来命名为区的重点中学。这期间,张昌革一直是校长。退休以后,为了让更多的学生能够进高中就学,又和同事一起创办了一所民办高级中学,又担任了校长。

老人是一本书。这本书,够我们这一辈的现代人阅读和领悟的。

采访中，我一直在思索，时隔半个世纪，为什么老人的两次创业故事对我们现代人还具有这样大的启示价值？我想，这恐怕是因为，老人身上体现出来的那些东西，正是我们充分享受高科技成果的现代人身上今天所失落的。所以，我不仅仅是为老人近半个世纪曲曲折折的、略带传奇色彩的、苦行僧式的办学经历而吸引、而感动。

这本"书"，很少能够见到空洞的理性说教，通篇充满魅力的是老人不懈追求的人格实践。我想，这本书的书名应该叫作教育人格学。封面上的背景应该是张昌革和他的同仁拉着一条船——乡村教育的航船。这个背景中有个故事：20世纪50年代，学校的运动队要去县城参加中学生运动会，张昌革和几位教师在岸上拉纤，一直把船从南翔拉到嘉定。

时间凝固了，画面定格了。定格在高尚的人格维度上。

翻开吧，很值得读一读的。

二

采访张昌革的人，问得最多的是，他为什么选择教育作为终身的职业。

一种说法是，张昌革出身于一个教育世家，祖父、父亲都是从事教育的，在他的血液中流淌着热爱教育的遗传因子。记得一位叫门肯的外国人曾经说过："一个人确切的活动方式取决于他的遗传。"

另一种说法是，张昌革在圣约翰大学上农学院的时候，接触到不少有关"乡村教育"的理论，也很仰慕晏阳初、梁漱溪，乡村教育理论特别是陶行知的乡村教育实践。他深深感到，中国是一个农业大国，要改变乡村的贫弱，一定要先从振兴教育入手。

这些，都有一定的道理。

可是，我知道，在张昌革的脑海中一直有一个画面。他的童年时代是在嘉定的望仙桥（今为望新镇）乡下度过的，在那里一直读到三年级。后来乡下，那些从小一起玩耍的穷人家的小伙伴，因为交不起学费一个又一个地过早辍学，背上竹篓放羊割草，负担着家里农活的画面已经深深烙刻在张昌革的记忆中。

同样是人，由于出生在不同的家庭，有的可以上学，甚至留洋出海；有的就根本上不起学。人是平等的，人人都应该有上学的权利。中国传统文化的熏陶和教会学校宗教文化的熏陶使张昌革有了一颗博爱的心。他信奉：只有人人有书读，只有人人学习科学技术，农村的贫困落后的面貌才有可能改变。这些应该是张昌革心底深处最初的办学情结。

南翔怀少教育院董事会决定停办中学部，正是触发张昌革行动的一个诱因。就像多年后，张昌革年老退休以后，看到不少初中毕业生由于种种原因找不到高中可以上学，就毅然办起了私立高中一样，支配他的，仍然是这个埋在心底的办学情结。从当初的私立初中到现在的私立高中，从内部支撑着张昌革办学行为的，就是人人平等，人人就学的机会也应该是平等的人文主义理念。

高级经济师吴湘回忆当年在义职读书的情景时，动情地说："我父亲是工路段的小职员，兄弟好几个，家里很穷。我刚到义职的时候,头上长满癣,是张校长给我用药,后来头发才长出来。印象特别深的是,张校长留我吃了一顿饭,用家里仅有的一个鸡蛋煎了荷包蛋给我吃。后来,我再也没有吃过这么好吃的荷包蛋。那天,是在紫藤架下。"

主任编辑施心超说起1950年春,张昌革带领义职的学生下乡治螟虫的事情。大家晚上都打地铺睡,张昌革见施心超带去的土布被又薄又硬,怕他冻着,就邀他同睡。施心超记得,那天晚上盖的被子是张昌革结婚的新棉被。

紫藤架、新婚被。

连细节都是那么清晰,仿佛一伸手就可以穿过时空触摸到似的。在当时的那一刻,吴湘和施心超肯定觉得,做人的感觉,真好。

这样的故事,还有许多、许多。

槎溪民办高中的学费是全市所有民办学校中最低的。在校内,张昌革设立了额度较大的奖学金,一方面以激励学生发奋上进,另一方面返回学生一部分费用。学校还明文规定,凡是教师利用双休日为学习跟不上的学生补课,一律不另收费。由于学校目前还没有实验室和计算机房,为了送学生去嘉定二中上课,张昌革特地租了大客车,送学生来回。一个月,光车费的支出就是好几千元,全部由学校负担。

有这样一件事。学校有一位家境特别困难的学生许丽芳,受到一位不愿透露姓名的人的赞助,不仅包下了许丽芳高中三年的全部学费,还按月资助她一百元生活费。后来,才知道这位赞助人名叫陈如中,以前是张昌革的学生。采访他时,他平静地说:

"张校长在我以前困难的时候帮助过我,现在我处境好了,也应该帮助人。人嘛,就是这样,要知道感恩,还要知道施恩。"

三

唐养申老师在记叙张昌革事迹的文章《殷殷半世情》中写道,张昌革办义职是"怀抱着理想找苦吃"。张昌革当年办义职的时候,条件的确相当苦。

教师的住所是在李家词堂的偏屋,同棺木和神主牌位相邻。

屋顶漏雨,没有窗玻璃,冷风一直灌进来,只好用箬扉(一种粗糙的芦苇制品)或是破草席、旧被单遮挡。

伙食相当差,白菜放在水里煮一煮,就这样吃了。食堂里要吃鱼,就要去圩水抓鱼,一年也难得有荤腥。有时到市场上去割一点"奶脯肉"(一种很次的肉),或是到野外打狗。

柴草也经常断,总是吃夹生饭。饭也是有一顿吃、没一顿吃的。可就是这样,有时张昌革去镇政府办事,人家要留饭,他还推说已经在学校吃过了。

抽烟的教师最惨,买不起烟,抽的是学生捡来的烟头。

晚上没有电灯,大家就凑着烛火备课、批改作业。没有办公室,张昌革就把新房让给大家当办公室。

义职的教师都是义务授课。

张昌革作为校长,为了让学校办下去,除了一直派人向家里借钱以外(上海的亲人都不理解),星期天还亲自带领学生上街募捐,还说服新婚的妻子萧霞萍女士,典当了仅有的几件陪嫁首饰，来维持学校最低限度的开销。

萧霞萍女士回忆起一件往事，尽管时隔几十年仍然觉得心酸：

"有一回，我们去上海一家家地募捐，返回南翔的时候，由于火车里挤，我被堵在车中间没有办法下车，心一急，就从窗口反跳下车，结果，一个胎儿当夜就落掉了……"

为了鼓励义职的学生在逆境中奋进，张昌革还自己谱写了一支校歌。歌中有这样几句："……我们在艰难困苦中成长，师生团结互助，永远站在人群的最前列！"一位叫李秀芳的当年义职的学生，在接受电话采访时，动情地哼唱起了这支校歌。她说，这支歌记录了她生命中最有意义的一段岁月，是永远不会忘记的。

1998年，张昌革退休后，被任命为嘉二中学名誉校长，还担任了县府教育咨询组组长、督学、上海市农村教育研究会副会长等职务。可是，他的执着追求一天都没有停止。

嘉定作为沿海发达地区，教育发展应该有一定的前瞻性，普及高中应该先行一步。可是，从当时的情况看，单靠政府的力量，一时还很难办到。于是，就萌生了创办一所私立高中的想法，并得到了已退休的，他在嘉二中学时的"黄金搭档"钮涵礼的支持。1995年，民办槎溪高级中学终于开学了。说起学校以"槎溪"命名，自然会想到南翔历史上一个小小的典故。

相传西汉时大名鼎鼎的博望侯张骞，在沟通西域之后，曾乘槎（木筏）到过南翔。南翔镇志上还留有"博望乘槎傍海东，溪流闻说与夫通"的诗句，故有"槎溪"之名。不过，张昌革对校名倒另有一番解释,他是要用知识之筏,将一批又一批莘莘学子,渡往成才的彼岸。采访张昌革时,见到他的卧室兼书房的一面墙上醒目地挂着郭绍虞教授九十高龄时为他手书的条幅:"园丁辛苦育新苗,树木树人一例劳;待到百花齐放日,满门桃李出英家。"

我眼前又浮现出张昌革和老师们拉纤溯流而上的画面,拉着乡村教育的航船,不懈地走向远方……

四

当年,为了创办义职,刚刚从大学毕业说得一口流利英语的张昌革,本来可以进上海的洋行做事,可是当听说黄渡乡村师范需要教师,就欣然接受聘约,离开上海开始了他终身为之而奋斗、奉献的教育生涯。

今天,为了创办槎溪高中,暑假里不顾自己已经是得过两次癌症的身体,冒着持续36℃的高温,四处奔走游说,争取社会的支持。他的奉献精神感动了许多人,有钱的出钱,有力的出力,使他办学的理想如愿以偿。

张昌革说:"我愿做新时代的办学武训。虽然在办校过程中得到南翔镇政府与区教育局的大力支持,但经费的缺口还是很大,在'化缘'的过程中,也曾经有过遭人婉言谢绝的事情。"

说起张昌革办槎溪高级中学,萧霞萍女士说:

"真不容易。当初办义职的时候,是为穷学生、苦学生办学。我哭过,一天吃过一顿饭,但是师生感情很好。到了晚上的唱歌，革命的乐观主义。现在办槎溪，也是为了学生。今年暑假，为了抓新校舍的工程进度，老张和老钮一直泡在工地上。子女都不理解，你们两个老头子这样做图个啥，怎么来理解你们。你看老张，夏天痱子一身，牙龈肿胀，嘴上长满热疮，半面的脸都变了形，体重一下子轻了5公斤，连上楼梯的力气都没有，包一放，就坐在沙发上，等一歇我去拿拖鞋给他换，一看，睡着了。天冷还要到学校里去值班。学校里教师相当好，不计较，从早忙到晚，讲奉献。"

开学前一天，张昌革特地将老伴萧霞萍女士接到了学校，看看刚造好的教学楼。老伴眼里闪着泪花激动地说："不容易，不容易，我算服了你们两个老头子。"子女也都说："老爹办学是不容易。我们一看到校舍就理解他，他是首先考虑到学生，为了学生。"

在学校开办的第一年，张昌革和搭档老钮不拿一文工资奖金，外出办事从不打的，总是挤公共汽车，车费也从不报销。教师节的时候，镇政府发给他三千元奖金，他一大半分给了全校教职工。有时他和同事在学校加班晚了，就自己掏腰包请大家去吃大排档。还打趣地说："私立学校，私立学校，既然姓私么，我就私人掏腰包请你们。"

以人为本，为学生的全面发展负责，这是张昌革办学的一贯思想。

20世纪80年代初，不少学校因为生物不再列入高考科目，就将它一刀从课程表上砍掉。而在嘉定二中，生物课照上不误，一节也不少。为了改善生物实验条件，张昌革还专门派人从高等学校买来高倍显微镜。这倒不是由于张昌革是农科毕业,对生物情有独钟。他认为,随着高科技的发展,21世纪将是一个生物学大有作为的时期,一个现代化的中学生,不了解生物学,它的知识结构是有严重缺陷的。

劳动技术教育,又是张昌革多年来一直坚持提倡的。由于劳动技术教育和高考没有直接关系,往往不被其他学校重视。但在嘉定二中,劳动技术教育一直列入教学计划,规定为学生必修的内容,搞得非常扎实。

更为可贵的是,在国家教委还没有下达有关开展劳动技术教育文件的时候,嘉定二中早已经自觉地做了。这个传统大概可以追溯到张昌革创办义职时期,现在又被嘉定二中继承,保留下来了。市教委为此专门到嘉定二中召开了现场会,推广学校的做法。

张昌革认为,作为一位校长的责任,就是帮助每一个受教育者全面地健全发展,而不仅仅是为了应付考试。所以,在当时应试教育的大背景下,张昌革始终坚守着自己的教育理念。有趣的是,嘉定二中的高考升学率,在他任期内,始终保持在85%左右。在民办槎溪中学,张昌革笃信"教之,而得天下英才"这样一句话。他要让进槎溪中学就读的每一位学生,都能受到与重点中学同样好的教育。为此,他聘请有经验、有才学的教师来校授课,开设外语特色课程,举办高水平的爱国主义教育系列讲座,促进学生全面而有个性的发展。

"海纳百川,有容乃大;壁立千仞,无欲则刚。"

张昌革的魅力所在,就是他这种强健的人格力量。

一位教育局领导接受采访时说："张昌革校长是对我影响最大的人之一。最主要，是在人格上。他和教师坐在一条板凳上，以诚待人。有人说，一个人的人品是可以称出来的。首先是口碑，声誉好；再是心碑，在人心中；再就是丰碑了，流传后世。张昌革，在我心中，是一座'心碑'。"

这里，有许多小故事。

当年，义职条件很差，就这样一个苦地方，却有不少人乐意到这里来教书，现在的著名语文特级教师钱梦龙就是其中之一。钱老师当时在南翔文化馆做美工，张昌革邀他每周义务兼几节美术课。不料一个学期下来，原先"友情交流"的钱老师竟然辞去了文化馆的工作，一门心思投奔义职做了专职老师。从此，钱老师在义职，在嘉定二中如鱼得水，才华得以充分展示。直到现在，钱老师都说："我是一个没有学历的特级教师。"

张昌革的姑夫郭绍虞教授，曾经介绍一位因患肺炎休养在家的复旦学生钟孝瑾到义职担任农科的代课老师。后来专业调整，农科并入他校，省农业厅答应为农科老师另行分配工作，但钟老师情愿留在义职，改教生物。

还有一位蔡起荣老师，原来在上海立信会计专科学校任专职教师，经人介绍来义职财经科代课，对学校渐渐生出感情。为了能够留在南翔，最后改行教起了数学。

在经济困难的年代，张昌革信任地把新婚妻子仅有的几件首饰托委给别人，到上海去典当。

在"唯成分论"盛行的年代，张昌革敢于力排众议，推荐所谓"出身不好"的青年去参加市里乃至全国的比赛。

在"文化大革命"期间，张昌革相信同志、保护同志。至少有两位教师调走以后，主动又回来的。

尽管萧霞萍女士的回忆说跟着张昌革从来没有享受过一天，可就是这样，她也无怨无悔。我特别欣赏唐养申老师在《殷殷半世情》中的一段话："如果说，一个人这么做是偶然的，那么，几个人不约而同都这么做了，就绝不是偶然的了。"

"这中间的原因其实很简单，愿意留在义职并改行的几位教师，无一例外都受到了校长张昌革人格力量的感召，用他们的话来说，是被征服了。

"想想看，一个人，不仅自己怀抱着理想找苦吃，还能吸引一位美丽的女性跟随他一起吃苦并最终成为他的妻子，还能在自己周围聚集起一批富有才华的志同道合者，以一种殉道的精神从事连温饱都难以保证的乡村教育，如果不具备独特的人格魅力，做得到吗？"

教育有个功能，它能使真善美作为一种教义，在整个民间传播。生命是短暂的，只有善才能使它留传到遥远的地方。

真的，老人是一本书。

读老人的感觉，真好。

语罢暮天钟

一

汪卫平之于我,是同学、同事亦是如兄长般的人物。我,除了在正式场合尊称他一声"汪局"之外,从来都是直呼其名的。反之,他对我亦如此。

认识汪卫平,缘于"文革"后的恢复高考。

1978年。安师。他的教室和我的教室隔着一片水泥场地的灯光篮球场,在书声鸟声、树影日影里,遥遥相望,心神感应。读书时,我和他都是安师文学社的社员,以文会友就是从那时开始的。

后来,毕业实习进了张马弄的工农兵小学(当时的重点小学,后来命名为实验小学)。我和他同时被安排到四年级教语文兼班主任,且教室相邻,朗读讲课之声时常隔墙相闻,倒也平添一份乐趣。

我们那一拨安师毕业的人里面,汪卫平,他的坎坷经历、他的人生阅历、他的个性魅力和能力都是足以做我们的"带头大哥"的。后来,他成了一校之长,当然更是学校名正言顺的"带头大哥"了。没多久,由于教育规划和布局需要,张马弄原址的实验小学恢复为普通小学的校名,学校教师一分为二,一部分留在那里。另一部分教师随汪卫平搬迁到启良路、金沙路口新建的学校——实验小学。

我，就是当时随迁过去的实验小学打天下的"开朝元老"之一。再后来，汪卫平调教育局担任科研室主任，我在实验小学分管科研。几年后，汪卫平调到区委办公室，我调离实验小学接他科研室主任的班。1998年，汪卫平回到教育局，担任副局长，有很长一段时间，分管科研工作。

中国人是十分重视朋友和兄弟之情的，可称之为友道。刘海蓉对我讲过的一句话很是精到："你和汪卫平两个人其实平常也不大来往，但彼此之间有一种心灵相通的东西，是用不着用语言表达出来的。"真的。朋友的情谊，汪卫平不一定会说出来，但他会永远记在心里。

他在《寄往天堂的信》里对逝去的父亲说："还要告诉您的是：抄家时，您最心爱的《昭明文选》和四大名著等都被抄走了。您对抄家中遗失的其他东西都不在乎，可是，生前您一直念叨着《昭明文选》这套书，那是您走了不知多少书店才买到的啊。80年代初，我偶尔和博古通今的王威尔谈起此事。言者无意，听者有心。王威尔一直将此事放在心上。20年后，他终于替您买到了这套书的老版书。可惜，您再也看不到了。"

的确，真正的友情应该是淡淡的，应该是平常时遥相观望波澜不惊的那种境界。想起了有一句诗："两棵在夏天对望着聊了很久的树，彼此看见对方的黄叶飘落于秋风，它们沉静了片刻，互相道别说：明年夏天见！"从容淡定而意味深长。

在文化意识上，汪卫平是属于比较正统的那种，但他同时又善于吸收新的学术思想和观念,在他即将出版的书里,不少论文和"语丝"显示了与众不同的观点。汪卫平长期担任行政工作。行政以服从为天职。对行政上的要求,他不折不扣地坚决执行,确保政令畅通。自己的思想或观点,则通过文章表达。

我一直认为,汪卫平是很适合在体制下生活的人。而我,天生就向往采菊东篱、青帘沽酒、野泉滴砚、笑傲江湖的生活。但一点都不妨碍做朋友。一位朋友在评价我和汪卫平时说过这样一句话:"你们两人有一个共同的特点:都具有独立的人格、独立的思维、独立的判断、独立的行为,绝不人云亦云、轻易趋同和附和。不过王威尔的想法更'怪'。"

二

"轻飘飘的旧时光,就这么溜走。醒来时的清晨里,是我的哀愁。"这是罗大佑的歌。其实,旧时光里的岁月是厚重的。罗大佑用的是"以乐景写哀"的手法,听来"一倍增其哀"。这和《诗经》里写的"杨柳依依,昔我往矣"同工。

汪卫平不止一次对人说过:"回首人生和往事,有三段经历在我的脑海中一直留存着永远不会磨灭的深刻印象,使我终生难以忘怀,即10年插队落户、父亲不幸去世和任实验小学校长。这些人生经历为我日后经历风风雨雨奠定了基础。"

令人顿生别来沧海事,语罢暮天钟之感慨。

汪卫平的父亲是我们嘉一中学历代学子所敬仰的学术导师和

长者,那一代师长在劫难中的坎坷经历和人格坚守更令我们这些后生学子唏嘘和敬佩。"感时花溅泪,恨别鸟惊心。"杜甫的诗凝结着所有中国人身历逆境、感慨万千的情绪。

汪卫平曾经目睹父亲在劫难中的悲惨遭遇;曾经亲身遭遇父亲猝然去世的深痛打击;曾经作为"黑八类"的子女下乡插队落户亲历十年的艰难困顿,有过对农村朴实民风民情的感恩,有过被市里小市民称之为"阿乡"的羞辱,也有过船夜行黄浦江风浪里的生死一线;更使他怅然的是"家山北望""何处是归程"般青灯孤影的感怀……

汪卫平这些被迫失去了人生许多常情常态,饱经世间冷暖的人生历练,如大树上藤葛垂垂的沧桑,深刻影响着他的人生观和价值观,影响着他的行为方式和生命状态。父亲对汪卫平的影响,我认为不仅仅是在做人和处事上的"踏实、老实、本分、斯文,对人真诚不世故,对事业忠诚不二心",汪卫平更遗传了父亲对知识的虔诚和对学术的追求。

父亲在"牛棚"里对前来探望他的汪卫平嘱咐的那句话:"劳动之余好好看书。"在我看来,无疑是汪氏家族的传世"家训",是中华民族"耕读传家"传统最为朴素的诠释。

长久以来,汪卫平用读书、用笔耕,延续着父亲的学术生命。

哪怕是在学问无用成为全社会集体无意识的插队落户期间,他都始终没有放弃看报读书和写文章。这个良好的习惯或者说是文化人格和文化自觉,无疑为汪卫平即将出版的厚厚的文集做了一个坚实和厚实的注脚。

三

现在,他的一本厚厚的文集稿子出现在我的案头,并嘱我写序。

其实,有资格、有地位给他写序的人有很多,而汪卫平则把自己近三十年笔耕心血的结晶淡淡地托付给了一位淡然的朋友。我清楚,厚厚的文稿背后积淀着的,是厚厚的教育生命体验。

体验是永远无法重复的,更何况与体验逝去而永远无法重复的是岁月。

绵绵长长的教育生涯的所有体验,在汪卫平的文字里串联成了一条充满着感情的逻辑线。在那些体验里,有过那曾经的青春的理想、追求,有过那人到中年的人生况味以及即将告别教育生涯的一份隐约的留恋和深沉的回望。

这一望的目光,穿过了三十年;这一望的目光,其中蕴含着的审美价值远远超过了一个人所有的可以用来炫耀的所谓文治武功以及若朝露昙花般的美誉和掌声。苏东坡的词里说:"春色三分,二分尘土,一分流水。"在我看来,汪卫平的教育理想和感悟,一分付诸教育教学的管理和实践,一分凝成文字,还有一分则化作指间袅袅的烟云。

人们习惯说,一个成功的男人背后,肯定有一个支撑他的女人。我要说的是,对汪卫平而言,一个成功的男人身后,还有一个同样成功的女人。我坚信,人生智慧能量的传递一定是互相的,一定是双向加持的过程。这本书,无疑便是他们两人从这种智慧交流和加持中蒸腾出来的烟云霞霓。

写书之人是我熟悉的，文本里的情境和话语也是我熟悉的，很自然地，这样的阅读就和生命的阅读联系在一起了。《四书》里有"立德、立功、立言"的说法。汪卫平在分管小学的十多年间，一直强调"质量、科研和特色并举，成己、成人和成事并重"的管理理念，而且特别注重创"一校一品"的办学特色。在我们那一拨安师毕业生里，汪卫平是最重视"立言"的一个，而且是第一个"立言"的人。我的理解是：立德无非就是治心修身，立功无非就是踏实做事，而立言，则是对真理的探索及自我反思的记录。

这种探索和反思的记录，由于寂寞和清贫，需要坚守、需要自觉。

我关注到，收入本书的第一篇文章发表于1984年。那一年，香港歌星张明敏《我的中国心》红遍大江南北，成为除国歌外，中国人都会唱的歌曲；那一年，街上流行红裙子，《红衣少女》中的安然掀起了穿红裙子的风尚；那一年，台湾电视连续剧《星星知我心》在大陆热播，让人哭得一塌糊涂。那一年发生的教育事件有：教育部先后颁布了六年制重点中学和六年制小学教学计划，人教社据此新编或修订为十二年制中小学教材，全国人大教科文卫委员会在北京召开新中国成立以来首次教育立法座谈会，来年，中国迎来第一个教师节。还是那一年，许海峰实现中国奥运军团"零"的突破，由陈凯歌导演、张艺谋摄影的，代表着第五代导演的开山之作《黄土地》令人耳目一新，中国的第一家西式快餐店"义利快餐厅"开张，这是唐老鸭带动的食品革命。

汪卫平就是在这样的时代大背景下在《文汇报》上发表了他第一篇文章《给娃娃写日记》。

在今天，当年的那个娃娃汪沕淼也即将有了自己的娃娃，不由得令人感慨生命的生生不息和教化传承的人生密码当真是妙不可言。在那个年代，最受欢迎的职业排序依次是：出租车司机、个体户、厨师……最后才是科学家、医生、教师。"修电脑的不如剃头的""搞导弹的不如卖茶叶蛋的"，是当时社会的真实写照。

四

如果说，汪卫平此篇以及而后的各篇都是属于他个人学术心德文本，属于他个人的心路印迹，我们在书中都可以读到的话。那么，还有另外一个未列入本书的文本我必须介绍给大家，那是汪卫平在实验小学新迁后第一学期的第一篇学校工作总结的文本，可称为实验小学的"立言"之作。

那是属于实验小学集体的记忆，也是真正意义上实验小学的"开朝"文本，在校史上具有非凡的意义，我收藏至今。

从书架上翻出另一本纸张已然发了黄的工作总结（1988年第一学期），浅绿色彩纸的封面，老式钢板刻印的封面图案，老式键盘打字机打出的宋体字，黑色油墨的油印机印刷……令人有一种恍然隔世的感觉。题目是《齐心协力、克服困难、艰苦创业》，一共31页，这是汪卫平的心血之作。往事宛在眼前，我依稀记得汪卫平在全校大会上朗声宣读工作总结的神态、语气，一如他宣读毕业论文时的严谨、认真，只是多了点动情：

"赤日炎炎，却因没电而风扇不转，广大教工挥汗奔波于楼梯上整理教室，准备教学器具，手摇扇子伏案备课。赤日炎炎，却没有开水，却因无水而厕所不通，广大教工自带开水，四处寻找厕所。赤日炎炎，却因没有食堂，广大教工只得在烈日下往返于家校之间，有的因路远，只得在校吃面包、饼干。因为迁校，老实小有20多位教工平均每天多走7里路。"

20多年后的今天，我读着这段文字，唤起了模糊的记忆，真的想象不出当时我们是怎么度过那段艰苦的日子的。

我至今保存着从1989年到1994年（我离开实小那年）每一个学期的学校工作总结，我所见证的实验小学自汪卫平担任校长起，一直强调学校工作总结要写人和事，要写学校生活鲜活的、真实的生态、常态，要为后人留下翔实的史料。这，无疑是汪卫平作为学校"带头大哥"为学校"立言"的文化自觉。

学校就像一个家族一样，是不是有身份、有信誉、有责任，就看是否能把完整的演变脉络认真留存。校史当然是一种记录，但太简练。学校工作总结应该是集理性提炼、逻辑安排、案例呈现、感情叙述于一体的，比较得当新颖的学校史料文本。

我认为：如果把这些群体性的工作总结文本和汪卫平的个人学术文本两相对照互为参阅的话，我们一定可以对本书缘起的历史背景和人文环境以及潜在因果有更全、更深的理解和认同。

五

在汪卫平身上，有一种能够使他周围的人产生安全感、信任感的稳定风范。

有很长一段时间，他给外人的印象永远是不苟言笑，永远是铁面无私，永远是不怒自威的感觉。这大概可以用心理学上常用的那个名词"刻板印象"来解释吧。在提拔他为校长的教师座谈会上，一位教师这样评价："小汪平时话不多，但是讲出来的话很有分量。"

这里提到的"分量"，无疑是对汪卫平作为领导作为同事，尤其是作为男人应有的那些稳定风范的最朴素的评价。

在我的眼中，汪卫平总是那个穿长衬衫习惯卷起袖口，生活俭朴、疾步而行、任劳任怨的求道者和苦行僧式的形象。他身上有一种很强的使命感和责任感，有一种"虽万千人吾往矣"的儒家人格精神。最好的例证是，他1989年提出在实验小学进行"个性教育"课题研究的时候，还是全社会思想大解放之初，学界对"个性教育"的提法还十分忌惮、莫衷一是。汪卫平能够坚持自己的教育理想和信念，不但需要远见需要勇气，更需要定力。

当然，人是一个整体，一个多方面内在联系着的能力统一体，"刻板印象"并不一定是一个人的全部。

汪卫平是一个习惯于恪守传统的人，数十年来至今使用的笔记本（纸质的记录本）仍然是几十年前牛皮纸封面的那种，答曰："顺手。"汪卫平是一个十分注重管理细节的人，他可以在教师会上公布他巡视校园结果时，告诉你几时、几楼、哪一间教室、哪一朝向、哪一扇窗户是开着的。而且，提到时间的时候永远是精确到分钟，提到窗户时永远会告诉你是全开的还是半掩的。

汪卫平是一个十分严谨的人,给儿子冲的奶粉是严格按照剂量的;在笔记本的第一页,永远是用铅笔工工整整手写的目录和摘要;他给我校对文章,永远会把错误的标点用醒目的方式加以纠正。

汪卫平的文章逻辑性和文学性兼胜。

尤为难得的是他行文的客观和冷静,如同老派英国传媒客观、低调、含蓄的绅士风度。这种文风,在浮华之风盛行的现代已经相当少见了。难怪当年德国人战败之后叹息道:"出语谨慎的路透社,比英国海军还要厉害。"汪卫平的文笔老到而有风神,他的文字思辨之余可见"一切景语皆情语"般的感性,十分考究音韵与遣词造句的和谐统一。

其实,文字力量的背后,一定是一个人文化人格的力量。尽管,如汪卫平所说:"这些文章与我对人生的感悟相比,实在是相差甚远"。但是,我们完全可以从那些字里行间感受到理性思辨的精彩和充满丰沛情感的生命温暖。

对天下书生来说,读书的目的原本就是养气,一种"由来意气合,直取性情真"的浩然之气。汪卫平是一个非常理智的人,又是一个非常重感情的人;他很讲原则,又很讲义气。体制下的汪卫平,可以为朋友和同事打抱不平,可以为他们在校务会上拍案而起;他可以和普通教师朋友把酒言欢,在每年的公历岁末吟诗联、守岁迎新。

我记忆犹新的是,那年我那本写母亲的书《婉维》赠送他后,产生了共鸣,他马上赠诗一首《读〈婉维〉》:"威尔常忆慈母情，抚今追昔含清芬。衣食住行趣味漾，忠勇情义笔意深。传统现代妙相连，古典时尚巧引申。看似家门平凡事，蕴蓄无限孝子心。"用的诗韵是上平声"十二文"。更令我感动的是，初稿成于 2009 年 2 月 28 日，一年以后的 2010 年 5 月 11 日，他精益求精竟然又修改了一稿，共改了 12 个字、移动了两句的顺序。

汪卫平的这些文字，有不少篇章都是我以前已经阅读过的。这次重新翻读，这些远年的文字，却依然打破时空撩起我心中的感慨和感动。我一直相信，生命的能量是可以传递的。文字，就是一种很好的方式。

最后，我不由得想起我们之间有个有趣的故事。数十年前，他不止一次劝我入党，现在，已经实现了；数年前，我也不止一次劝他写书，现在，也已经完成了。其间的过程，全然没有一点刻意，都是云在青天水在瓶似的自在自然。此时此刻想想，竟然心中冉冉升起一股暖意。

希望这股暖意，也能够温暖到读到这本书的人。

雁点青天

一

和汤雁认识应该有四十多年了。

在安师读书时我是普师九班,她是普师十班。教室明亮的窗外,经常可以看到她们几个女生短发素裙翩翩往来的身影,犹如在安师这张隔着岁月沧桑的旧宣纸上淡淡的渲染起几笔青春的风景。

毕业后,分配到同一个小学,张马弄的工农兵小学。到了夏天,那时的教室里是没有电风扇御暑的,所有门窗皆洞开,坐在办公室里,时不时可以听到汤雁朗朗教孩子读书的声音,随着长廊的穿堂风拂过来漾过去,别有一番消夏的清趣。

后来,我和她以及其他几个学友同时调到金沙路上的实验小学。几年后,有缘同室办公,用汤雁的话来讲:"我和你面对面坐了五年。"

再后来,我调到教师进修学院科研室,她留在实小当校长。她的学校,我去的是不多的,没有大事她一般不会来找我,我也端着架子不往她的学校跑。记忆中有两次,一次是我陪台湾"教育次长"吴长官的海峡两岸小学教育代表团到普小参观访问;一次是上海市小学教育管理学会在普小开观摩研讨会,推广普小

"智慧教育"经验,她邀我当点评专家。

这些年,汤雁把一个"普通"小学打造成一个"不普通"的小学,一定有她的甘苦,一定有许多故事。但是,我不是一个善于写故事的人,原来商定的等她美国探亲回来的采访也因为彼此忙碌而搁下了。

二

何处落笔?

在我心里,一位女性,无论她的角色是女教师、女校长,还是女代表,首先她是女人。

古人形容具有大家风范的女性是这样说的:进得厨房,出得厅堂。若以现代成功女性的标准来看,最高层次的还得加上一句,这就是:进得厨房,出得厅堂,入得人民大会堂。汤雁,无疑兼具了古典和现代两种成功标准的女性。2002年夏天,汤雁当选为中共十六大代表,光荣地走进了北京人民大会堂。当然,她是以一名普通党员的身份走进去的,更是以普通小学校长的身份走进去的。

没有哪一种职业像教育这样,深刻地改变着女性的命运。也没有哪一种职业像教育这样,拥有如此之多的智慧女性。女性,因智慧而美丽,而教育又因有了美丽女性呈现出了别样的风情。那就不妨从一个男人的视角,来写写这个从事教育的颇有品位的女人吧。

1998年,对汤雁的教育生涯来讲是一个特殊之年。

汤雁至今仍然记得当时的心情："1998年6月18日，学期尚未结束，我在金沙路上的实验小学的领导岗位上，突然接到通知，调我去塔城路上的普通小学担任校长兼党支部书记。刚接到任命，我就有一种感觉，自己的人生轨迹，像是画了一个圆，又回到了原点。"

相信你们和我一样，好奇她为什么讲"又回到了原点"？

汤雁的思绪回到了童年时代："记得是1964年吧，我七岁，到了上学的年龄，进的就是普通小学。当时校址还在张马弄，离我家挺近的。开学那天，父亲把我领到教室门口，我胆儿小，死活不肯进，躲在父亲身后。是父亲在我背后推了一掌，把我推进了教室。三十多年过去了，我重回母校，主掌校政。当年那个怯生生躲在父亲身后的小姑娘，如今已是人到中年。我觉得，这一回，是命运的巨手，在我背后推了一掌，把我又一次送入母校的怀抱，这或许是冥冥之中的一种缘分吧。"

相信你们和我一样，关注的是三十多年前的小姑娘回到母校掌印后的第一步将如何迈？

汤雁告诉我："回到母校任职，当然很兴奋，刚才我说过，这是一种缘分。不过，虽说在母校念到小学毕业，毕竟当时是个小孩子，对普小的传统，它的特点，并不清楚。我想，我首先要做的，是拿出一段时间来了解普小，包括它的过去，它的现状，它的方方面面，再结合它的实际来定位，求发展。我发现，当时普小一个课题也没有，科研可以说是一片空白。传统的东西也好，核心的东西也好，都没有。我真的感到奇怪。我在实验小学工作期间，就喜欢搞科研课题。我一直认为，教育如果不争取一种研究的手段，就很难深入，也很难突破。"

相信你们和我一样，诧异这所百年名校当时竟然没有自己鲜明的教育理念。

那时候，汤雁脑子里整天想的就是这个问题。正好，为了筹备普小的百年校庆，她开始接触校史，读了不少东西。又向老校长、老校友们广泛咨询，征求意见。1999年年底，南京一位姓林的老太太给我寄来一份校庆二十五周年的资料。这份资料保存了七十五年，与老太太同龄。

这件事让她非常感动。在阅读这些资料的过程中她感觉到，普小有厚重的历史积淀，有自己的传统。加上目前又有很好的硬件设施，老师的起点、教学的起点都比较高，缺少的是办学思路上的突破。突破，就需要依靠科研，就需要找题目。

有一次，汤雁去市里开会，教委张民生主任在会上做报告，中间说了句"我们的老师能不能智慧一点？"这句话突然击中了她，"像一个触发点，阻滞了许久的思路一下子打开了，有一种豁然开朗的感觉。我开始琢磨'智慧教育'这个题目，觉得是个好题目，有生长性，可以衍生出许多东西"。

我认为：以古典精华涵养学校精神是汤雁的一种大智慧。

汤雁的办学智慧不仅仅体现在选择了一个智慧育人的课题，更在于贯穿于其中的思想和行动的智慧，值得我们借鉴。我们说，学校的文化一定会受到地域文化的滋润和影响。先从嘉定的法华塔说起。该塔离学校百米之遥。风水先生说法华塔就好比是文曲星的一支笔，"法华"的意思是让读书人像佛一样的智慧。学校后头，日日枕着缓缓流过的嘉定母亲河——练祁河的河水；

练祁河北岸是江南著名的古典园林秋霞圃,使普通小学得以与风水对接、与风月长在,经久地受到传统文化的浸润,学校也就成了嘉定古城承接文化脉络、产生精神资源的一个百年的文化庭院。普通小学开展"智慧育人",得其地利。

我特别能够了解她心思的是,在校长室旁边的那面墙上,一幅老子《道德经》的书法。

我去归无数学校,把《道德经》挂在墙上的,普小是很少的其中一家。老子的思想不仅是中国思想的重要组成部分,而且已经成为一种国际性的重要思想,是一种大智慧。普小得其人和。什么是教育成功的标志?如果有人问犹太人,一定会回答:"智慧。"现在,素质教育给出了同样的答案,"智慧"是教育成功的标志。这是因为,教育的本质就在于发掘人的潜能与智慧。所以,汤雁的"智慧育人"又得举国素质教育之天时。

天时、地利、人和。汤雁的"智慧育人"延续至今。

"智慧育人"既是一种理念,更是一种实践。"智慧育人",当然尤其关注人。基本思路是:以管理智慧提升教师的育人智慧,以智慧教学培育学生的学习智慧,以智慧学习发展学生的智慧潜能。"以人为本"在普小绝对不是一句空话。举一个例子:普小的"智慧育人",研究的不但是管理智慧、教学智慧、学习智慧,更要让教师在教育中去寻求自己的生活智慧,在体验教育快乐的同时体验职业的快乐和生活的快乐。你们可以从普小《教育的智慧》那本书中,教师的"一语禅"中找到答案。

这样一个目标,或者说这样一个理念,给普小带来了很大的变化。

汤雁自己的感受是:"依我看,最大的变化,在于学校有了一种科研的气氛,或者叫作智慧的气氛,并因此而充满生气和活力。现在学校的全部工作,无论教学工作还是德育工作,都融入到这种气氛中,都是在科研指导下开展的。现在普小有几十个科研课题,市级的、区级的、校级的都有。每个学期有成果,老师能见到自己的东西,他也自豪。多年下来,大部分老师走完了一个完整的过程,都尝到了搞科研的甜头,无论科研水平和教学质量,都得到了提高。"

我认为:以女性特有的精致和审美品位孕育学校大气是智慧教育的一种境界。

女性总是和细致、品位等词联系在一起。以古典的精华和现代的理念融合而成的学校精神是所有普小人的一笔财富,但它需要全体成员以奉献精神共同参与,齐手共建。汤雁认为,如果把"智慧教育"当作是一种愿景、一种追求、一种跋涉,那么,细节决定着成败,品位决定境界。

下面让我们从几个细微之处来感受汤雁的精致与品位。

老师说,汤校长对普小教师的着装规范都有十分明确的规定,概括地说就是"领、袖公约"。普小的教师,在着装上,男的要有领、女的要有袖。无论从角色职责,还是从社会文化的传承而言,教师一直是社会提倡的价值楷模。教师的为人师表,除了传统公认的道德伦理层面的内容以外,还有审美层面的意义。男的是绅士、女的是淑女,这是现代文明社会对人、对教师这个群体的人文要求。

老师说,汤校长用她独有的女性品位,诠释着现代时尚美学和学校管理精髓的内涵。

古人说:"一屋不扫何以扫天下。"同样地,"一服不整何以整校纲"。普小的校服是分春夏秋冬四季的。校服的质地很考究,校服的搭配很讲究,处处可以看出汤雁对细节和整体感觉的独特把握。用老师的话来说,汤校长是把校服连大衣、套裙、内衣、袜子、鞋子、围巾都考虑在内了,而且把款式、色彩、质地作为一个整体,来体现现代女教师、男教师的气质。在汤雁的熏陶下,连普通女教师都能讲出"我们的校服以黑色、咖啡色为主。黑色简洁、经典,咖啡色温暖、中性,可以提升我们的自信心"这样颇具审美水平的话。

汤雁的精致还在于管理的细节上。

老师说,有一次我孩子骨折,没有张扬,知道的人很少。汤校长不知从哪里得知消息,特地到我办公室来问候。更让我感动的是,过了几天,汤校长在校园巡回时,又问了我一次。你想,这样的校长,能不令我们感动吗?

老师说,学校规定30岁以下的教师每周都要写随笔,我将要到30岁,想偷懒逃避,有一次就没交。没有想到,汤校长会去查档案,细致地去对照我的年龄。这件事,使我终生难忘。也教会我如何在小处去做好一个人。汤雁的精致和品位,成就了这所百年名校的大气。

三

应该有个尾声了。

汤雁是个很真、很诚；很直、很正的女人。她永远不会客套，永远地仗义执言；她对教育永远有着一腔热忱。

汤雁的成就无论有多大，在我眼中，她永远是那个安师校园里短发素裙翩翩流动的风景；永远是工农兵小学夏日长廊里拂来漾去的清朗声音；永远是那个敢于在不惑之年和吴静波捧着大束白色玫瑰花旁若无人穿行于南京路艳阳下的款款身影；永远是那个有着民国教养和气韵的知性、整洁、雅致的女校长……

汤雁的语言极富感染力。那年底，普小礼堂里，正在举行的是新春团拜会，学校组织的"感动学校的十大好事"颁奖活动正进行着。在推荐者的娓娓道来中，十大好事中的主人公一一站到了台上，主持人邀请校长进行颁奖并讲话。

汤雁接过话筒，看着手捧奖状的教职工，看着台下的老师职工们，深情地说道：

"我们的校园里，感动无时不在、无处不在。当我每天踏进校园，想到还有两位执勤校长在协助我工作时；当我看到在凛冽的寒风中站得笔直的值勤队员时；当我看到我们的班主任老师连一顿午餐都不能坐下来安稳享用时；当我批阅青年教师的随笔，感受年轻人的好学、豁达、敬业、爱心和智慧时；每当夜幕降临，看到后面办公室的灯光和匆匆走在校园道上的老师时；当我看到Z老师多次在双休日驾驶着私家车带着孩子去市区比赛而从未报销过一分汽油费……我一次次体会着感动的幸福。校园里本没有什么惊天动地的事，但是一句话、一个眼神、一次帮助，同样走进我们的心底，让我们倍感幸福。如果我们每个人不但能发现感动、传递感动、分享感动，而且能创造感动、收获感动、珍藏感动，那么我们的学校会变得更可爱、更不普通、更具魅力……"

一连串的排比句，不仅仅是从藤萝茂盛、古意盎然的安师打下的深远的文学功底，更是真性情、真动情。

所有教师，含笑鼓掌。

汤雁，眼圈红了。

我想，此情此景，智慧教育的真谛应该尽在其中了。

西窗红笺月明楼

一

那个夏夜。月华如水。

不经意间,指尖跳出冰心无尘的博客首页,满眼是深深浅浅的绿,春水盈门,翠石绿开,芳草碧连天。风中伫立的那位女子,携一卷书香,还有闺中女儿绵绵密密的心事。

中国的文字真是好啊:冰。心。无。尘。清矜之气扑面而来。她为自己写过一首藏头诗《冰心无尘》:"冰清暮云皎之月,心系枝发柳絮飞。无语秋韵莺梦来,尘风舞蝶露芳菲。"诗句如果仅仅从技巧层面去解读就"着相"了,我更看中的是其中意象的寄托:皎月、白絮、秋韵、清露,读来自有一种明净和高标。

她那篇随笔:"每当用文字来倾诉时,都渴望文字的繁茂与畅达。每一个文字都承载着我的一份思绪,一份向往,一份感叹……"下面,是她与网友的互动:

问:当两个人分开的时候,你会选择何种方式来表达你对她(他)的想念?

答:文字。

问:如果寂寞会怎么样?

答:写自己喜欢的文章。

问：因为你们不可能在一起，你会把喜欢的人从心里抹去吗？

答：不会。

后来，知道了冰心无尘真名叫郝红。贵州女子。

好像是六年的时间吧，她出了四本书，每一本都是邀我写的序。其实，我并不明白郝红为什么要嘱咐我这山水迢迢远在江南文人写序的真正原因。但我知道，冰心无尘郝红的心里活着一个江南："昨晚受朋友之托，去她的朋友齐人于的博客取一张国画，用于装扮朋友圈子的首页。进去一看，真是画的海洋，美的世界，让人目不暇接！我进去一眼就看中了这幅《江南三月》的国画！那种宛如世外桃源、本色拙朴、风致别然的意境一下子就吸引了我。随即以观画有感，相继填词写了两首。"（摘自冰心无尘郝红的博客）

这江南的情结，或许是嘱我写序的一个原因。

她写过多首江南题材的诗词，《梦江南·江南人家》是其中之一："江南处，自给自足悠。庭院紧依添暖色，隔栏相助不言求。固守月明楼。"好一个"固守月明楼"，温情柔笔，相映生色，妙结全篇，余韵悠远绵长。

山外青山楼外楼。那是江南的楼。

云破月来照小楼。是西楼？抑或是绣楼？

明月一点窥人。是谁在妆台？是谁的心事透出窗台？

在我看来，好女子的小楼是绣楼是闺楼更是书香楼。可以想见，应该有花梨木书案，案上有名人法帖、松花石砚，各色笔筒内插着春天小树林一般的斑竹毛笔。墙上的那幅画，应该是《江南烟雨图》。楼外，是红尘。芭蕉惹骤雨。在现代纷纷扰扰的尘世里，知书达理、温婉端庄的女孩越来越少见了。现在的女孩，除了精心侍弄自己的容形，缺少了对美好事物的感应和知性含蓄的淑女风范。

我不知道现在还有多少女孩子还能够如郝红所写的"固守月明楼"，"固守月明楼"真的很难能可贵。郝红是把追求生活品位，享受优雅人生，当作一种内在心灵富足与体现生命质量的健康生活方式，心底光风霁月、自生清丽。

二

冰心无尘的博客，有许多是填的词。

我一直认为，女孩子是比较适合写词的。词是一种专以描摹人的心态和情感为能事的文体，"其情长，其味永，其为言也哀以思，其感人也深以婉"。清人谢章铤在《赌棋山庄词话》有一段话可以印证："词体如美人，含娇掩媚，秋波微转。正视之一态，旁视之又一态；近窥之一态，远窥之又一态。"这浸润着婉约气息的词，无疑是最富有女性美的一种独特的文学样式。

现在，女孩子喜欢填词的慢慢多了起来。这是好事。让我们感受到《红楼梦》《镜花缘》中的那些冰雪聪明、能诗善文的女子们，似乎又回来了。在一缕阳光映照下，或者是在一弯新月的映照下，虽然没有了鹅毛笔和蝇头小楷笔，但是印花信笺和女孩细细绵绵的心事依旧。

这是关于写词的人。再来说说品词的人。

中国历来有品词的传统。历朝历代都有许多诗话、词话，我们比较熟悉的就有王国维的《人间词话》、梁启超《饮冰室评词》、陈廷焯的《白雨斋词话》、胡仔的《苕溪渔隐词话》，等等，数不胜数。构成了一道中国文学特有的文学批评、文学鉴赏的美丽风景。能不能够有一种比较感性的品诗品词的新方法？这是我老早就想为郝红的诗词作一些点评，却迟迟未能落笔的原因。

我相信如郝红般填词写诗的人，不仅仅是在"写"诗词，而是在把自己美好独特的、细腻的、诗意的美好情怀和体验，与大家分享。那么，品诗词的人，在感受诗词的同时，不应该仅仅注重诗法、词理的理性解读，更应该还原作者对美好事物的心灵感受和审美体验，从而再次感动读者的心灵。

三

"知君用心如明月。"

我曾经不止一次地劝郝红结集出书。郝红也不止一次地喃喃自语："我出的书，有谁看啊？"其实，写诗也好，出书也罢，其真正的意义并不在诗书本身，而是人们为了让自己在红尘的浮华和喧嚣中抽离和解脱的一种方式。所以，与有人看与不看，"在不在心外"，都并不重要。郝红的设问令我对王阳明的话有了更深层次的理解。她的第一本古典诗集《西窗红笺月明楼》也终于由中国作家出版社出版了。

后来，她的现代诗集《心曲流芳诗几许》也是我写的序。越明年，她又有信来说，即将出版散文集《情润笔端意未央》仍然邀我写序。我迟疑许久,不敢落笔。因为,郝红的这本书太厚重。

《情润笔端意未央》,写的是浓浓的家族亲情和家庭知心爱人的爱情。对文学而言,亲情爱情的感染远比文字的渲染浓烈,也更加能够唤起思乡游子心中深藏着的那份对家的眷恋。郝红用这本书,把她对家的爱恋依恋深深地打了个梅花络,结在了心底,来永远温润美丽自己,也深深地结在了读者的心底。

郝红的家"曾是一个五代同堂的大家族,外公去世后,现在是四世同堂,男女老少近30人。五姐妹都分别拥有自己的小家庭,每个家庭都有不同的感动,不同的人生,不同的故事"!郝红始终坚信"亲情在这世间不可或缺,是亲情让生活充溢着一份份的温故知新,一份份的惊喜交集,一份份的无私奉献,一份份的刻骨铭心。这种恒久的温暖与付出,将贯穿于生命的始终"!

慢慢品味,郝红满怀的深情,七分化作辉映老家庭院湘帘的云霞,剩下的三分凝成了暖意充盈的文字。我一直认为,爱情从来都是用来润泽文人笔端的。若说爱君笔下有云霞,那云霞,无疑就是冰心无尘郝红脸颊上浅浅的那一抹绯红。试想:放眼天下,还有什么感情能够比人伦之情更厚重的呢?还有什么样的文笔,能够为郝红情润笔端的深婉曲意再添上一笔的呢?

冰心无尘郝红的才情是众所公认的,在《红笺》和《心曲》里我们已经享受到了她那种美好独特的、细腻的、诗意的美好情怀和体验;她那种心灵富足与体现生命质量的健康生活方式;以及如云在青天水在瓶似的淡然宁静、清淑雅致的一个现代女子的优雅美好的人生光阴。

冰心无尘郝红这些亲情散文的字里行间，依然潜藏着她一如既往的诗的性情，在家庭弥漫着的外公烹饪厨艺"味美醇香、沁人心脾"的家常饭菜香味里，不但有我们熟悉的郝红淡淡的轻愁以及和风拂面的温煦，更有那一缕婉约清矜之气。笔底暖意绵绵的记忆和心曲回环的爱恋间，偶现诗的芳影。

在这本书里，冰心无尘郝红期许的是"人世间正享受相同幸福的人们，请好好珍惜所拥有的家庭幸福"。郝红的叙事很长：父亲、母亲、外公、几个姐姐和姐夫，还有"知心爱人"老公……一路写下来，情爱更长。一如她"精致、贤静、窈窕"的老母亲手中的绒线团里拉出的绒线，从光绪三十三年的丁未年出生的外公说起，越拉越长，难有止尽。

有意思的是，在亲情的叙事中原本我们熟悉的那个超凡出尘的诗女才女冰心无尘郝红给我们展现了她的另外一面，她像小孩子一般留恋起了穿上"自己都觉得自己漂亮了许多，心里别提有多美了""剖开的缝褶上面母亲绣了许多的小花花""一件浅蓝带白色圆点的横胸剖开有褶皱的娃娃衫"；她甚至遗憾起姐妹几个没有能遗传外公那一手精妙的烹饪厨艺来："因为字写得好不好对家庭还不至于影响什么，而做不出一桌像样的饭菜对一个家庭来说，就多少有些影响了。"她感慨，"现在不是流行这样一句话吗：'要想留住老公的心，就先养好老公的胃。'"

郝红对母亲感情很深。

她嘱咐我：《情润笔端意未央》里有她写给母亲的诗和写母亲的文字。母亲现在已经近八十高寿了，她要尽快出版，能够让母亲很快见到这本书。这段话，深深地打动了我。我也曾经给母亲写过一本书《婉维》，在自序里面我写道："本书是对随风而逝的往事的美好记忆，以及对上天的感恩。因为，是上天使母亲健在之时，还能够看到儿子为她写下的一些文字。"

郝红之心如我心。

郝红记叙：在上大学的时候和家人打电话都要到邮局去打，"亲人间沟通的唯一方式就是信函，每次阅读母亲的来信，都是一种心灵的交融与震撼"。"记得第一次收到母亲来信时，信封上醒目娟秀而洒脱的毛笔字，让我的同学们惊叹不已，都不相信我的母亲能写出这么一手漂亮的毛笔字来。"

郝红记忆："我与母亲在通信期间，似乎不仅仅是母女间的感情互通，更多的时候，我们更像朋友、像知己。不管我开心也好，委屈也罢，都总是向母亲诉说，而母亲的回复也总是如涓涓流水、温馨怡然地娓娓而谈，有教诲、有鼓励、有期望、有安慰、有温暖……种种的只言片语，都让我受益匪浅。可以说，读母亲的来信是我当时最开心的事，有时候也会因感动而潸然泪下……"

郝红感怀："母亲的疼爱，是世间最细腻的呵护；母亲的付出，是世间最无私的奉献；母亲的关怀，是世间最恒久的温暖；母亲的告诫，是世间最揪心的忠言。这，就是母亲给予我们的一切！"如此文字，尽在母女深情。我知道，那年郝红在母亲生日时，曾为母亲献诗两首，以答谢母亲的养育之恩！录下她为母亲写下的两首诗，和大家分享：

《母亲与康乃馨（七律二首）》，其一，《母亲花》："心香四溢斗奇妍，茎翠纤青姹紫嫣。绽放清馨飘沁醉，纤尘不染落开颜。母亲华诞花一束，儿女祈福语万篇。哺育含辛然若苦，荣膺绘就皱纹添。"其二，《游子吟》："开怀畅饮敬千杯，鹤发童颜满面辉。绝唱新诗慈母颂，欢歌词赋孝儿归。情深似海难相报，恩重如山可塑碑。任重沧桑风雨啸，家和盛世映春晖。"

家原本简单，爱原本深挚，让家和爱在冰心无尘郝红的笔端永恒。

四

中国人常说"事不过三"。当她把《烛影摇红归何处》散文稿寄来的时候，我根本就没有想到，也更清楚自己已经不可能再有才情笔力为她写第四篇序。但是，当我断断续续读完书稿，眼下的这些红笺小字，明月犹在地写尽了冰心无尘郝红平生事、心中意。每一篇文章都有属于她自己通透清澈的心曲，更确切地说是清新平易、细腻真切的情感，我抑制不住油然而生地莫名感动，竟然又提笔落墨了。

郝红的古典诗词底子很好，《西窗红笺月明楼》里的那些好诗词就是例证；郝红现代诗的耐人寻味之处在于善于化用古人的词句并且自开生面，如落雪无痕般地融入诗中。我一直感慨《心曲流芳诗几许》里她生花妙笔酿就的浑然天成：能够把古典诗词那些婉约的气息和现代诗自由而灵动的样式融为一体，叙事和抒情如经纬般细细织就如诗如画的锦绣，自然畅达、生动灵秀的气韵充沛其间，这是尤为可贵的。《情润笔端意未央》我们可以当作家族逸事来读。

我想，我现在应该读懂了她把"眷恋文字"放在《烛影摇红归何处》开篇的深意：

"无论是愉悦的，伤感的，思念的，寂寞的，感慨的，无奈的心情"；"每一个文字都承载着我的一份思绪，一份向往，一份感叹"；"我用文字安顿疲惫不堪的身心；用文字憧憬心中的梦想；用文字倾注无尽的思念；用文字释放心中的郁闷；用文字呼唤期盼的情感；用文字诠释曲折的人生……"

散文，于文人而言是最见性情和功力的。

难怪于光中会说"在一切文学的类别中，最难做假，最逃不过读者明眼的是散文"。须知，散文在所有文学类别里对于技巧和形式的要求最少：譬如选美比赛，散文所穿的是泳装。因为诗可以凭借节奏、意象、分行等技巧；小说也可以靠观点、象征、意识流等手法；而散文家更多写的是自己的心声，是为自己发言。

如果说冰心无尘郝红的古典诗集《西窗红笺月明楼》、现代诗集《心曲流芳诗几许》体现的是才情；《情润笔端意未央》充满了浓浓的家族亲情和家庭知心爱人的爱情；那么，如今这本《烛影摇红归何处》冰心无尘郝红则进一步地敞开了她的心扉，仿佛用穿越经年的旧时天气，隔着光阴用文字串联起今日的泥金书笺，也使我们能够更加全面、更加深入地体察到她肺腑中深情婉曲的心情。

文由心生。

秋季，是冰心无尘郝红最喜欢的季节。《淡然心境下的秋》《秋雨润心》《春花落尽成秋色》《梦锁清秋》……满纸的秋色秋声秋云秋雨惹起她几缕秋思。

秋是明净的，秋天的日光清透而温暖，使人有一种身心安宁的静悦，一种入眼即透的空灵；同时，淅淅沥沥的秋雨是缠绵的、秋夜是静谧空寂的。在郝红看来："喧嚣浮躁的尘世，万家灯火的闪烁，都无法让人享受到一份安宁与惬意，唯有秋雨中的那份缠绵，才让我领略到了那一份久违的清凉与宁静"；"我不知道人的灵魂是不是也可以如这般洗涤。但我希望每天都可以将自己的灵魂进行一下洗礼，用一场清冷的秋雨洗去多日灵魂深处积下的浮尘，洗尽铅华，让自己的生活变得鲜活且爽朗"；"静静的秋夜，蛰音四起，几声虫鸣入耳，几声寒蝉梦呓，伴着微微的心跳，亦如一丝洗涤灵魂的梵音，穿透沉睡的黑幕，袅袅飘浮在这氤氲的夜色里，让我感受到了一种天地合一的唯美与神秘……"

冰心无尘郝红对"诸如倾诉相思、宣泄情感、解惑愁绪、抒发情愫的伤感诗词似乎情有独钟"。很多时候她"会无端地产生忧伤，却一直很享受这种忧伤。从小到大似乎一直都这样。也许是天生性格所致吧，所以，总是喜欢沉静于一种幻想与淡淡的忧伤之中，且始终无法自拔"。她自己也说"不知道为什么，在我的世界里，总是有太多的惆怅与忧伤，总是会莫名地伤感。这种伤感似乎没有理由，总是在不觉间就笼罩了整个身心"。

在《梦锁清秋》里，她喃喃自语："漫步在略显凉意却又充满无限思绪的秋夜，感知枯叶翩舞，柳萎花残，怎不令人思绪万千，心潮难平！我不禁开始怀念那些让人揪心的岁月，那些温馨的记忆已让秋风悄悄地掠走，唯有遍地斑驳的残叶在等待着抚慰与灵变……"

在《春花落尽成秋色》里，她心曲回环的絮语："我不知道，我的梦，是否会提前实现。亦不知道，什么时候才是收获梦想的季节。我只知道有一种痴痴的期盼，一种傻傻的固执，一种忧忧的情怀……""总是喜欢将希望倾情在自我划定的时光里，但又总是在瞬间将这种希望放逐，让希望与失落共存于心间，或许这就是心的矛盾吧！""岁月荏苒，四季轮回，就在这种反反复复中，我还来不及镌刻岁月的痕迹，来不及自检成长过程中的青涩和无知，来不及掩埋伤感的故事，便在反复的悲与欢、苦与乐中被演绎成瞬间的碎片……"

活一种诗情，活一种愁绪。

在这些散文里，我们仿佛看见她轻轻打开《千千静听》，一首接一首地听着歌曲，好听的，不好听的，都有心无心地听着，把音乐作为舒展自己文字的一种背景。此时此刻，郝红"想着心事，十指在键盘上轻轻地游动着，敲打着瞬间闪出的文字。心里总是有一种寂寥的伤感，有一种无奈与沮丧。不知道这种落寞来自何处，说不清，道不明，只有心会时时的痛"。看着窗外，在剪剪树影中，还有几户人家亦忽明忽暗闪烁着灯盏，她会遐想"不知道灯盏下，是不是也有一颗如我这般静寂的心？是不是也在倾心地舒展着淡淡的情怀"？总是会在这个时候，郝红"静心盘点经历的过往，也总是会为自己的对与错感到欣慰或遗憾。不管是怎么样一种心情，都总是会告诉自己：明天一定会比今天做得好"！

这本《烛影摇红归何处》，我更看重的是她对朋友的情谊。

在卷四《写人记事》里，用了5万多字的笔墨来写朋友。在她这些朋友里，有情趣相近的姐妹、有以文会友的挚友；有同事，有前辈师长，还有历尽冷暖人生的贵州远征军的老兵；更有病榻上的病友和怀念去世的老人……朴素的文字饱含着郝红的深情，平实动人。

《把朋友装在心里》，这无疑是郝红的心声：

"友谊永远是一个甜柔的责任，从来不是一种机会。"

"鏖整理了两天朋友写给我的诗词，一种感激让我心里倍感亲切与温暖。"

"看着来来往往的朋友，一个个熟悉或陌生的昵称与头像，心里涌现的总是感动与温暖！一条留言，一句点评，一声问候，都让我感觉这世界并不冷漠，而我也不孤单。"

"我感叹网络让世界变得这么小，让我拥有了无论身处何地的朋友；我也庆幸自己有了对文字的爱好，让我拥有了许多文友。在相互的交流与学习中，找到了乐趣，丰富了生活，充实了自我。"

我知道，对冰心无尘郝红而言，人生情感的饱满与否，说到底是一种朋友间的相知相悦，是握在手里的幸福，"这里有真诚的心声和凝结的灵感，有飞扬的思绪和婉约的情丝"。郝红是把善待亲朋好友、追求生活品位、享受优雅人生，当作一种内在心灵富足与体现生命质量的健康生活方式。

我仿佛看见，冰心无尘郝红书房窗前的那盏烛火，依然很柔和，光影里映照着平平仄仄的书香盈袖，郝红"看着朋友们来来往往，一步一步地走开，又一步一步地走来"，她"整个世界也静静地开始变得柔和起来，而心竟然亦变得柔和起来……"

希望，这本《烛影摇红归何处》仍然能够温暖你的双眼，柔和你的心境。

后记

这本书，应该是一本怀旧之书。

20世纪60年代初，随父母亲迁居嘉定，已经在此地生活了将近60年。此地，有嘉定人称为母亲河的练祁河，练祁河边有一条如今上海最长的弹格老街西大街；此地，有我父母亲遗留下的小屋，有我的启蒙老师，有我无数朋友，更有我的童年往事与人生记忆。

我古典文学的启蒙，是在我家楼上赖云青老师的书房里完成的。

赖老师当时是嘉定一中的语文老师，正宗北大中文系毕业。他那个双拉玻璃门书橱里，满满的是线装书（那时我们叫"老法书"）。他的大公子，是我儿时的死党，每天放学后，我们就躲在赖老师的书房偷读当时那些所谓的"禁书"。

老师在讲台上讲课，我们就在下面看闲书。翻开儿时的课本，书页原本的空白之处密密麻麻写着的根本不是什么课堂笔记，全是闲书里诗词歌赋或者是画着的旧时小人书里的梁山好汉、三国英雄、七侠剑客之类。兴之所至的涂鸦素描如今看时，煞是热闹有趣。

还记得，母亲婉维下班回家从厂里借来的连环画。

令我至今不忘的有三段文字：连环画《三国演义》的"病死

五丈原",写诸葛亮巡视蜀军"一阵秋风吹来,诸葛亮感到衫薄秋凉";连环画《水浒传》的"智赚玉麒麟",写小李广花荣,拈弓取箭喝道"卢员外休要逞能,看花荣神箭";连环画《红楼梦》的"林黛玉归天",写宝玉和宝钗洞房花烛夜,"隐隐地有一阵乐声从怡红院传来,黛玉向外望去,只见月影移墙,好不凄凉"。

我这本书里,涉及对嘉定的乡情,对家族的亲情,对事业的忠情,以及朋友间的侠义柔情……当今天写下这篇后记的时候,突然发现,在我童年连环画磨灭不去的记忆中的三段文字,竟然可以概括为忠、勇、情三个字。

文道启蒙的"密码"对人的感召真是妙不可言。想起当年,给儿子的小书房挂上那块"侠客居"的牌匾,无论他懂与不懂,其实就是期许从小涵养起"虽千万人吾往矣"的那股勇往直前精气神。而我的第一本书,取名为《谁是大英雄》,也是二十年之前的事了。

过去很好。我们回不去了。

但是,在这书里,我要有他们陪伴。

图书在版编目(CIP)数据

此间花树 / 王威尔著.——上海：文汇出版社，2019.12
(新时期嘉定作家群文学丛书)
ISBN 978-7-5496-3036-3

Ⅰ.①此⋯ Ⅱ.①王⋯ Ⅲ.①随笔－作品集－中国－当代
Ⅳ.①I267.1

中国版本图书馆 CIP 数据核字 (2019) 第 252276 号

此间花树

著　　者	王威尔
策　　划	朱耀华
责任编辑	鲍广丽
装帧设计	张志全

出版发行　　文汇出版社
　　　　　　上海市威海路755号
　　　　　　(邮政编码 200041)

照　　排	南京理工出版信息技术有限公司
印刷装订	上海天地海设计印刷有限公司
版　　次	2019年12月第1版
印　　次	2019年12月第1次印刷
开　　本	890×1240　1/32
字　　数	200千
印　　张	9.625
印　　数	1-1600

ISBN 978-7-5496-3036-3
定　　价　　40.00元